北京市西城区
城市创新发展报告

连玉明◎主编

当代中国出版社
Contemporary China Publishing House

图书在版编目（CIP）数据

北京市西城区城市创新发展报告 / 连玉明主编 . --北京：当代中国出版社，2016.9
ISBN 978-7-5154-0707-4

Ⅰ . ①北… Ⅱ . ①连… Ⅲ . ①城市建设－研究报告－西城区 Ⅳ . ① F299.271.3

中国版本图书馆 CIP 数据核字（2016）第 158583 号

出 版 人	曹宏举
责任编辑	李一梅
责任校对	康 莹
装帧设计	胡 凯
出版发行	当代中国出版社
地　　址	北京市地安门西大街旌勇里 8 号
网　　址	http://www.ddzg.net 邮箱：ddzgcbs@sina.com
邮政编码	100009
编 辑 部	(010)66572264 66572132 66572154 66572180
市 场 部	(010)66572281 或 66572155/56/57/58/59 转
印　　刷	北京艺堂印刷有限公司
开　　本	787 毫米 ×1092 毫米 1/16
印　　张	18 印张 225 千字
版　　次	2016 年 9 月第 1 版
印　　次	2016 年 9 月第 1 次印刷
定　　价	48.00 元

西城智库报告编委会组成名单

西城智库报告编委会

西城智库报告编写组

:::目 录:::

:::导论:::

创新是城市发展的第一理念，创新是引领发展的第一动力。作为城市功能的一种基础单元形态，功能街区直接反映城市功能布局和集中体现发展战略，理应成为创新发展的实验区和承载地。这是创新驱动发展战略背景下城市创新发展的重要课题。作为首都功能核心区，西城区的功能街区发展历程正好印证了这一点。功能街区是依照北京市功能布局对西城区的要求而建立的，具有鲜明的特点，是承载首都功能的重点地区，也是落实“四个服务”的重点地区，为城市创新发展提供了支撑。“十三五”期间是西城区全面建成小康社会的决胜期、落实首都功能定位的关键期、疏解非首都功能的决战期和全面深化改革的攻坚期，转型发展、品质提升成为西城区创新发展的重要任务。功能街区将成为推进发展转型和管理转型，统筹城市服务品质、文化品质、生态品质、宜居品质、建设品质、管理品质的重点地区，在西城区战略布局中、转型发展中具有核心地位。探索创新功能街区发展模式，是新时期西城区创新发展的重要抓手。

创新正在成为西城区最重要的发展禀赋

功能街区是西城区在特定历史阶段的发展产物。很长一段时间，西城区的功能街区以产业发展为主线，带动了区域经济规模扩大。近年来，西城区功能街区各项经济发展指标呈逐年增长态势，西城区也从北京市的经济中等城区跃升成为北京市的经济大区，资产总量和三级税收跃居北京市各区首位，也遥遥领先于国内同类地区，地区生产总值稳居北京市前三位，GDP 密度和人均值都位居北京市首位。

更为重要的是，作为西城区城市功能的基础单元，功能街区是先进理念、要素资源、先行政策交汇的地区，在创新发展中发挥了先行示范作用。作为首都功能核心区，西城区始终把首都意识、首善标准、首创精神作为衡量一切工作的准绳，在思想和行动上先人一步，在目标和要求上采用最严格的标准，在手段和方法上大胆创新，不折不扣落实中央和北京市各项决策部署，推进功能街区不断创新发展。2004年，受“组团式”发展的城市规划建设思想的影响，西城区借鉴深圳市的先进经验，着力发展和完善功能街区。为了推进功能街区科学化、规范化发展，理顺行政管理职能，西城区进行了行政区划调整，并按照功能街区的范围，将原有的 10 个街道合并调整为 7 个，从而极大地促进了功能街区的发展。此次调整，使得各个组团区域的生产生活功能齐备，从功能上更接近街区产业功能和生活功能齐全的本质特征。2010 年，根据北京市委的战略部署，原西城区和宣武区合并成为新的西城区，功能街区发展迎来了新的重大机遇。合并之后的西城区开启了“十二五”规划的研究工作，按照区域总体功能定位，规划首次将功能街区产业发展规划列为专项规划，并确立了“十大功能街区”的总体布局。全力构建“一核一带多园区”空间发展布局，推动了各功能区快速发展。目前，西城已成为首都创新资源最为集中、最为全面的一个地区，也是首都创新网络的一个关键枢纽。金融资源、信息资源、科技资源、文化资源、智力资源、政策资源等优势十分明显，服务经济、总部经济、知识经济较为发达，初步形成“金融+”“科技+”“文化+”的创新发展局面，正向“高精尖”经济结构转型。

功能街区创新发展面临新机遇与新挑战

新形势下，首都城市功能新定位、京津冀协同发展新战略、疏解非首都功能的新任务、建设国际一流的和谐宜居新目标、五大新发展理念以及城市工作的系列新政，对功能街区的发展定位、发展理念、发展目标、发展导向、空间结构、产业布局、发展动力、发展路径、规划实施、基础设施建设、发展标准、管理体制等等都对功能街区发展提出了新的要求，必须重新审视功能街区的发展模式。但这并不意味着要放弃功能街区的发展道路。

从战略视角看，强化首都核心功能为功能街区优化城市功能创造了基础条件。西城区是全国政治中心、文化中心的核心承载区，是历史文化名城保护的重点地区，是体现国家形象和国际交往的重要窗口地区。功能街区作为承载城市功能的基础单元，必须紧紧围绕西城区作为全国政治中心承载区、国家金融管理核心区、首都文化名城精华区、城市和谐宜居示范区的区域定位对功能街区进行布局调整、功能优化。按照传统思路，功能街区的空间布局，主要依据的是本地的优势资源和产业基础，其空间布局在很大程度上是产业布局的延伸，突出强调的是区域的经济功能。在西城“四区”功能定位下，这种以经济功能为导向确定区域发展空间布局的思路，显然不符合中央对首都北京未来发展的要求。因此，坚定不移地落实首都功能定位，推进非首都功能疏解，严格落实产业“负面清单”，统筹利用腾退空间，完善“高精尖”经济结构，就要调整和优化功能街区产业结构，补齐高品质生活性服务业的短板；就要调整和优化功能街区空间结构，打造高品质城市公共空间；就要调整和优化功能街区人口结构，在有效控制人口规模的同时，使人口结构与城市的产业、社会、生态、资源等结构相协调、相均衡；就要调整和优化生态结构，探索建立人口均衡型、资源节约型和环境友好型“三型”社会。换句话说，以经济功能为导向的发展阶段转向以城市功能为导向的发展阶段，西城区功能街区的发展将进入一个新的更高层次。

从政策视角看，加强城市工作为功能街区进行规划调整提供了根本遵循。在决胜全面小康的历史关口，中央时隔 37 年再次召开城市工作会议，深入分析城市发展面临的形势，明确做好城市工作的指导思想、总体思路、重点任务，对加强和改善党对城市工作的领导提出了明确要求。北京市委召开十一届十次全会，审议通过了《关于全面深化改革提升城市规划建设管理水平的意见》（以下简称《意见》），对新时期首都城市工作做出系统安排和具体部署。《意见》提出，要推动实现总体规划层面和控制性详细规划层面两个“多规合一”。指出要将街区作为控制性详细规划编制的基本单元，逐步推动生态环境、基础设施、公共服务、公共空间等专项规划与控制性详细规划相融合，实现多规划在街区层面要求衔接、内容统一、管理协调，构建城市规划建设管理的“统一坐标系”。要求基本实现街区控制性详细规划全覆盖，未编制控制性详细规划的区域，不得进行建设。《意见》明确，市政府作为规划管控主体，强化街区发展方向、总量规模、开发强度和空间布局等方面要求，增强街区控制性详细规划的指导性。区政府作为规划实施主体，在严格落实街区控制性详细规划的基础上，负责将街区科学划分为若干实施单元，推行同一主体跨实施单元、跨街区平衡的组织实施模式。这为功能街区的规划调整指明了方向。同时，《意见》对智慧城市基础设施建设、海绵城市基础设施建设以及推动城市核心区开展缆线型管廊建设和改造等事项进一步明确，为功能街区率先推进智慧城市、海绵城市和地下综合管廊等基础设施建设提供了遵循。街区不同于街道，街区是功能性概念，街道是行政性概念。街区通过规划和建设、管理，成为城市较为完整的基本单元。街区能够体现区域发展的资源优势和特色，能够有效组织经济和社会资源，激发城市发展活力和动力。从这个角度看，西城区推动发展和管理转型要立足于现有功能街区发展基础和优势，在实践探索中不断创新功能街区发展模式，优化城市空间布局，带动区域转型发展和融合发展，提升城市发展品质。

功能街区应由产业功能导向型向城市功能导向转型

当前，西城区功能街区发展已经到了战略调整的关键时期，经过“十二五”时期的过渡，功能街区科学化、规范化、整合化、特色化、功能化、高端化发展的机遇已经成熟，实现由产业功能导向型向城市功能导向转型已经成为现实要求。

首先，要在规划上进行调整转型。市级层面要加紧推进以街区为基本单元的控制性详细规划编制工作，指导区级层面研究制定统筹产业发展、生态环境、基础设施、公共服务、公共空间等“多规合一”的功能街区中长期发展规划。

其次，要在管理上进行调整转型。按照功能街区整合发展原则，建立与城市综合管理体制改革相适应的有利于功能街区整体发展的集中决策管理体制。功能街区发展要在全区一盘棋的统一部署下，分工协作、优势共享、协同发展。当前，功能街区采取建设指挥部管理体制，由区委常委分工负责，各指挥部各自为战，分别背靠背制定规划，不利于区域整合发展、协调发展。因此，建议以建立区级城市综合管理体制为契机，实行由区委统一领导和集中决策体制，统筹功能街区整体发展。仍在建设阶段的功能街区，仍实行指挥部工作体制，已经完成建设的功能街区，可以积极推进成立街区管委会。

第三，要在服务上进行调整转型。西城区在转型发展中，要提高城市品质，在建设国际一流的和谐宜居之都中要走在前列，必须将生活性服务业纳入城市发展规划。当前，西城区生活性服务业的发展水平与城市整体发展水平不相称，与金融、文化、科技等产业发展不匹配。西城的城市品质首先要有服务品质给予支撑，补齐生活性服务业短板，提升生活性服务业品质，对西城区十分重要。而推动生活性服务业升级，功能街区是重要的载体。要将生活性服务业纳入功能街区发展的整体规划，在基础设施、公共服务上统一布局，为生活性服务业预留足够空间。

第 1 章

背景篇

创新决胜未来

深入实施创新驱动发展战略是支撑创新型国家建设、推动京津冀协同发展、落实首都城市战略定位的战略选择和根本动力。“十三五”时期，面对全球新一轮科技革命和产业变革的重大机遇和挑战，面对经济发展新常态下的趋势和特点，面对调整疏解北京非首都功能和产业转型的迫切要求，必须把发展基点放在创新上，增强创新发展能力，率先形成促进创新的体制架构，加快形成以创新为主要引领和支撑的经济体系和发展模式。

创新是引领世界潮流决胜未来的决定力量

科技革命和产业变革重构世界秩序。科学技术是推动人类社会向前发展的不可逆转的力量。世界经济发展的历程显示，大的经济波动和金融危机，往往会催生新的重大科技突破和产业变革，对全球产业形态、产业结构、产业分工和组织方式带来深刻影响。从而形成以创新为核心能力的国际竞争新优势，以此来重构世界经济秩序，孕育新的增长周期。在每一次科技和产业革命中，凡是抓住机遇的国家，经济社会发展驶入快车道，经济实力、科技实力、军事实力迅速增强，甚至一跃成为世界强国。发端于英国的第一次产业革命，使英国走上了世界霸主地位；美国抓住了第二次产业革命机遇，赶超英国成为世界第一。从第二次产业革命以来，美国就占据世界第一的位置，就是因为美国在科技和产业革命中都是领航者和最大获利者。由此可见，谁抓住科技革命和产业变革的“牛鼻子”，谁就能赢得未来；谁在创新上先行一步，谁就能拥有引领发展的主动权。

新科技革命和产业变革孕育兴起。当前，新一轮科技革命和产业变革蓄势待发，世界主要国家争相寻找科技创新的突破口，抢占未来发展先机。激烈竞争中，唯创新者进，唯创新者强，唯创新者胜。能否抓住这个机遇，成为决定一国前途命运的关键，成为能否引领潮流决胜未来的关键。在新一轮科技革命和产业变革的大潮中，以新一代信息技术、生物技术、新能源、新材料和先进制造等为引领的新兴产业得到快速发展，并呈现出重大颠覆性技术不断涌现和交叉融合，科技成果转化速度加快，产业组织形式和产业链条更具垄断性等特点。特别是以互联网为核心的新一代信息技术，以前所未有的速度，变革传统交流传播方式，重组产业体系，重构经济社会结构，重塑政府治理理念和方式，“互联网 +”已经成为经济社会发展的新引擎。

世界主要国家把创新列为国家战略。面对蓬勃兴起的新科技革命和产业变革浪潮，世界各主要国家都把创新提升到国家发展的战略核心层面进行部署，加紧出台重大规划和措施。围绕科技创新展开竞逐，抢占创新潮流制高点，成为各主要国家的战略重心和政策焦点。创新要素流动到哪里、向哪里聚集，哪里就可能成为全球新的产业和经济制高点。为此，世界各主要国家对人才、专利、标准等战略性创新资源的争夺不断加剧。美国、日本、英国、德国等发达国家均强调要重振本土先进制造业，着眼于高端化、智能化、绿色化、服务化等发展趋势，密集出台了一系列创新发展战略，相继推出“再工业化战略”、

“重振战略制造业战略”“高价值制造业战略”“工业 4.0”等国家层面的战略，力求再造高附加值的制造环节，重塑制造业竞争优势。着力加强对基础前沿、核心关键技术攻关的支持，抢占未来竞争制高点；着力壮大新能源、下一代网络、生物工程、新医药、新材料等产业，引领未来产业发展方向，创造更高质量的就业。

创新是中国经济社会转型发展的核心动能

创新是适应我国经济社会发展新阶段的必然之选。当前我国经济社会发展的历史方位可以用五个“期”来表述：第一，工业化中后期。在新的历史背景下，工业化时期粗放的、污染的、外延扩张式的传统发展模式已经难以为继。如何摆脱传统发展模式的影响，如何走出一条内涵式集约发展的新路子，必须依靠创新转变发展理念。第二，中高速经济增长期。需要强调的是，中高速经济增长不是周期性增长，而是趋势性增长。就是说这个增长速度会影响未来相当长一个时期，影响一个国家和地区经济社会发展的方方面面。在这个背景下，必须依靠创新转换发展动力。第三，中高端发展水平提升期。高速增长的 30 年，也是我们处于低端发展水平的 30 年。现在发展速度慢下来了，但质量要上去，效益要上去。这就必须抓住时机转方式、调结构，依靠创新推动经济转型。第四，新型城镇化中期。按照城市发展的一般规律，城镇化率在 40%—60% 处于城市化发展的中期。中期标志着城镇化进入加速发展期，城市进入成长关键期，“城市病”进入多发期和爆发期。解决北上广等特大城市出现的“大城市病”问题，必须创新城市治理模式。第五，“中等收入陷阱”跨越关键期。从理论上讲，“中等收入陷阱”具有贫富差距越来越大、经济增长停滞不前、通货膨胀居高不下、社会矛盾日益尖锐和贪污腐败愈演愈烈五个特点，未来 5—10 年，如何跨越“中等收入陷阱”，必须创新社会治理模式。

创新是引领我国经济发展新常态的关键之举。新常态具有速度变化、结构优化、动力转化三个特点，这是我国经济向形态更高级、分工更优化、结构更合理的阶段演进的必经过程。如何把握、引领新常态：一是要以稳增长应对发展速度变化。增长速度维持在中高速水平。稳增长主要是防止没有质量的上行和过快下行，通过稳增长为下一步的发展方式转变和发展动力转换争取必要的时间和有利环境。二是要以转方式优化经济结构。发展方式要从规模速度型转向质量效率型，经济结构调整要从增量扩能为主转向调整存量、做优增量并举。具体就是经济增长从外延扩张型向内涵集约型转变、从粗放增长型向质量效益型转变、从经济主导型向民生保障型转变，实现结构调整优化，产业升级和融合发展。三是要以创新培育经济增长新动力。动力转化的关键是从要素推动、投资拉动转向创新驱动，核心是从投资、消费、出口“三驾旧马车”转向制度变革、结构优化、要素升级“三个新动力”。由此可见，新常态下，要在兼顾发展速度与质量、统筹发展规模与结构的基础上，从根本上解决我国发展方式粗放、产业层次偏低、资源环境约束趋紧等急迫问题，必须依靠创新转换发展动力，必须实施创新驱动战略。如此方能破解经济社会发展瓶颈，顺利跨越“中等收入陷阱”。党的十八大以来，党中央、国务院做出了实施创新驱动发展战略的重大部署：制定实施创新驱动发展战略纲要和意见，出台推动大众创业、万众创新政策举措，落实“互联网 +”行动计划；启动实施《中国制造 2025》，发布实施国家“十三五”科技创新规划，设立国家新兴产业创业投资引导基金、中小企业发展基金，扩大国家自主创新示范区。系列举措表明，创新驱动已经成为中国发展、赶超、登顶的核心战略之一。

创新是牵动我国经济社会发展全局的根本之策。党的十八届五中全会提出了“创新、协调、绿色、开放、共享”五大发展理念，这五大理念构成了增强发展动力的重要因素，但核心在创新。把创新摆在第一位，正是因为创新是引领发展的第一动力。发展速度、效能、可持续性是由发展动力决定的，对我国这么大体量的经济体来讲，如果动力问题解决不好，要实现经济持续健康发展和“两个翻番”是难以做到的。抓住了创新，就抓住了牵动经济社会发展全局的“牛鼻子”。为此，全会提出，必须把创新摆在国家发展全局的核心位置，让创新贯穿党和国家一切工作，让创新在全社会蔚然成风。全会明确指出了“十三五”推进创新发展的三条路径：一是培育发展新动力，优化要素配置，激发创新创业活力，推动新技术、新产业、新业态蓬勃发展；二是拓展发展新空间，实施网络强国战略，发挥科技创新在全面创新中的引领作用，大力推进农业现代化，构建产业新体系；三是构建发展新体制，深化行政管理体制改革，完善各类国有资产管理体制，建立健全现代财政制度、税收制度，改革并完善适应现代金融市场发展的金融监管框架。“抓创新就是抓发展，谋创新就是谋未来”，当前，全国正在掀起创新中心城市建设高潮。

创新是落实首都城市战略定位的必然选择

京津冀将打造创新驱动经济增长新引擎。为落实中共中央、国务院关于深化体制机制改革加快实施创新驱动发展战略，深化科技体制改革加快国家创新体系建设的有关部署，《京津冀协同发展规划纲要》指出，要推动形成京津冀协同创新共同体，建立健全区域创新体系，弥合发展差距、贯通产业链条、重组区域资源，共同打造引领全国、辐射周边的创新发展战略高地。《京津冀协同发展规划纲要》同时赋予京津冀全国创新驱动经济增长新引擎的区域整体定位。2015年9月，中办国办印发的《关于在部分区域系统推进全面创新改革试验的总体方案》（下称《方案》）更是明确把京津冀作为全面创新改革试验区域，京津冀作为跨省级行政区被赋予构建全面创新改革的长效机制，建立协同创新共同体，率先在实现创新驱动发展转型方面迈出实质性步伐的改革试验。《方案》明确，当前改革试验要聚焦实施创新驱动发展面临的突出问题，着力从处理好政府与市场关系、促进科技与经济融合、激发创新者动力和活力、深化开放创新等4个方面，开展改革探索。《方案》要求各相关区域要抓紧组织研究编制具体改革试验方案。

北京争创国家全面创新改革战略高地。深入实施创新驱动发展战略，是北京支撑创新型国家建设、推动京津冀协同发展、落实首都城市战略定位的战略选择和根本动力。科技创新中心、文化中心是中央赋予北京的新定位、新要求。北京作为首都，科技文化智力资源丰富，科技力量最为集中，在服务国家创新驱动战略方面基础强、条件好，有责任承载更大的担当，有能力发挥更大的作为。“十三五”时期，北京提出要以实施创新驱动发展战略作为核心理念统领全局，继续坚持科技创新和文化创新“双轮驱动”“融合发展”，担当好科技创新引领者、高端经济增长极、创新创业首选地、文化创新先行区等责任，全力推进全国科技创新中心、全国文化中心建设。同时立足服务国家改革创新大局，抓住京津冀区域先行先试重大机遇，系统推进全面创新改革试验，进一步深化体制机制改革，加快建设全国科技创新中心，充分发挥中关村国家自主创新示范区在政策试点、机制探索方面的先行先试作用，充分发挥北京全面创新改革在全国创新驱动发展中的示范引领作用，争做国家全面创新改革战略高地。到2020年初步形成创新驱动发展局面，成为具有全球影响力的科技创新中心，引领支撑我国进入创新型国家行列。2030年，北京将率先形成新经济格局，京津冀区域创新一体化格局基本形成，为引领我国跻身创新型国家前列奠定坚实基础。

北京全力建设国家自主创新示范区。进一步发挥和强化中关村国家自主创新示范区在创新发展中的核心地位，全面提升引领支撑和辐射带动作用。利用好示范区政策试点优势，在人才集聚、科技金融、技术创新和成果转化等方面不断寻求突破。继续实施“海聚工程”“高创计划”，优化发展环境，加快高端人才引进；加快建设国家科技金融创新中心，探索建立从实验室、产品中试到生产全过程科技创新融资模式，提升创新创业服务能力，强化科技金融创新支撑；深入实施北京技术创新行动计划，遴选若干重大战略领域、关键共性技术或重大工程作为重大专项，整合技术创新资源，完善技术创新与产业化的组织模式；贯彻落实进一步创新体制机制加快全国科技创新中心建设的有关文件精神，制定实施“京科九条”“京校十条”等一系列突破性政策措施，促进高校院所成果转移转化和协同创新，提高高校院所服务经济社会发展能力。与此同时，坚持问题导向和需求导向，抓住改革试点的机遇，抓好改革措施的探索和落实，加快完善有利于充分释放首都科技资源优势的体制机制，形成有利于解决首都可持续发展和民生改善中的重大科技问题的体制机制，为建设具有全球影响力的科技创新中心做出应有的更大贡献。

创新引领发展

过去五年是北京行政区划调整以来的第一个五年，是西城区经济社会发展质量最高、综合实力提升最快、城市环境面貌变化最大、居民生活水平改善最明显的五年。这五年，也是西城区创新发展的五年，创新理念更加深入、创新资源更加集聚、创新动力更为强劲，特别是功能街区发展模式成为西城创新发展的旗帜。这为西城区推进全面创新的改革实践奠定了坚实基础。

“十二五”期间西城区经济社会取得长足发展

科学谋划区域发展蓝图。2010 年 7 月，经国务院批准，北京市实施了首都功能核心区行政区划调整，撤销原西城区和原宣武区，设立新的西城区。西城区坚持把做好区划调整作为重要的政治任务，深入细致地做好新区组建的各项工作。特别是注重全区在“思想、感情、资源、工作”方面的深度融合，确保机构人员的平稳过渡和区域经济社会的持续发展。与此同时，立足新的区情特点，在全面梳理区域资源的基础上，加强对功能定位、空间布局等重大问题研究论证，编制西城区

“十二五”规划，明确了功能定位为国家政治中心的主要载体、具有国际影响力的金融中心、传统与现代融合发展的文化中心、国内外知名的商业中心和旅游地区、和谐宜居健康的首都功能核心区。提出了“服务立区、金融强区、文化兴区”区域发展战略和“一核一带多园区”的空间布局构想。为加快区域科学发展奠定了坚实基础，推动了全区各项事业实现了更高层次的发展。

区域经济平稳健康发展。“十二五”期间，西城区克服两区合并的不利因素，全力推进两区融合发展、创新发展、率先发展，全力构建“一核一带多园区”空间发展布局，形成了功能街区发展模式，区域经济可持续发展能力显著增强，实现了经济发展的新跨越。“十二五”期末，全区地区生产总值达到3270.4亿元，年均增长9.7%。三级税收达到4660.7亿元，年均增长17.2%（见图1）。一般公共预算收入达到451.5亿元，年均增长16.1%。第三产业比重保持在90%以上。生产性服务业占GDP比重达到70%以上，以金融业为核心的高端产业成为区域经济支柱，具有国际影响力的国家金融管理中心功能进一

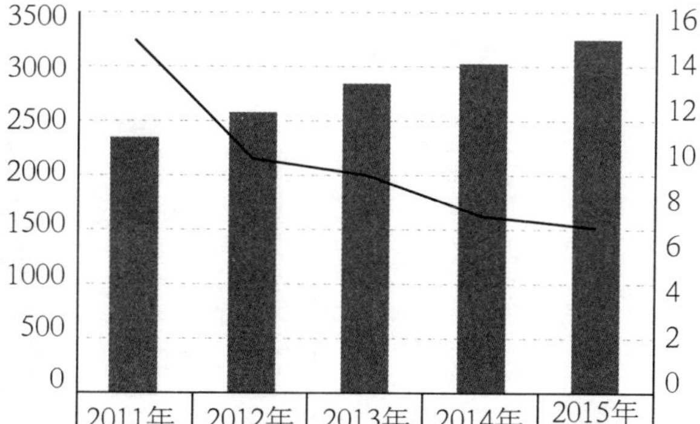

	2011年	2012年	2013年	2014年	2015年预计值
▬ 地区生产总值（亿元）	2360.8	2593.5	2835.7	3052.3	3266
— 地区生产总值增长率（%）	14.7	9.9	9.3	7.6	7

图1：2011—2015年地区生产总值完成情况

步完善。辖区企业在境内外上市累计达到48家，在“新三板”上市累计达到37家。高新技术产业发展态势良好，全区专利申请量突破2万件，年均增长47.8%，中关村西城园总收入突破2000亿元，年均增长69.8%。文商旅融合发展取得新成效，社会消费品零售总额达到910亿元，年均增长8.4%。

社会建设取得新进展。全力保障和改善民生，基本公共服务能力和均等化水平不断提高，人民群众得到更多实惠。城镇居民人均可支配收入超过5万元，年均增长10.1%，快于经济增长速度（见图2）。完成27所中小学、幼儿园的新建和改扩建，实施99所学校的校舍安全工程，义务教育阶段新增优质学位万余个。大力开展社区卫生服务机构标准化建设，达标率实现90.8%。体育生活化社区基本实现全覆盖。城镇登记失业率从1.08%下降到0.86%。实现五项社会保费征缴率98%的目标。以棚户区改造为重点，加快实施居民居住条件改善工程，建设保障性住房4万余套，6.7万户次居民居住条件得到改善。全面加强和创新社会治理，社区基本公共服务能力持续增强，社会参

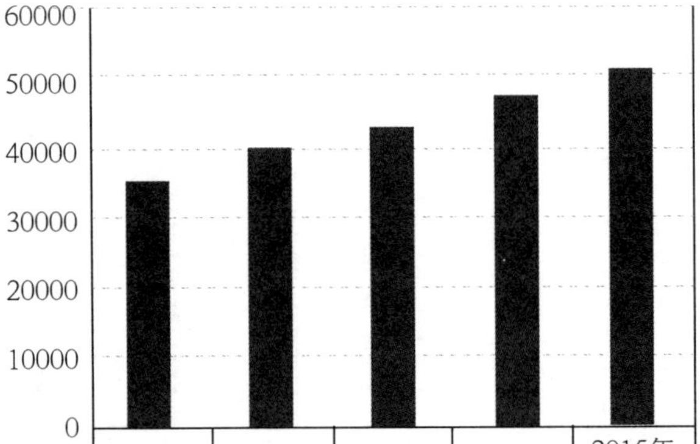

	2011年	2012年	2013年	2014年	2015年预计值
城镇居民人均可支配收入（元）	35740	39772	43479	47392	51180

图2：2011—2015年城镇居民人均可支配收入完成情况

与进一步扩大，全区社会组织达到3056个，社会保持和谐稳定。创新性地提出构建以需求为导向，以服务为核心，以群众参与为基础，以信息化手段为支撑，以街道统筹辖区发展为重点，社会多元主体共同参与的“全响应”网络化社会服务管理体系，“全响应”社会治理工作模式全面实施。2015年“全响应”网格化社会治理工作荣获中国地方政府创新奖。此外，西城区依托国家可持续发展先进示范区建设，推动科技在民生与社会管理领域的应用不断深入，形成了“以人为本、科技带动、服务民生”的“西城模式”，在全国起到了引领示范作用。

创新成为引领西城区发展的强劲动力

创新是西城区最重要的发展禀赋。发展理念是发展行动的先导，是发展思路、发展方向、发展着力点的集中体现。作为首都功能核心区，西城区始终把首都意识、首善标准、首创精神作为衡量一切工作的准绳，在思想和行动上先人一步，在目标和要求上采用最高最严格的标准，在手段和方法上大胆创新，不折不扣落实中央和北京市各项决策部署，在首都经济社会发展中始终走在前列。西城区是首都创新资源最为集中、最为全面的一个地区，也是首都创新网络的一个关键枢纽。金融资源、信息资源、科技资源、文化资源、智力资源、政策资源等优势十分明显，服务经济、总部经济、知识经济十分发达。以知识产权为例，“十二五”期间，西城区专利申请量突破2万件，年均增长47.8%。随着互联网、大数据、物联网等新一代技术的快速发展和深入应用，为资源整合、产业融合创造了更多的可能性，将极大地放大资源配置和供给效能，推动业态和模式创新。西城区科技普及工作全国领先。“十二五”期间，西城区大力实施“全民科普行动计划”，形成了部门联动、形式多元、全民参与的大科普新格局，连续三届获得“全国科普示范区”称号。全区共有科普教育基地64个，街道科普展示厅社区科普活动室255个，有全国科普示范社区3个，市级科普益民社区62个。此外，深入推进科普进校园，实现青少年科技教育全覆盖。这为西城区更好地在北京系统推进全面改革创新试验中发挥重要的枢纽作用和源动力作用奠定了基础。

西城区全力营造创新发展的环境。十八届三中全会以来，国家推动创新发展的力度空前，创造了良好的政策环境。特别是围绕科技创新密集出台系列文件，涉及创新驱动发展战略、科技服务业、知识产权、大众创业万众创新、大数据，以及中央财政的科技计划专项和基金管理，等等。此外国家还修订了《中华人民共和国促进科技成果转化法》。与此同时，北京市、中关村国家自主创新示范区也围绕人才、科技企业孵化体系建设、技术创新行动计划、创新体制机制、科技成果转化、创业等出台文件。作为首都功能核心区，西城区顺应国家创新发展的大环境，通过落实中央和北京市有关部署，深化体制机制改革，完善营商服务体系，倡导开放宽容创新创业文化，进一步完善创新创业发展环境。“十二五”期间，西城区先后出台《北京市西城区鼓励和促进企业上市办法》《北京市西城区促进产业发展的若干意见》等一系列创新政策，建立完善了可持续发展会商制度、西城园联席会议制度、科技专家指导制度等工作制度，建立健全了科研经费稳定增长机制、全民参与创新机制等创新机制，有力保障和促进了区域科技创新发展。2015年，原西城区科委和西城区政府信息办合并为西城区科技和信息化委员会，统筹全区科技发展、知识产权、信息化建设和中小企业发展等工作，进一步理顺了科技管理体制，强化了管理服务能力。在此基础上，西城区结合简政放权、非首都功能疏解、产业禁限目录等改革事项，转方式、调结构，全力构建与区域发展和功能定位相适应的“高精尖”经济结构，全力创建与区域发展和功能定位相适应的体制机制和制度环境，进一步集聚创新资源，健全创新体系，激发创新活力，实现创新发展。

西城区初步形成“科技+”的创新发展局面。中关村示范区西城园是西城区科技创新的引擎，“十二五”期间，园区范围扩增至10平方公里，形成了“一园三区多点”协同联动发展的空间格局和以研发设计、出版创意、科技金融等现代服务业为主要特色的产业格局。西城园同时也是中关村示范区一区十六园中成长性最好的园区。2015年末，中关村西城园国家级高新技术企业累计超过300家，园区总收入突破2000亿元，年均增长69.8%（见图3）。园区收入增速连续四年排名第一，地均产出排名第一。在科技产业蓬勃发展的同时，西城区积极推进科技与文化、城市治理、金融等融合发展，优化产业结构，培育和支持创意产业、智慧产业、知识产业发展。在西城园，基于“设计之都”的创意产业发展迅速，联合国教科文组织“国际创意与可持续发展中心”入驻“设计之都”大厦。作为区属文创产业园，园区内的中国北京出版创意产业园获得北京市首批市级文化创意产业示范园区和全国出版示范区称号。作为全国数字城市建设示范区，根据国家加快推进数字城市向智慧城市转型升级的要求，北京市规划委推荐西城区作为智慧城市建设试点城市，2016年1月，国家测绘地理信息局正式批复，同意智慧西城时空信息云平台建设试点项目立项。西城区还会同国家发改委统筹的智慧城市发展联盟共同建设西城区智慧城市的样板城市。并与央企合作，共同成立智慧城市运营企业，以此来促进智慧城市产业化发展。作为国家知识产权试点区，西城区把知识产权上升到作为国家发展的战略性资源和提升国际竞争力的核心要素的高度来认识，成功推动世界知识产权组织中国办事处落户西城，构建了知识产权保护“1+X”工作体系。通过项目合作大大推进了中华老

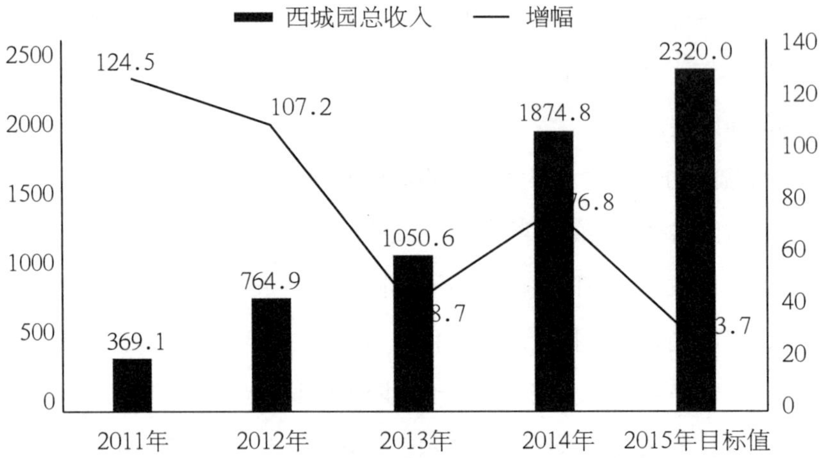

图 3：2011—2015 年西城园总收入变化情况

字号的知识产权保护工作。此外，西城区科技与金融融合发展水平不断增强，科技渗透全面展开，银行、证券、保险等传统金融机构积极创新金融产品和服务模式，第三方支付、众筹等互联网金融业态蓬勃发展，涌现出 91 金融、花果金融、联动优势等一批行业知名企业。

功能街区是西城区创新发展的着力点

功能街区是西城区创新发展的先行区。西城区功能街区发展模式是西城区长期以来从实践中摸索出来的发展模式，成为西城区发展的时代标志。西城区 2000 年提出功能街区发展思路以来，经历了十多年的发展，通过“十五”计划、“十一五”规划和“十二五”规划的始终坚持和不断完善，已经日臻成熟。西城区“十二五”规划纲要专门增加了有关功能街区的章节并启动了功能街区产业发展专项规划；从 2005 年开始，西城区实现了对功能街区的统计监测，一直延续至今；

2009年北京市特别批准成立西城区功能街区产业发展促进局，对功能街区发展模式给予充分肯定和支持；2010年西城区和宣武区合并以后，继续坚持功能街区发展模式，功能街区从6个发展到10个。即北京金融街、德胜科技园（现更名为中关村科技园区西城园）、广安产业园、什刹海历史文化保护区、阜景历史文化街区、琉璃厂艺术品交易中心区、天桥演艺区、西单商业区、大栅栏传统商业区和马连道茶叶特色商业区。功能街区发展的十几年是西城区快速发展的时期，在西城区发展过程中成为重要的历史阶段。

功能街区是西城区经济发展的增长极。西城区功能街区发展模式创造了西城区快速发展的奇迹，取得了丰硕的成果。正是由于西城区功能街区发展利用自身国家部委机关和中央银行所在地等地缘条件，坚持总部经济发展模式，使得西城区目前资产总量和三级税收跃居北京市各区县首位，也遥遥领先于国内同类地区，地区生产总值超过海淀区成为北京市第二大区，GDP密度和人均值都位居北京市首位，西城区从2000年的经济中等城区一跃成为北京市的经济大区，功能街区发展模式功不可没。2013年，西城区功能街区法人单位占全区总数的52.2%，资产总计占全区56.8%；实现收入同比增长37.3%，实现利润同比增长26.9%；实现三级税收、区级税收占全区比重分别为90.6%和72.5%。

功能街区是西城区城市发展的样板区。西城区功能街区发展模式是西城区发展的主要模式，是引领西城区发展的关键因素之一。首先，西城区功能街区集中了大部分的优势资源，占据了资源高地；其次，西城区功能街区的产业园区形成了高端产业的集聚，金融街、广安产业园和德胜科技园逐步实现了产业高端化发展；再次，功能街区是西城区的城市名片和窗口，形成了西城区的品牌高地。因此，功能街区的发展代表了西城区发展的主流方向，支撑起西城区发展的总体架构，为西城区整体发展树立了样板，不断蔓延和带动全区经济社会向前发展。

功能街区是西城区改革发展的试验田。西城区功能街区是国家和北京市各项政策的执行典范，是北京城市功能的具体承载者。西城区功能街区的经济区作为现代服务业高端发展的优势地区，符合国家产业升级调整的方向，现代服务业比重占绝对优势，也符合北京市“十二五”提出的总部经济、知识经济、服务经济和绿色经济的基本要求。功能街区是依照北京市功能布局对西城区的要求而建立的，是承载国家金融管理中心、历史文化名城、城市商业和旅游等首都功能的重点地区，是落实“四个服务”的重点地区。中关村西城园在新时期是承载国家创新驱动发展战略的重点地区，其独特的科技资源和文化创意产业资源成为西城区未来发展的重要着力点。从功能街区的创建初期到目前北京金融街成为北京市的三大高端功能区之一，各功能街区长足发展，西城区曾经面临许多问题和矛盾，是在不断进行体制机制创新和解决现实问题当中逐渐确立了功能街区发展模式，是在没有前人经验的基础上不断摸索和创建的发展模式，是伴随着西城区的发展成效不断肯定、总结和提升而来的发展模式，具有鲜明的区域特色和坚实的实践基础。

创新驱动转型

西城区作为首都功能核心区来讲，未来几年是全面深入地推进区域发展转型和管理转型的关键阶段。准确把握西城区转型发展的阶段性特征，以创新功能街区发展模式为抓手，加大转方式、疏功能、控人口、治环境力度，腾出更多空间保障首都核心功能，更好地改善环境、改善民生，加快构建与首都战略定位相适应的功能街区发展新模式。

“四区定位”绘制西城区城市发展路线

从“四个聚集”审视西城区情特点。西城区是首都功能核心区，辖区面积 50.70 平方公里，常住人口 130.3 万人，下设 15 个街道、257 个社区。西城区核心功能区特点更加突出，体现为“四个聚集”：一是政治资源、政务活动聚集。西城区作为国家政治中心的主要载体，是党中央、全国人大、国务院、全国政协等党和国家首脑机关的办公所在地，国家最高层次对外交往活动的主要发生地，首都“四个服务”体现最直接、最集中的地区。辖区共有中央机构及所属事业单位 835

家。二是经济高度聚集。西城区总部经济、结算型经济特征鲜明，金融产业核心优势凸显。金融街聚集了“一行三会”等国家金融决策和监管机构以及各类企业总部，各类企业总部和地区总部近200家，外资金融机构、国际组织发展到100余家。三是文化资源聚集。西城区是古都文化特色和历史文化名城魅力的重要展示区，辖区内有18片历史文化保护区，文物保护单位184处，非物质文化遗产保护项目134项，历史会馆占全市总数的70%。同时，区域内拥有国家大剧院、首都博物馆等一大批国家和市级的现代文化设施，是首都文化事业发展重要承载区。四是社会公共优质资源聚集。西城区共有中小学、幼儿园194所，其中高中示范校15所。卫生机构近600家，其中三级医院16家，二级医院15家，社区卫生服务中心15个、服务站78个。在公共服务方面，建有1个综合服务中心、7个专业服务大厅，15个街道社区服务中心、255个社区服务站，形成了区、街、居三级服务网络。

从“五个突出”思考首都战略定位。制定西城区功能定位应从以下思路入手：一是必须充分突出对建设国际一流和谐宜居之都目标的聚焦。西城区要立足全市整体布局，统筹考虑西城区的发展定位，用更为宽广的视野考虑区域的发展问题，为推动科学发展拓展更为广阔的空间。二是必须充分突出对“四个中心”首都城市战略定位的全面承接。政治中心、文化中心、对外交往中心和科技创新中心，这四方面功能都在西城区有所体现。凡是属于这四个中心职能的服务管理工作，西城区要做好承接，强化作为首都功能核心区的独特功能，特别是强化服务政治中心的职能。三是必须充分突出在京津冀大格局中的独特地位。京津冀发展的未来方向是一体化，西城区的发展不能脱离，或者背离这个方向。要结合京津冀协同发展的趋势和需要，把西城区独有的各方面优势发挥出来，在整个大格局中牢牢占据一个制高点的位置。四是必须充分突出金融在地区经济发展中的核心作用。金融业是西城区的核心优势，不能放弃。金融业本身就是高精尖产业，符合西城区和首都产业发展方向。金融业下一步的发展，需要在功能疏解的大趋势下，提高发展质量、发展水平，特别是产业产出效率。金融街作为西城区金融业的核心，需要在高效聚集上求突破，不再把关注点过多地放在规模的扩大和产业链条的无节制延伸上。积极争取国家重大金融创新在西城区先行先试，努力把金融街打造成为具有国际影响力的金融中心。五是必须充分突出西城区作为历史文化名城重要承载区的定位。立足创造城市美好生活这个最终目的，增强区域的人文向心力、提升文化软实力、提高文明感召力，在以更高标准保障和改善人民生活的基础上，坚持以文化育文明，充分展现具有西城特色的文化魅力和城市精神，营造安定和谐的社会环境、全社会共同参与的社会氛围。

从“四个定位”绘制城市发展路线。按照北京市整体功能布局，西城区是政治中心、文化中心的核心承载区，是历史文化名城保护的重点地区，是体现国家形象和国际交往的重要窗口地区。落实首都功能定位，综合考虑西城区特殊区位和发展基础，可将西城区定位为全国政治中心承载区、国家金融管理核心区、首都文化名城精华区、城市和谐宜居示范区。全国政治中心承载区不仅包含全国政治中心功能，还体现国家形象和国际交往的功能，“承载区”强调要做好服务，做好保障。《京津冀协同发展规划纲要》明确提出要强化北京金融管理功能，而国家金融管理中心主要在西城，“核心区”体现了金融的核心地位和影响力。首都文化名城精华区，与市委七次全会对东西城中央政务服务区和首都文化精华区相呼应，首都文化包含了历史文化和现代文化，名城强调了当前工作的阶段性特征，“精华区”体现展示和引领作用；城市和谐宜居示范区既延续了“十二五”时期建设“活力、魅力、和谐”新西城的区域发展理念，又回应了和谐宜居之都的发展目标，“示范区”表明，西城区要在北京建设国际一流的和谐宜居之都进程中走在前列，起到示范作用，为别的城市和地区提供借鉴。

“双转型”成为西城区实现“十三五”目标的必然路径

实现发展转型和管理转型任务艰巨。新形势下，随着发展理念、功能定位、政策导向、空间格局、发展目标的变化，西城区转型势在必行。中央提出“四个全面”战略布局和“五大理念”，确立了新形势下党和国家各项工作的战略方向、重点领域、主攻目标和发展路径，为更好地推动区域发展提供了根本遵循。创新驱动发展战略、京津冀协同发展等重大战略的实施，为西城区的发展创造了良好条件、注入了强大动力。首都新的城市战略定位、建设国际一流和谐宜居之都的目标以及提升城市规划建设管理水平任务的确立，为城市服务管理转型提供了重要依据和路径选择。与此同时，作为超大城市中心城区，西城区发展和管理中的一些矛盾和问题愈加明显，包括人口资源环境矛盾突出，城市承载的压力持续加大，人口过多、交通拥堵等“大城市病”问题亟待破解；城市环境与国际一流标准相比还有很大差距，部分地区基础设施仍然薄弱，城市文明程度和管理服务水平也有待提升；科技、文化、金融创新优势发挥不够，产业结构仍需优化调整；人口老龄化问题日益凸显，部分群众的生活居住条件亟待改善；政府自身建设有待加强，法治建设水平需要进一步提高。如果仍是抱着老目标、守着老机制、继续走老路，城市将不堪重负，发展将难以持续。转型发展是必然选择，任务艰巨。为此，西城区“十三五”规划纲要提出，要统筹推进经济建设、政治建设、文化建设、社会建设、生态文明建设和党的建设，全面实现区域发展转型和管理转型，率先全面建成小康社会，在北京建设国际一流的和谐宜居之都进程中走在前列。

实现发展转型和管理转型有六个具体目标。西城区作为首都核心区，实现发展转型和管理转型，必须正确认识和把握经济规律和城市发展规律，主动适应外部形势和环境变化，统筹经济社会发展与城市工作，统筹城市修补、老城更新与城市管理、运行，以提高发展质量和效益、提升城市管理和服务品质为主线，以改革创新激发内生动力和活力，着力转变发展方式，优化经济结构，提升城市功能；着力解决“大城市病”等突出问题，不断提升城市环境质量、城市管理水平。西城区“十三五”规划纲要明确提出，区域发展转型和管理转型具体要从六个方面发力：在发展转型上，实现从聚集功能求发展向疏解功能、调控人口、瘦身健体求发展转型；从关注量的扩张向重视质的提升转型，从更多关注经济增长向更加注重经济、社会、文化、生态各方面整体协调发展转型。在管理转型上，实现从偏重政府管理向政府、市场、社会公众多元参与、共建共享转型；从粗放式管理向精细管理、精准服务、智慧运行转型；从单纯满足需求向注重供给侧管理和需求侧管理并重转型。

实现发展转型和管理转型面临“四期叠加”的形势。“四期叠加”是“十三五”期间西城区最突出的阶段性特征：一是全面建成小康社会决胜期。对标2020年实现全面小康的目标任务，西城区还存在着生态环境和城市治理等短板问题，这是必须攻克的难题。要突破自身发展瓶颈、补齐这些短板，根本出路就在于创新。二是落实功能定位关键期。中央赋予了首都全国政治中心、文化中心、国际交往中心、科技创新中心的城市战略定位。西城区作为首都功能核心区，要立足自身资源禀赋和发展优势，做到有承接、有支撑，把“四个中心”的功能定位落到实处。三是疏解非首都功能决战期。有序疏解非首都功能，推动京津冀协同发展是西城区发展重中之重的问题，有利于服务保障首都核心功能，构建“高精尖”的经济结构，优化公共服务水平。四是全面深化改革攻坚期。当前，中国改革已进入攻坚期和深水区，剩下的问题都是难啃的硬骨头，牵一发而动全身，必须坚持问题导向、目标导向，以更大的政治勇气和智慧，不失时机深化重要领域改革；必须紧紧依靠人民群众，以壮士断腕的决心、背水一战的气概，冲破思想观念的束缚，突破利益固化的藩篱。“四期叠加”勾画了西城区“双转型”的外部环境，对转型发展提出了更高的要求，也为转型发展带来了强劲的动力。

推动“双转型”必须着眼于功能街区发展模式创新

把创新功能街区发展模式作为推动区域转型发展的重大战略。功能街区是依照北京市功能布局对西城区的要求而建立的，是承载首都功能的重点地区，是落实“四个服务”的重点地区，在西城区发展中具有重要的战略地位。功能街区是经过实践探索并得到普遍认可的发展模式，确立了“一核一带多园区”空间布局，2012 年区委、区政府提出了“组团规划、统筹联动、示范引领、协调发展”的建设思路，将 10 个功能街区整合为 5 大组团，成立、充实并形成了“5+2”机构，即 5 个指挥部（北京金融街建设指挥部、北京天桥演艺区建设指挥部、中关村科技园西城园管理委员会、北京大栅栏—琉璃厂建设指挥部、北京什刹海—阜景街建设指挥部）；2 个办公室（西城区重大项目建设领导小组办公室、西城区环境建设委员会办公室）。2013 年底，区委、区政府根据功能街区建设发展需要，又成立了北展地区建设指挥部、马连道建设指挥部，形成了“7+2”功能街区建设发展格局。成为西城区经济发展的总体支撑（见图 4）。功能街区是西城区城市发展的基础架构，全面体现空间布局，集中承载城市功能，共同支撑产业格局，直接反映城市品质，是城市转型发展的立足点和关键点，是撬动区域转型发展的支点和突破口。功能街区发展模式符合城市规划学和区域经济学等相关理论，是具有科学性和合理性的发展模式，具备持续创新的理论基础和实践基础。为此，必须确立以功能街区为核心的区域发展转型和管理转型的战略重点，通过创新功能街区发展模式实现区域转型发展的目标。

创新功能街区发展模式需要有全新的视角。按照新发展理念要求，西城区以经济功能为导向而形成的功能街区经济体系和发展模式已经不符合发展要求。首先，需要对功能街区的功能定位、产业定位、空间布局、街区风貌、管理体制等进行研究调整，从制定功能街区产业发展规划转变为制定功能街区发展规划；其次，需要顺应城市管理体制、街道管理体制改革的要求，积极完善功能街区管理体制以及功能街区与街道的联动机制；再次，要借助北京系统推进全面创新改革试验，加快建设全国科技创新中心的东风，全面推动功能街区的理论创新、制度创新、科技创新、文化创新；最后，需要结合中央和北京市城市

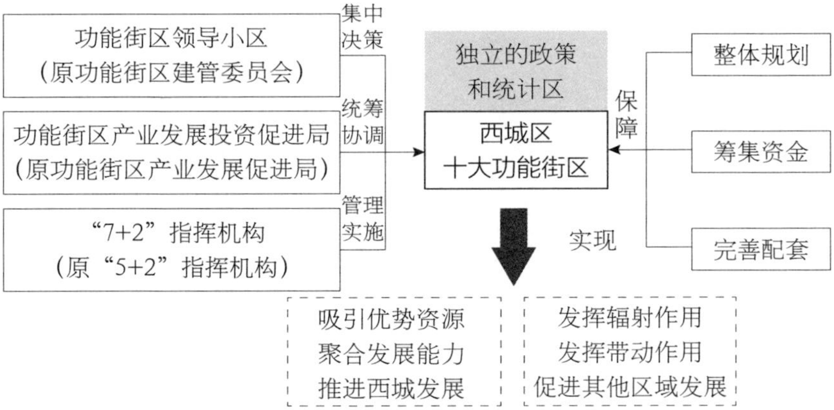

图 4：西城区功能街区发展模式

规划建设管理的有关精神，整体谋划西城区—实施区域发展转型和管理转型，提升城市服务和管理品质的五年行动计划，确保转型工作落地。

创新功能街区发展模式必须把握功能街区的发展规律。街区不同于街道，街区是功能性概念，街道是行政性概念。街区通过规划和建设、管理，成为城市较为完整的基本单元。这个空间单元不是一个行政区的概念，而是一个功能区域概念。街区能够体现区域发展的资源优势和特色，能够有效组织经济和社会资源，激发城市发展活力和动力。街道作为行政管理的基层组织，有固定的行政管辖边界，其职能已经发生了重大变化，发展经济职能已经让位于功能街区。随着区域内各种经济社会资源要素的不断集聚、整合，街区功能区域空间范围通过规划的方式进行调整。面对这一变化，一般是通过适时调整街道的行政区划来适应功能街区的发展。遵循这一城市发展的客观规律，面对今后推动老城重组，优化调整首都核心区功能的历史性机遇，重新回顾西城区功能街区发展历程和发展模式的形成，综合分析区域经济社会资源要素、区位特点及功能街区之间的协作关系，对更前瞻更科学更合理地规划功能街区发展，实现区域发展转型和管理转型，提升城市服务和管理品质显得尤为必要和重要。

第 2 章

发展篇

功能街区基本概念

街区是在城市建成区或新建城区中，被主要街道（交通干道）、铁路、自然河流、高速公路等所包围的特定区域。一般围绕其核心资源或特性而命名，并得到人们的普遍认可。街区具备系统的空间规划布局，具有较好的服务设施和公共配套设施，具有适宜的居住建筑、公共建筑和绿地空间，成为空间相对独立、功能较为突出和完整的城市系统。

街区的概念和内涵

街区规划思想的由来。早在20世纪30年代，美国和欧洲就出现一种“邻里单位”（Neighborhood Unit）的居住区规划思想。它突破由住宅区所属道路划分出来的方格，而是拥有更大的空间范围以安排足够的公共服务设施，比如幼儿园、学校、诊所、便利店等。经过二次大战之后的推广和应用，“邻里单位”逐步发展成为“小区规划”理论。这些小区被称为“BLOCK”（街区）。近年来，在城市开发和规划中，人们又赋予了“BLOCK”新的含义：B即Business（商业）、

L 即 Life fallow（休闲）、0 即 0pen（开放）、C 即 Crowd（人群）、K 即 Kind（亲和），就是说居住和商业要集中融合，街区既要提供居住，又要有丰富的商业配套和休闲配套。而在塑造城市空间景观的时候，还要兼顾界面、路径、节点、场地、地标等构成要素。街区由一些主要街道、建筑、绿地、公共空间和自然景观组成，承载城市生活的功能，有稳定的人居活动和产业活动。街区通过规划建设和管理，形成城市较为完整的基本单元。一座大城市就是由若干个单元系统组成的城市巨系统。

街区是城市建成区特有的空间形态。街区是城市的有机组成部分，作为较为独立的城市空间单元，有其相对分明的空间边界，街区被看作是在城市建成区（或新建城区）中，被主要街道（交通干道）、铁路、自然河流、高速公路等所包围的特定区域。街区主要由区域主干道和城市主干道包围而成，这些道路具有较强的通流效率和较大的连接纵深，满足街区与外部交通的基本需求。而街区内部一般分布较小的街巷，形成内部交通网络。街区区别于城乡接合部和乡村的城市空间，是城市建成区特有的空间形态。街区具备系统的空间规划布局，具有较好的服务设施和公共配套设施，具有适宜的居住建筑、公共建筑和绿地空间，具有城市文明的全部内涵特征，成为空间相对独立、功能较为突出和完整的城市系统。

街区是具有鲜明特色的资源集聚和产业集聚区。生活和生产的集聚是城市形成的主要机理，在城市建成区，往往形成具有鲜明特色的同类资源聚集区，承载特定的城市功能。特别是经历以经济建设为导向的产业发展后，产业集聚成为城市经济的显著特征，从产业集聚的发生到蔓延，逐渐在城市空间形成具有相似性和上下游产业关系的产业体系，主导产业规模和特色突出的相对独立的产业经济形态在街区形成，并由此形成与产业集聚相适应的就业人群、社会结构、服务业体系和各项公共设施，这便形成了区域鲜明的经济和社会特色，从而也就形成了独特的街区空间。而街区的命名往往围绕其核心资源或特性，并得到人们的普遍认可。因此，特色资源和功能构成街区存在、判定、规划和发展的基础，也成为街区之间分工和标识的重要依据。而是否具有一定规模的主导产业，并由此形成一定规模的产业体系和社会体系，成为观察街区成熟度的一个关键因素。

功能街区的六大特点

功能街区是在城市功能定位和发展战略指导下所确定的城市行政辖区范围内功能特色鲜明或发展优势明显的街区，是具有特质资源、产业附着、明确功能和城市配套服务的综合性的复杂城市功能体。功能街区在一定时期内具有确定的空间边界，按照功能定位和区域发展要求进行规划，享受特殊的政策，进行优先建设和发展，植入相关产业，配套相关服务，其目的在于实现城市赋予的特定功能和价值。功能街区具有以下特点：

具有核心功能、资源特色或发展优势。功能街区一般有一项主要的城市功能作为核心。对于经济地区，则是有鲜明的主导产业，形成一定的规模和较完善的产业体系。对于特色街区或主题街区则具有鲜明的资源特色，具有良好的空间改造条件，容易形成品牌和优势发挥。功能街区具有比较其他地区明显的资源聚集优势和发展优势。

在一段时期内具有特定边界和稳定性。功能街区可以不同于行政区划，完全依照资源禀赋和市场经济规律形成特色鲜明的可识别优势，在空间上具有稳定的边界。一般是由主要街道干线分割出明显的区块，并在一定时期内保持较为独立和完整的特性，形成长期而相对稳定的客观存在。

能够体现城市功能布局和发展战略。功能街区与城市功能定位紧密联系。功能街区承载城市特定的功能定位，并在空间上实现城市功能布局，用以实现特定时期内的城市发展战略。功能街区有利于将资源集中在特定优势区域，通过良好的整合效能和集中建设，快速实现城市的功能定位，从而有力促进城市的发展。

是独立而完整的政策区和统计区。功能街区在落实城市功能定位和发展战略中，优先享受特殊的优惠政策，从而发挥资源的独特作用。因此，功能街区一般独立规划和制定相应的发展促进政策。同时，功能街区也独立监测和统计，用以把握发展的状态和进度。功能街区统计与行政区划统计不同，主要突出功能定位的落实情况，建立有针对性的指标体系。功能街区特有的政策适用边界也是其统计边界，用以体现功能街区的独立性和完整性。

拥有独特的资源价值和发展潜质。功能街区的资源价值要面向城市的功能定位，从而确定其主要功能和主导产业。其他功能要与主要功能相适应，彼此能够促进和形成相互联系的体系。与主要功能相矛盾或关联度不大的功能要尽量调整和疏解，从而保证主要功能的发挥。主要功能不仅要具有现实的比较优势，更要有持久发展的潜质，要通过功能街区的不断发展来促进城市整体功能的提升。

具有广泛的认同。功能街区的形成是政府和企业、社会和居民共同作用的结果，是经历一定历史时期，通过城市生产生活的不断演进而逐渐形成的。功能街区的认同就是其地方特性的归属感，其资源特质和优势是居民和在这里工作的人共同拥有的感受。尽管功能街区需要通过规划来强化其特色和优势，但其客观存在和人们的认同仍然是必要的。凭空设计出来的功能街区是不能够成立的。

功能街区的三个区分

功能街区与特色街区相区分。特色街区是与功能街区最为接近的概念，但无论在空间规模上和内涵上都要小于功能街区。不过在城市发展实践中，特色街区相对更为容易实施和见到成效，涌现出许多新模式和知名街区。特色街区是街区在内涵上的进一步延伸，是具有一定商业、文化、生态和活动魅力的人格化的城市公共空间。一般指承载城市历史、时代文化和地域民族、自然特色，具有满足人们集会、购物、餐饮、休闲、娱乐、旅游等多种需求功能特质的开放式街区，具有整体性、文化性、可达性、宜人性、高效性五大特色。从功能上讲，它是城市文化、商业与旅游的黄金结合点，是满足市民与游客消费需求的重要场所，是塑造城市特色、提升城市品位和竞争力的重要载体。优越的区位、独具特色的文化氛围、多重的社会功能定位、高品质的空间环境、富有创意的经营模式、规范的管理体制构成了特色街区的六大要素，赋予了特色街区无限活力与魅力。

功能街区与城市功能腹地相区分。城市功能的腹地范围与现实中城市功能分布区域密切相关，但作为城市规划中所讲的功能街区发展定位所指的空间区域并不是指腹地范围，而是对城市发展影响最大的空间单元。腹地范围一般是针对行政区划而言的，但这个空间单元则是一个功能区域的概念。在城市功能定位过程中，既要充分认识现状区域对城市发展的作用，又要用敏锐的眼光挖掘城市的潜力，预测城市未来的发展方向及与更大区域联系的可能性，确定定位区域。功能区域不仅仅指一个空间范围，还包括区域内的各种经济社会资源要素组合，区域格局中的区位，区域内的相互联系和区域之间的竞争协作关系。区域要素组合具有内部复杂性，因此，区域要素的综合分析对于城市功能定位具有重要意义。

功能街区与街道划分相区分。在我国现行的城市行政管理体系当中，城市被划分为若干的区县，其中城市建成区主要是以区为行政单位，区下设置若干街道，街道行政机关是区的派出机构，是城市管理的基层组织。北京市第五次城管会明确街道办事处的主要职能是："统筹辖区发展、监督专业管理、组织公共服务、指导社区建设"。而街道在发展过程中，许多地区依据自身的资源条件和优势，形成了产业集聚和特色集中，经济社会面貌发生重大变化。这种自然发展的特色地区更符合功能街区的发展规律，有的功能街区发展与街道空间相一致，更多的却是跨街道空间的。那些与街道空间不符合的街区，就面临着对街道基层管理工作的挑战。因此，为适应街区发展，街道行政边界的重新划分和调整就成为新时期区一级行政管理的重要课题。

功能街区发展理论

功能街区的产生和发展符合城市规划学和区域经济学的发展方向，具有坚实的理论基础。本节着重介绍区域整合理论、城市形态分形理论以及区域竞争和产业集聚理论的相关原理和内涵，揭示出功能街区发展坚实的理论基础和巨大的创新空间。

区域整合理论

区域整合思想以区域利益最大化为目标。整合理论源于系统论、控制论、信息论和组织理论，是将自然科学中系统科学的相关理论和技术运用于社会科学组织和规划研究中，用以解决社会系统复杂问题的一种新理论。整合理论又被称为“整体系统论”，主要原理是：整体不等于部分之和，而是大于部分之和。该原理指出，从整体的角度看待事物，整合导致系统“涌现”新的功能和属性，从而使整合的结果大大区别于其组成部分的组合功能和属性，各组成部分也由于整合而产生新的变化，实现总体利益“整体大于部分之和”的系统化整体效应。区域整合理论是对区域组织理论的发展。任何区域的经济要得到顺利的发展就必须建立起部门组合合理、规模比例协调的产业结构，而要建立合理的地区产业结构，就要用生产综合体布局原则代替传统的企业个体布局原则。在此原则基础上，区域整合理论更加强调主导专业化部门与其他经济部门之间的整合关系，并以区域利益最大化为其目标，强调多元价值和复杂系统的层次化、动态化（运行化）、结构化的整合思想。

区域整合的总体性。区域利益最大化目标是区域整合的总体性原则的核心。现代城市发展的区域利益不仅仅包括经济增长带来的利益，还有社会、文化、政治、生态环境变化带来的利益，因此，区域整合的总体性体现在这些利益的共同效用。也就是说区域整合从总体上必须达到促进经济、社会、文化、政治、生态多元价值的共同实现和协调发展的效果。区域整合的总体性还在于不以单一的区域价值来衡量总体的发展程度，并追求总体内部构成之间的整合效应。

区域整合的关联性。区域整合的关联性原则强调区域组成部分之间、功能地区之间或者核心价值之间存在某种合理的关联关系。相似性并不是整合的目的，而是相互之间功能的协调和形成彼此促进的整合效应，也就是说整合的结果并不是让区域成为特色单一、属性一致的区域。关联性是建立在独立性基础上的，区域内部应该有独立的分工，有专业化发展的方向和策略；各种价值都能够实现并且在多个领域繁荣发展。同时，各独立的区域必须服从整体的一致利益，并且寻找各独立区域之间的合理关系。

区域整合需要专门研究和设计。区域整合的总体性和关联性有时并不是自然发生的。相对独立的区域总有以自我为中心的思维逻辑，不仅企业是这样，区域也是这样。在市场机制条件下，企业为了自身利益而相互联合，形成上下游或横向互补关系。在政治背景下，区域也会形成联盟而成为共同体。这些自主联合的主要特点就是具有单一目的性，而且以利益为纽带。区域整合突破了常规的有限理性和利益纽带，而在更大范围、更复杂系统和多元价值之中，寻找更大的、更为核心的总体利益。因此，区域整合需要专门的研究和设计。

城市形态分形理论

城市形态分形理论侧重功能街区内在空间组织形式。传统常见的空间分布类型有点状分布、线状分布、离散区域分布和连续区域分布四种，为定量研究方便，经常用简明的几何法对外部空间形态“标准化”，称作欧几里得法。但这样的计量研究并不能揭示区域内在真实的状态。分形理论的核心是自相似性，以分维描述自相似性的特征量，这对解释复杂无规则的自然规律问题提供了有力武器。分形是大自然的优化结构，分形体对空间的利用最为有效、合理。分形理论提供了空间自组织机制的思想，不仅用于解释复杂的空间结构，而且也用于评价空间结构的合理化程度。根据英国科学家巴迪等的模拟分析，城市形态的分维在 D=1.7 附近比较理想，数值较小表明建筑过于集中，可填充能力较差，而 D=1.8 以后，城市拥挤程度加剧，城市病开始出现。1981 年北京就达到 D=1.93，是世界上少有的高维城市，目前这一数值已经更高，交通拥堵等各种城市病的出现就容易理解了。

用自组织机制建立城市空间结构体系。城市分形理论与城市功能分区规划思想既有相似性也有区别。在功能分区方面具有相似性，都将城市分为居住区、产业区、休憩区和公共空间等功能区，并合理调配区域空间结构，保障区域多元价值需求。城市分形理论更为细致，并强调区域的内在自组织作用。分形理论认为，区域微观结构与宏观结构具有自相似性，区域最小的单元与区域复杂整体具有同样的功能作用，以自相似体系条理化复杂区域，从而恢复和保持复杂系统的运行秩序。为此，按照自组织机制来建立的城市空间结构体系，才最能够保持城市运行的有序和空间布局的合理。

城市分形结构及其自组织作用。一是城市不仅仅是产业聚集区，更是生活区，城市生活的多元功能从最基本单元到大系统保持相似性；二是城市建设打破既有的自组织规律之后，城市运行就会面临问题，从经济角度来说就会增大城市运行成本，就会出现集聚的不经济现象；三是自组织机制具有自然的稳定性，如果从小的范围改造，就难于实现分形体系的整体升级；四是城市系统必须在考虑综合因素后，在维护和提升分形体的条件下进行整体规划和改造，才能够实现空间布局的合理化。

区域竞争和产业集聚理论

核心竞争优势理论。产业集群是一组在地理上靠近的相互联系的公司和机构，他们同处或相关于一个特定的产业领域，由于具有共性和互补性而联系在一起，集聚源于特定领域内既竞争又合作的地理集聚体（迈克尔·波特）。核心竞争优势的建立依据“生产要素、需求条件、相关产业和支持产业的表现、企业的战略结构和竞争对手”四个要素彼此之间相互作用构成的“钻石体系”。这一体系是一个双向强化的系统，其中任何一项因素的效果必然影响到另一项的状态，而当企业获得其中任何一项因素的优势时也会帮助它创造或提升其他因素上的优势。这个系统还存在两个环境变数，一个是“机会”，另一个是“政府”。“机会”通常非企业甚至政府所能控制，但政策对这一系统的影响力是显而易见的。核心竞争优势理论主张注重企业充沛的活力而不是静态的效率，应着重在优势上的培养，加强集群内的交互作用，形成企业间的良性竞争。

产业集聚成为城市和区域发展的重要思想。从新古典经济学开始解释经济集聚，到现代经济学对经济集聚模型的精确推导，经济集聚已经成为城市和区域发展的重要思想。然而经济集聚的机制有其内在的规律性和科学性，不完全依照行政的安排和主观想象而发生。新经济地理学认为，经济集聚与区域经济的规模报酬递增效应和循环累计因果有关（克鲁格曼）。经济集聚并不是在任何地方都可以发生，而且集聚的结果有可能导致“中心—边缘”效应，从而引发区域发展的不均衡性。集聚的发生具有累积效应，区域竞争优势往往超过区域资源禀赋和比较优势而成为经济集聚的关键因素。内生经济增长理论认为经济增长的动力来自于内在的创新能力和研发机制。

区域竞争和产业集聚理论对功能街区发展的启示。一方面，功能街区发展需要把握“先机”。把握先机就是创造有利的初始条件，并在循环因果机制下形成竞争优势。在现实中就是要在产业选择上保持高端性、长远性和整体性，而并不仅仅依赖区域的资源禀赋和传统优势；功能街区发展应当重视集聚成果，在质量和结构上不断优化，减少内在矛盾性的阻碍；功能街区发展应当重视经济集聚的规律性，努力培育核心竞争优势，优中选优；功能街区发展应当注意“极化效应”对经济区周边的影响，非经济功能街区要注重特色，错位发展，做好空间功能布局和优化调整，发挥非经济功能区的文化、生态等特殊功能作用。另一方面，要注重培养软实力。核心竞争优势并不仅存在于对实体经济的控制能力方面，而科技创新能力、文化传统以及有效组织能力都可能成为核心竞争优势。

西城区功能街区实践探索

西城区功能街区发展模式是西城区长期以来从实践中摸索出来的发展模式，符合特大城市建成区基层发展和治理的基本规律，与区域行政区划调整息息相关，成为西城区发展的时代标志。

西城区功能街区的发展历程

功能街区概念的提出。20 世纪 80 年代初，随着党和国家拨乱反正历史任务的完成，全国上下思想的禁锢开始打破，社会主义现代化建设进入新的阶段。面对新形势新任务，1982 年 9 月召开的党的十二大提出 20 年翻两番和前 10 年打基础、后 10 年振兴的战略部署。1983 年党中央、国务院进一步提出要研究全局性的、宏观的中长期发展战略问题。在这一背景下，西城区委、区政府于 1985 年 3 月召开了“西城区经济社会发展战略讨论会”。当时中央、北京市有关部门、部分高等院校、科研单位的专家、学者、理论工作者及区内各部门负责同志 270 人参加。会议就西城区的特点和功能、经济社会的战略目标、战略重点及应采取的重大措施等进行研究，这是首次将城市发展的功能定位放在战略层面来研究。1990 年形成的《北京市西城区经济社会发展研究》报告，首次提出了“强化功能”和“重点街区”的理念。

城市发展战略演变与功能街区的确立。1990—2000 年西城区加强对发展战略和发展规划的研究,先后制定出台了“繁荣西单、发展西城”、“大力发展五业、重点建设五街”（五业即金融业、房地产业、商业、文化旅游业和科技产业，五街即金融街、西单大街、阜景街、平安大街、西长安街）等发展战略。2000 年，西城区以编制“十五”计划为契机，进一步深化了对区情特点的认识，特别是认识到西城区客观上存在着六个资源优势集中、特色突出、知名度高、发展前景好的街区：即金融街、阜景街、什刹海、德胜科技园、西单地区和西外地区。西城区首次提出了功能街区的概念，并划定“六大功能街区”作为全区发展的核心地区，配套了相应的指挥部式的建设体制和相应的扶持政策。

按照功能街区的要求调整行政区划。2003 年“抗击非典”是中国现代化发展里程碑式的重大事件，其中“组团式”发展的城市规划建设思想作为重大成果值得关注。作为“非典”重灾区的广东，广州市疫情严重，而邻近的深圳市却疫情很轻。究其原因是深圳在城市开发建设中采取了“组团式”格局，各个组团区域生产生活功能齐备，减少了城市内部的大规模流动性，从而减少了疫情的传播。与大多数城市“摊大饼”式发展造成的“城市病”不同的深圳模式，很快得到建设部的认可，并号召全国学习深圳经验，“组团式”规划在全国兴起。北京各个城区也相继进行了“组团式”规划的研究和实施。西城区通过对“组团式”的研究，更加坚定了功能街区发展的思想，并借鉴“组团式”的先进经验，着力发展和完善功能街区。在功能街区发展的不断探索和建设中，创新出新的体制和方法。最为主要的是，以功能街区为空间依据调整街道行政区划，将原来的10个街道合并为7个街道，并调整了街道的管理范围边界，使得功能街区与街道行政管理在空间上基本吻合。

奥运环境整治加速功能街区布局。2008年北京奥运会是北京城市发展的又一个重大事件。与原西城区功能街区全面发展的思想相类似，原宣武区利用奥运环境整治和城市功能强化的契机，围绕2005年《北京市城市总体规划（2004—2020）》确定的功能定位，对辖区优势资源进行重新认识和整合，提出优势特色区域优先发展的思想。率先发展东西两翼文化特色优势地区，即大栅栏—琉璃厂—天桥地区，以及马连道茶业聚集区。通过环境整治、品牌塑造、商业繁荣、传统优势强化和新产业引进等措施，提高区域知名度，打造亮丽城市名片，从而提升全区的知名度和外向度。同时，利用地铁七号线建设的有利机遇，在宣武区腹地核心区重点建设广安产业园，引进现代服务业的高端产业，在两翼良好的文化环境和品牌的衬托下，实现从区域品质和品牌提升到高端服务业聚集的重大跨越。到2009年，广安产业园的建设已经全面展开，把握奥运机遇在区域发展中实现了“轴心—两翼”协同发展的战略意图。

区域融合开启十大功能街区发展新时代。2010年，根据北京市委的战略部署，原西城区和宣武区合并成为西城区，功能街区发展迎来了新的重大机遇。就在前一年，北京市批准成立了西城区功能街区产业发展促进局，这是北京所有区县中唯一的特色机构，体现了北京市对西城区功能街区发展模式的充分肯定和大力支持。区域合并之后的西城区开启了“十二五”规划，根据区域总体功能定位，全面实施“服务立区、金融强区、文化兴区”发展战略。规划以实现区域科学发展为目标，以改善民生为宗旨，以完善城市功能为导向，以推动产业转

专栏

“一核一带多园区”空间发展布局

“一核”即以金融街为中心，以德胜科技园、广安产业园为辐射区，以白塔寺、西单和南闹市口地区为配套区，集中力量打造以金融业为核心的经济增长极。重点依托金融街的品牌效应和辐射作用，拓展产业发展空间，丰富产业内涵，完善基础设施，提升服务质量，强力吸引金融企业集聚，引导相关企业集中，带动配套企业集散，努力建设具有国际影响力的金融中心。

“一带”即北京中轴线西翼文化带，以什刹海、大栅栏、琉璃厂、天桥等地区为重点，加强基础设施建设和环境整治，有效疏解人口，适度植入产业，实现古都风貌保护、历史文化传承、人居环境改善和产业合理发展相得益彰，建设融历史与现代为一体的新型文化发展带。

“多园区”即重点支撑“一核一带”的九个园区，包括德胜科技园、广安产业园、什刹海历史文化保护区、阜景历史文化街区、琉璃厂历史文化创意产业园区、天桥演艺区、西单商业区、大栅栏传统商业区和马连道产业特色商业区。

德胜科技园重点发展研发设计、文化创意、金融后台、高端交易等产业，建设知识型服务业聚集地。广安产业园重点发展金融创新、技术交易、要素市场、电子商务、文化创意等产业，培育高端服务业聚集区。什刹海历史文化保护区重点加强风貌保护和生态保护，改善人居环境，建设集传统居住、特色商业和文化旅游为一体的人文生态风景区。阜景历史文化街区重点加强文物景观保护，整体恢复和重现街区历史风貌，建成兼具旅游、休闲、文化交流等功能、体现老北京独特韵味的重要街区。琉璃厂历史文化创意产业园区重点发展古玩艺术品交易、文化旅游等业态，打造艺术品交易核心空间。天桥演艺区重点发展文艺演出、文化展示和文化商务等业态，打造首都演艺新地带。西单商业区重点提升商业品质、优化购物环境、完善服务配套，建成融购物、休闲、娱乐为一体的时尚商业区。大栅栏传统商业区重点聚集中华老字号和品牌连锁企业，建设集特色商业、旅游休闲、文化体验为一体的标志性商业聚集地。马连道产业特色商业区重点提升文化品位、延伸产业链条、完善基础设施，建设集茶叶集中交易、茶文化展示和休闲娱乐业态为一体的茶文化商贸中心。

组团发展形成“7+2”功能区建设发展格局。为了在更高水平上推动功能区的建设与发展，在加快落实“一核一带多园区”空间发展布局的基础上，2012年西城区委、区政府提出了“组团规划、统筹联动、示范引领、协调发展”的建设思路，将10个功能区整合为5大组团，集聚资源、集成政策、集中力量、重点突破。印发了《关于组建五个指挥部与成立充实两个办公室的通知》（京西发〔2012〕7号）和《关于印发五个指挥部与两个办公室组建方案的通知》（西政办发〔2012〕7号）。在体制上，成立、充实并形成了“5+2”机构，即5个指挥部（北京金融街建设指挥部、北京天桥演艺区建设指挥部、中关村科技园区西城园管理委员会、北京大栅栏琉璃厂建设指挥部、北京什刹海阜景街建设指挥部）；2个办公室（西城区重大项目建设领导小组办公室、西城区环境建设委员会办公室）。在机制上，建立完善了重大项目统筹推进机制，与职能部门、街道、驻区单位联动协作机制，并形成了“周调度、月汇报、季检查”的工作模式。在政策上，用好中关村自主创新相关政策以及金融高端人才引进等政策，制定全区产业指导目录，出台《西城区关于促进产业发展的若干意见》，形成了完善的产业政策体系。为了加快推进产业结构优化、有序疏解非首都功能，2013年底，区委、区政府根据功能区建设发展需要，又成立了北展地区建设指挥部、马连道建设指挥部，形成了“7+2”功能区建设发展格局。通过不断探索与实践，西城区功能区建设发展取得显著成效，有力促进了产业优化升级，带动了城市环境和民生改善，推动区域经济 社会发展迈上了新台阶。

型升级为重点，以深化制度建设为保障，首次将功能街区产业发展规划列为专项规划，并确立了“十大功能街区”的总体布局（见图 5），全力构建“一核一带多园区”空间发展布局，推动了各功能区快速发展。

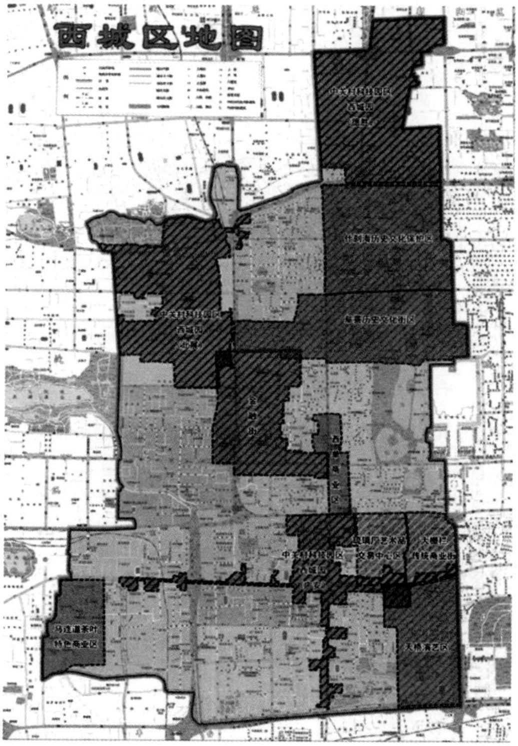

图 5：西城区功能街区地图

专栏

“7+2”机构主要职能

以“组团规划、统筹联动、板块发展”为总体思路，充分发挥“7+2”指挥机构的规划、建设、管理、发展、服务、示范六项职能，推动重点功能区和重大项目的建设提升功能区整体发展水平。具体职能包括：

（1）科学规划。把握规划的超前性，借鉴经验，高起步、高标准、大气魄、大手笔搞好规划；把握规划的可操作性，注重详细规划与城市设计的衔接，以科学的规划指导各项目的实施。

（2）推进建设。制定计划，布置任务，确保建设有序开展。并针对在项目建设过程中遇到的重点问题和关键环节，统筹协调各方力量和资源，破解难题，全面提速重点功能区项目建设的速度。

（3）统筹管理。对相关部门进行统筹协调，增强各部门的联动互促，主动与有关单位加强沟通，密切配合，使其形成合力，避免因各部门相互掣肘阻碍项目的进程。

（4）促进发展。以功能区建设为契机，以精细化管理为抓手，通过推动重点功能区的落实，加快对“城市病”的治理，提升城市品质，促进区域整体发展。

（5）提升服务。分享、总结、归纳、整合各指挥部在过去重大项目推进机制方面的好经验和好做法，完善工作机制，加强效能政府建设，提高政府的服务水平和能力。

（6）做好示范。在重点功能区建设和发展中，探索创新，积累经验，在绿道建设、棚户区改造、旧城改造、历史文化名城保护、文化与科技、金融融合发展等方面发挥示范、表率作用。

西城区推动功能街区发展的总体思路

高度统一的思想。统一思想是功能街区发展的灵魂。功能街区建设初期，西城区现代产业体系还比较薄弱，对高端资源的吸引力有限，功能区建设不是全面铺开，而是有重点、有层次、有节奏地展开。每个项目都是举全区之力，发挥集中优势，以有限资源取得阶段性重大成功。这一举措的核心在于西城区的“聚力工程”。聚力就必须统一思想认识，形成统一领导，并贯彻统一的思想。首先应当统一领导的认识，促进班子团结；其次要实施多部门的广泛动员，让发展战略的阶段性目标和任务贯彻到整个行政体系；再次就是要扩大宣传和动员，以明确的目标和简洁的口号赢得全区干部群众的共识。在功能街区不断完善和扩大的过程中，统一思想发挥了非常重要的作用：首先是进一步将区域发展目标聚焦，提高行动的效率；其次是便于“聚精会神搞建设，一心一意谋发展”，群策群力解决问题和困难；再次就是实现资源阶段性灵活调度，保证重点工程顺利完成。

超前谋划的思想。功能街区的布局和产业规划立足于区域发展实际，但不拘泥于现有的条件和环境，摸清底数，对资源特质和发展规律有较为清晰的认识。坚持超前谋划的思想，以战略眼光预期未来 10 年或更长时期的发展环境，保持核心竞争优势的持久性。举全区之力进行重点区域的开发，从更大的时空广度来把握全局，“谋定而后动”。并使用外脑，邀请国内顶级专家学者参与谋划，拓宽视野，充分论证。

坚定信念的思想。西城区政府深刻意识到，当发展战略确定下来之后，起决定性作用的就是执行力。全区统一思想的目的就是要保证执行的顺畅和效率。因此，在贯彻功能街区发展战略的时候，保有坚定的信念，在困难和复杂局面面前不动摇，在挫折和失败面前不气馁，在艰苦和辛劳面前不退缩，在诱惑和干扰面前不分心。始终如一不间断地贯彻和推进战略，及时修正策略和调整方向，从而保障发展战略的持续性、延续性和连贯性。这是西城区十几年来发展的成功经验。功能街区正是在这样的信念坚持下，不断积累和发展而来，从小到大，由弱变强。且主要领导不管做出怎样的调整，区域的主要发展方向和重大战略布局都坚持和不断完善。战略的继承性是实现功能街区不断累积发展和保证区域整体有序的必要前提。

尊重科学的思想。功能街区的发展是由政府来谋划和推动的，但起决定性作用的是市场机制。科学的战略规划就是要在充分了解资源条件和市场规律的基础上，以小的代价为引导，让广大的外部资源和深厚的社会力量参与到功能街区的建设和发展上来，并以科学的思想指导功能街区的规划和战略制定、操作和执行。科学的战略实施，西城区政府是通过尊重知识、尊重知识分子、尊重真理，并充分利用西城区专家资源丰富的优势，提高决策的科学水平，改善工作中的科学作风，用新知识不断充实干部的头脑，扫清开拓进取道路上的障碍，建立“学习型政府”来实现。

西城区功能街区的整体特征

独特性。功能街区的建设与发展，始终立足于西城区作为首都功能核心区所具有的独特区位，立足于西城区在历史文化、金融、科技、商贸、旅游等方面所具有的得天独厚的优势。正是紧紧抓住了这些优势特点，才形成了各个功能区特有的、鲜明的主导功能定位，从而构建了总部经济突出、金融高度发达、文化内涵深厚、古都风貌彰显、服务配套完善、环境品质优良的首都特色功能区发展格局。

集聚性。在功能街区建设发展中，通过政策引领、平台搭建、服务优化等方式，有效激发了市场活力，各功能街区内涵式发展潜力持续提升，影响力不断扩大，金融、科技、文化、商贸等优质资源快速聚集。这些区域突出体现了资源优势集中、发展潜力大、基础条件好的特点，已经成为区域发展的重要支撑。

多元性。西城区功能街区形态丰富、类型各异。目前，主要有三大类型，第一类是北京金融街、中关村科技园区西城园等高端产业聚集区，主要承担经济功能，是区域经济发展的重要支撑；第二类是西单现代商业中心区、马连道茶叶特色街等，主要承担高端产业配套服务和生活消费服务的职能；第三类是处于历史文化保护区内的什刹海、阜景、天桥、大栅栏、琉璃厂等，主要承担特色产业和文化发展功能，体现了北京传统文化特色，是展现北京古都风貌和区域文化品质的重要窗口。

耦合性。西城区作为建成区，功能区建设初始，既突出主导功能，又尊重区域的发展基础和现实要求，形成了主导功能与配套功能相互依存，主导产业与配套服务相互支撑，产业发展、文化建设、城市管理、社会民生等要素高度耦合的发展状态。这也是中心城区在功能街区建设发展中探索出的独特的发展模式。

辐射性。西城区坚持把功能街区建设作为推动经济社会发展的源动力，形成了多层次、多领域支撑，全面发展的格局，各功能街区在优化产业结构、提升发展质量、促进文化繁荣、改善人民生活、完善城市功能等方面，发挥了重要的带动作用。多年来，全区经济社会保持了全面、协调、可持续发展的良好态势。

西城区推动功能街区发展的路径

规划设计引领科学发展。西城区将功能区建设作为引领发展的重要引擎之一，区委、区政府集全区之力，做好功能区建设发展的科学谋划。深入开展战略性问题研究，广泛听取专家学者及社会各方意见，整合行政、市场及社会力量，合力推动工作落实。首先，加强规划设计，从优化空间布局的角度进行系统研究，按照适度超前原则，制定带有纲领性和指导性的总体规划和专项规划，明确功能定位、发展目标、产业重点、空间布局、主要任务和政策措施等，形成“一总多分、各有侧重、各具特色”的规划体系，从起点上保证了功能区建设发展的科学化、高端化。其次，在工作中，坚持把产业结构优化升级与城市功能完善同步规划、同步建设、同步推动。根据区域资源等要素的不同特点和分布状况，确定土地利用和空间规划，确保各类资源高效利用。以城市承载力提升来促进现代化产业设施体系建设和产业空间功能完善。再次，发挥重点产业优势，培育新兴业态，打造良好发展环境，在产业选择、政策扶持、空间布局、服务质量等方面，始终坚持高起点，努力以高端引领功能区均衡、高效、示范发展。

优化结构提升空间承载力。坚持以重点项目建设拓展发展空间、以配套设施建设提升发展品质并重，深度调整各功能区内部结构，使有效空间发挥最大效益，促进集约发展内涵发展。在重点项目建设方面，整合各类行政资源，集中精力推动建设，重点功能区空间规模得到迅猛发展。在配套改造提升方面，将功能区发展与基础设施建设、改善居民生活条件及整体环境水平提升有机结合，做到同规划、同设计、同建设、同落实，重点功能区周边发展明显提速，城市功能得到进一步完善。在有效利用空间方面，坚持扩大增量与盘活存量并重，通过加强项目的资源置换，促进优势产业聚集和配套发展，为产业链上下游以及相关产业的发展提供可能，逐步形成主导业态服务发展、配套业态服务高端的格局，各功能区空间效益得到持续提升，优势产业发展强劲，区域综合实力显著提升。

要素汇聚强化功能特色。坚持向聚集和创新要效益、向结构要效益、向空间要效益，围绕产业升级、风貌保护、文化休闲等领域，聚集优质资源要素，形成区域发展多点支撑的增长极，带动社会整体发展。注重深度挖掘优质资源，集约高效用好各种发展要素，突出优势，综合运用基础设施建设、政策引导、专项扶持等多种手段，促进金融、科技、文化等聚集发展、融合发展。注重推进区域整合融合，将什刹海和阜景街、大栅栏和琉璃厂进行了资源整合，整体谋划、整体建设、整体推动，形成连片发展的工作格局。提出“文道”和“商道”建设。“文道”就是统筹推动中轴线西翼文化轴建设，为全市历史文化名城保护做出贡献。“商道”就是充分发挥西单商业街影响力，以开阳桥到新街口为起始点，打造商业发展轴，提升整体环境景观水平。

搭建平台提供优质服务。积极搭建行业间沟通与促进的平台，突出资源特点不断发展壮大行业协会等社会组织，促进行业自律，为市场注入活力。打造以“新三板市场”和“互联网 +”为核心的“大众创业、万众创新”工作格局，完善为企业服务的各项机制，为企业自主创新发展和提高市场竞争力提供了良好的环境。

西城区功能街区发展的总体成效

西城区功能街区建设，以政府规划为主导，以金融业为核心经济增长极，以科技、金融、文化、商业等多种功能区为共同支撑，以中轴线西翼文化带为承接历史文化名城保护的主要载体，以产业结构调整和城市功能优化有机对接为基本路径，呈现出鲜明的西城特色。

西城区功能街区发展的基本格局

北京金融街（或简称金融街）——金融引领和服务作用日益凸显。金融街作为全国金融中心的地位进一步确立，金融总部经济功能进一步强化，对全国金融产业发展的引领作用进一步凸显。目前，金融街金融机构金融资产规模达 62.1 万亿，占全市金融业总资产的近 80%，占全国近一半，外资金融机构和国际组织已经发展到 100 余家。两年来，金融业增加值占全区 GDP 的 40% 以上，三级税收占全区三级税收的比重超过 80%。目前金融街集聚了 153 家企业总部和地区性总部，其中18家位列世界500强，总部效应日益突出。

中关村科技园西城园（或简称西城园）——自主创新示范区特色园建设成效显著。中关村科技园西城园规划面积扩展到10平方公里，为中关村自主创新示范园发展提供了更为广阔的空间。制定了支持自主创新和孵化基地建设等政策文件，初步形成产业发展政策体系。建成中国设计交易市场，吸引韩国设计振兴院等知名企业入驻，成立北京设计产业联盟，成功申报了第一批“国家级文化和科技融合示范基地”。园区中关村高新企业达440家（其中国家高新企业181家），上市企业9家。企业人均研发投入居中关村一区十园之首，人均专利授权数量位居第二，其中发明专利授权位列中关村第一。

北京什刹海—阜景街功能区——文化保护与融合稳步推进。什刹海阜景街作为北京古都风貌展示区和中心城区生态绿色休闲区，“十二五”期间“两轴四片”建设加快推进，重点项目稳步实施，区域文化环境品质显著提升。重点抓好北中轴线保护示范项目，有序实施白塔寺地区修缮保护，加快推进地百商场改造、德胜门对景等重点工程，以项目带动周边环境秩序的持续改善，雁翅楼历史景观建设完成主体结构施工，功能疏解试点工作稳步推进。

北京大栅栏—琉璃厂历史文化街区（或简称大栅栏—琉璃厂）——保护与修缮协调推进。大栅栏琉璃厂作为北京传统商业的复兴区和传统文化的体验区，重点项目建设进展顺利，历史文物保护修缮项目稳步推进，社会投资成效显著，街区环境和居民生活品质显著提升，街区文化品质进一步彰显，知名度和影响力进一步扩大。琉璃厂地区艺术品拍卖常态化，琉璃厂艺术品交易中心区地位更加稳固，成为全国重要的文物、艺术品展览展示和交流中心。

北京天桥演艺区（或简称天桥演艺区）——加快项目建设和运行。天桥演艺区建设作为北京市“十二五”规划和城南行动计划重大产业项目，已实现天桥艺术大厦竣工交用，天桥艺术中心、天桥汇等项目顺利推进，演艺区建设初见成果，与20余家知名院团建立了战略合作关系。参加第二届京交会等一系列文化活动，文化传播交流进一步扩大。

马连道茶叶特色商业区（或简称马连道）——产业结构优化升级逐步展开。马连道指挥部建立地区项目、地块台账，搜集基础数据，组织编写地区发展规划。加强区域基础设施建设，区域环境综合整治。推进街区电子商务发展，引导企业主动进行产业结构的优化升级。统筹宣传提升茶叶产业特色街区知名度和影响力，以“文化马连道，品位慢生活”为主题，整合商会、茶城宣传活动，举办“全民饮茶日”“老年人品茶会”等文化品茗活动。马连道特色茶叶街被命名为“中国茶叶第一街”。

北京北展地区（或简称北展地区）——非首都功能疏解成效显著。动物园地区有商品批发市场12家，总建筑面积33.6万平方米，占全区的79%，是北京市确定的重点疏解区域。为此，在西城区北京北展地区指挥部的基础上，成立由市政府副秘书长和区委、区政府主要领导任组长的北展地区疏解工作指挥部。按照主体责任分别成立公交集团、公联公司、建筑大学、矿冶总院、天恒置业和民营产权等6个专项指挥部，各负其责。采取了加大统筹推进力度，督促产权单位落实疏解任务，积极开展对接服务，强化综合执法，主动做好疏解过程中各项安全稳定工作和营造加快推进疏解的舆论氛围等措施，积极落实疏解任务。2015年“动批”累计完成20.6万平方米的疏解与转型，完成市场主体撤市、闭市7个，12.6万平方米。转型2个市场，8万平方米。到2016年底，将基本完成“动批”疏解，腾退升级共计20万平方米。

西单现代商业区——实现利润总额则呈现稳步增长态势。作为传统的商业街区，批发和零售业、住宿和餐饮业是反映街区商业活跃程度的主要载体。“十二五”期间，汉光、君太、大悦城等百货商场和

表 1：2014 年西城区功能街区主要经济指标

项目	单位数（个）	资产总计（亿元）	收入合计（亿元）	利润总额（亿元）
总计	33407	560643.7	15635.9	4661.4
北京金融街	3675	520272.5	8895.2	3740.5
德胜科技园	13207	18073.4	3299.2	457.4
广安产业园	6797	18546.8	2471.4	308.6
什刹海历史文化保护区	2050	327.3	402.8	4.7
阜景历史文化街区	943	265.3	110.6	18.3
琉璃厂艺术品交易中心区	326	41.7	18.6	2.5
天桥演艺区	1379	153.5	116.6	0.6
西单商业区	1076	2772.1	214.6	126.3
大栅栏传统商业区	653	100.3	24.7	3.5
马连道茶叶特色区	3913	154.8	132.2	2.4

资料来源：《西城区 2014 年统计年鉴》

商业综合体持续集聚人气，另有定位高端的老佛爷百货入驻街区。受其带动，批发和零售业、住宿和餐饮业的单位数量也保持了平稳的增长态势，从 2010 年的 223 个增长到 2015 年的 370 个，占西单商业区法人单位总数的比重为 36.7%。“十二五”时期，西单商业区法人单位整体表现较为平稳，从行业构成看，以批发和零售业、住宿和餐饮业构成的传统商业业态一直处于主导地位。五年间，西单商业区整体收入水平呈现先扬后抑的趋势，实现利润总额则呈现稳步增长态势。近年来电子商务的快速发展对商业区产生了一定的影响，越来越多的消费者利用网络满足自己的购物需求，但其对体验式消费行业的替代性较弱。在未来的几年里，西单商业区在顺应时代发展的前提下，不断优化顾客体验，以提升体验式消费带动整体发展升级。

西城区功能街区发展情况

主要经济指标稳步增长。2014 年，西城区功能街区各主要经济指标稳步增长，10 个功能街区共有法人单位 33407 家，比 2013 年增加 16889 家；资产总计 560643.7 亿元，比 2013 年增长 68555.7 亿元；累计完成固定资产投资额 157.8 亿元，比 2013 年增长 98.5 亿元；实现收入合计 15635.9 亿元，比 2013 年增长 1041.2 亿元；实现利润总额 4661.4 亿元，同比 2013 年增长 462.8 亿元；实现三级税收 3418.3 亿元，同比增长 22.7%，实现区级税收 247.8 亿元，同比增长 4.3%，占全区比重分别为 90.6% 和 72.5%。

北京金融街。经过 20 年的建设与发展，2.59 平方公里区域内累计投入资金 1500 亿元，商务楼宇面积达到 600 万平方米，其中办公面积 450 万平方米，配套和住宅公寓面积 150 万平方米；区域内集聚了“一行三会”等国家金融决策和监管部门；集聚了约 1000 家金融机构，包括 100 余家国际金融机构，其中 16 家位列世界 500 强；集聚了 9 家全国性金融行业组织和 153 家企业总部，其中 18 家位列世界 500 强，占中国入选 500 强企业的 26.1%；集聚了全国约 50% 的金融资产 62.1 万亿、30% 的人民币结算业务；集聚了北京市 65% 的金融从业人员。北京金融街已经发展成为集决策监管、资产管理、支付结算、信息交流、标准制定为一体的国家金融管理中心，为首都经济发展方式的转变提供了强大的动力支撑，也为首都建设具有国际影响力的金融中心城市奠定了坚实的基础。

中关村科技园西城园。研发设计产业优势突出。在园区设计服务产业中，工业设计、建筑与工程设计集聚程度较高，行业优势突出。园区各类设计服务机构共 611 家，其中国家、市级设计院所 39 家。工程设计领域，集聚了华北电力设计院、中冶集团等甲级、乙级资质工程勘察设计企业 100 余家。工业设计领域，DRC 工业设计基地打造了中国设计创意最高奖“红星奖”，培育出全国唯一获得国际三大设计奖项的洛可可公司。建筑设计领域，中建院、北建工等机构享誉全国，获得千余项国际、国家和省部级设计奖项。

文化创意产业高度集聚。2011 年，西城园文化创意相关企业超过 2000 家，总收入达 239.7 亿元。数字影音、数字版权等细分产业基础良好，形成新华 1949、国家数字版权产业基地等文化创意专业园，集聚了文资委、和声创景、开心麻花等一批文创机构和企业，形成了较强的专业集聚效应和产业吸引力。在新闻出版领域，全区有新闻出版、印刷、发行业法人单位 795 个，64 家国有出版单位中，有 40 余家集中在西城园，中国北京出版创意产业园区已有天闻数媒、磨铁图书等 27 家具代表性的出版机构与新媒体企业入驻。

高端交易产业快速发展。西城园集中了一批国内占据主导地位的要素市场和第三方支付机构。要素市场领域，中国林业产权交易所、全国棉花交易市场、金马甲资产与权益交易服务平台、北京环境交易所在相关领域全国领先；兰格钢铁、中国设计交易市场、北京产权交易所有限公司等在相关领域具有重要市场地位。第三方支付领域，联动优势等一批企业具有强劲的市场竞争力，第三方支付产业基地等重点载体正逐步有序推进。

科技金融产业粗具雏形。截止到 2011 年底，西城园各类金融机构达 40 余家，总收入达 270 亿元。科技金融产业集聚区正在形成，聚集了一批银行总部和分部、股权投资集团、财务公司、金融服务企业，如国家开发银行、北京银行、中钞长城等，吸引了人民银行数据中心、工商银行电子银行中心等高端金融后台机构，为园区科技金融及相关产业提供了良好的发展基础。

科技孵化基地成果显著。开园以来，西城园利用国有企业闲置厂房和办公楼建成了普天德胜、康华伟业、利玛、金丰和、万方星辰、中器德胜6家高新技术产业孵化基地。先后培育梅泰诺、互信互通、万桥兴业、奇虎科技等一批著名企业。目前园区发展最好的单体孵化基地普天德胜孵化基地入驻的各类科技企业近200家，年产值超过40亿元，年交纳税费总额超过3亿元。

历史文化名城保护区。历史文化名城保护区范围内的功能街区是西城区的文化密集区和居住区，也是西城区的主要功能特色和城市文化品牌。其产业发展的重点是旅游业、文化产业和服务于居民与游客的商业、一般服务业等，地区发展的主要任务是文化资源保护、改善民生、修缮房屋、改善基础设施、旧城地区人口疏解和提供必要的旅游、商业服务。发展依据是《北京城市总体规划（2004—2020年）》《北京历史文化名城保护规划》。

2010年10月，北京市成立历史文化名城保护委员会，2011年4月，西城区成立了历史文化名城保护委员会，由西城区委书记、区长担任委员会主任，同时聘请了10位文物专家、文化学者任顾问。针对编制西城历史文化名城保护规划、合理进行空间布局这一首要议题，提出将在未来构建“一带六区多点”的文化发展空间格局，形成贯穿南北的北京传统文化体验区。其中，“一带”指北京中轴线西翼特色文化带；“六区”指什刹海传统风貌保护区、皇城文化保护区、阜成门内四合院保护区、南闹市口文保区、琉璃厂—大栅栏传统文化体验区、法源寺历史文化区；“多点”是指分布在文保区内外的历史文化街区或场所，如烟袋斜街、白塔寺地区、北海景山地区、西四北一至八条、大栅栏地区、琉璃厂地区、天桥地区、天宁寺地区、报国寺地区等。根据不同文保区的历史文化特色和空间资源条件，对历史文化保护区的功能定位进行细化和调整，将保护区的特色文化产业发展纳入西城区产业发展的整体系统之中，使西城区成为中国文化和古都风貌的重要展示区。

2012年组建的大栅栏—琉璃厂建设指挥部、什刹海—阜景街建设指挥部等机构与历史文化保护区保护与发展工作密切相关，实现了从不同角度集合相关单位协同联动，提高行政效能，逐一攻克重点、难点问题。为有效恢复文保区历史风貌，落实北京市政府疏解旧城人口政策，完善基础设施，改善居住品质，解决民生问题，两个指挥部按照“政策长期稳定、居民自愿申请、预签疏解协议、整院实施腾退”的基本原则，加大人口疏解工作力度，在保护北京旧城整体风貌前提下，保存真实历史遗存和文物，全面推进古都风貌和历史文化名城保护工作。

启动重点拆迁工程和文保区项目。府右街旧城保护和居民住房改善工程、北京市629工程、杨梅竹斜街保护修缮项目、什刹海文保区项目、白塔寺历史风貌保护区项目等，以点带面，推进重点文保项目建设。启动安徽会馆、粤东新馆、观音寺、普济寺修缮工程、燕翅楼等文物项目。“十二五”以来，南横东街、右内大街、广莲路、半步桥南路已先后实现竣工通车，新壁街整治工程、西皇城根南街项目一期、马连道路、新街口北大街、西直门内大街、太平街二期工程等项目、北新华街（南段）项目、槐柏树后街项目、北纬路项目等基本完成。完成杨梅竹斜街、樱桃胡同、樱桃斜街（延寿街 – 大栅栏西街段）三条胡同的市政基础设施改造及道路建设，具体包括新建道路工程、排水工程、燃气工程、路灯工程、景观照明工程和实施电力、电信架空线入地工程、违章拆除、现状管线和市政设施的拆改移工程等。

马连道茶叶特色商业区。根据《“十二五”期间马连道茶叶特色商业区发展规划》，马连道地区发展的主要任务是完善基础设施，优化商务环境，提升茶交易市场的辐射力，建设集产品展示、商贸洽谈、茶品拍卖、消费体验、文化交流为一体的茶业交易中心。马连道被誉为“中国茶叶第一街”，是首都最大的茶叶及其相关产品批发零售集散地，在国内外具有广泛的影响力。马连道地区的功能定位是茶业商贸中心和休闲娱乐业聚集区。重点发展以茶叶专业商贸为主的产业，配套发展文化创意和艺术品交易产业、茶叶科技研发和展览展示产业、旅游和休闲娱乐产业、金融服务业、商贸服务业等产业。马连道茶叶特色商业区的发展模式是专业商贸中心，未来发展方向是推动产业高端化，带动中国传统文化的繁荣，带动中国文化品牌走向世界。

“十二五”时期，西城区从环境入手，大力提升马连道地区城市环境，提升马连道茶叶特色商业区的品质，积极培育茶文化体验区、茶产业创意产业区。同时，大力推进马连道茶博物展览馆（厅）的建设，并积极与中国茶叶流通协会、北京市茶叶协会等行业组织协作，努力将其打造成为中国茶文化的国家博物馆和中华茶文化的展示中心、茶产品的交易中心，定期举办马连道茶产业大型交易会、博览会、高峰论坛等。根据最新的规划，马连道将建设茶业产权交易中心，大力推进茶叶产权交易、精品茶叶拍卖以及相关文化艺术品拍卖等业务的发展，拓宽马连道茶叶特色商业区的产品（与服务）交易领域。其中，产权交易中心将通过电子交易平台和电子结算，以信息流、资金流代替物流，以产供销一体化代替传统批零，以总部经济代替个体经济，实现马连道相关产业的高端化和现代化。

天桥演艺区。天桥演艺集聚区演艺场馆资源整体呈现出以下特点：一是分布相对集中，主要在天桥市民广场和虎坊路区域；二是剧场数量多，在 2 平方公里的范围内，有 8 家场馆，这在北京是不多见的；三是剧场规模较小，最大的仅有天桥剧场和北京市工人俱乐部两家，最多只能容纳 1200 人；四是演出特色鲜明，梨园剧场和湖广会馆以京剧为主，万胜剧场和北京市工人俱乐部以杂技为主，德云社和张一元茶馆以相声为主，天桥剧场则以芭蕾舞等现代舞台剧为主；五是与旅游业结合紧密，梨园剧场、湖广会馆、万胜剧场、北京市工人俱乐部以旅游演出为主，主要针对外国旅游团。

中央芭蕾舞团、北京杂技团、北京京剧院、风雷京剧团等国内一流的表演团体都聚集于此演出，另外还聚集了天桥剧场、德云社、万胜剧场、中华电影娱乐宫等 7 家大小剧场，每年演出场次近 3000 场，接待中外观众 100 多万人次，艺术演出收入约 3000 万元，座席数 4590 个（不含先农坛体育场），剧场从业人员 279 人，剧场密度居北京市之首。尤其是传统类演出在北京演出市场占有重要的地位。且该区域内以京剧文化主题的前门饭店、以民国特色主题的东方饭店、以文化主题的新北纬饭店等，也增强了区域的文化氛围和文化魅力。天桥地区餐饮沿北纬路、太平路分布较多，其他片区分布零散，餐饮类型各异。娱乐场所主要有游泳馆、康体中心、洗浴宫、歌舞厅等，缺乏和演艺产业相配合的高档、有特色的文化、餐饮、娱乐设施。

西单商业区。西单商业区是具有悠久历史和深厚文化底蕴的商贾云集之地，地处长安街沿线，从地理位置和商业形态看来都十分具有优势。“十二五”时期，商业区法人单位整体表现较为平稳，从行业构成看，以批发和零售业、住宿和餐饮业构成的传统商业业态一直处于主导地位。五年间，商业区整体收入水平呈现先扬后抑的趋势，利润总额呈稳步增长态势。2015 年，西单商业区法人单位数量为 1007 个，与 2010 年相比增加了 466 个，增幅为 86.1%；商业区实现利润 166.4 亿元，与 2010 年相比增长了 5.1 倍，年均增幅达到 43.8%。

西单商业街目前有西单商场、君太百货、西单大悦城、中友百货、老佛爷百货等多家大型现代化商场，还有“稻香村”“红螺”等食品店，万里鞋店、“张一元”茶庄等京城“老字号”商店。北京图书大厦是北京市国有书店中规模最大、经营品种最丰富、最早运用信息化技术和管理模式的旗舰书城，始终保持市场领先地位的销售业绩和经营规模，堪称全国“第一书城”。总建筑面积为 3.5 万多平方米的西单文化广场是长安街上唯一的大型绿地广场和集购物、康体、娱乐、休闲为一体的多元化综合文化活动场所。西单以商业为主，各种服务业同步配套发展，呈现出交错经营的趋势，市场定位按消费群体划分，商品档次以中高档为主，突出了“专”而“全”的特色，能满足各阶层人士的需要。

功能街区的产业特点

货币金融服务推动金融业发展。2015 年，北京金融街法人单位数量达到 3661 家，比 2010 年增长了 36.4%；收入总计达到 8338.6 亿元，比 2010 年增长了 51.7%；实现利润总额 3869.4 亿元，比 2010 年增长了 150.3%（见图 6）。在推行金融改革创新，符合实体经济发展需求的大环境下，努力完善多元化的货币金融服务体系是对传统金融业的有效补充，更是推进全区金融业发展的基本保障。

商业街区发展趋缓。2015 年，大栅栏—琉璃厂历史街区收入合计达到 30.8 亿元，较 2010 年增长 31.2%，但实现利润总额 2.7 亿元，较 2010 年下降 10.9%；西单商业区批发和零售业共实现收入合计

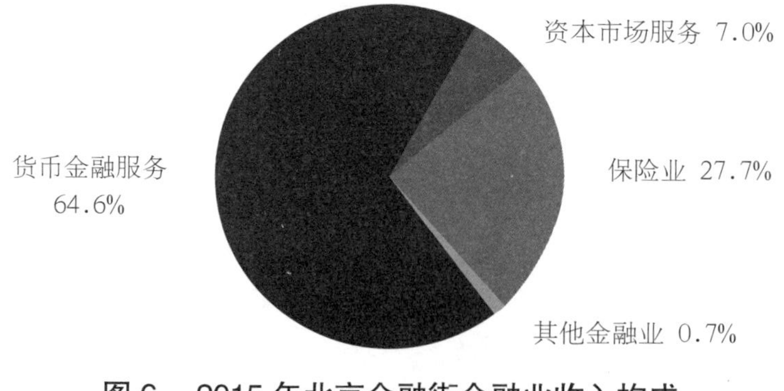

图 6：2015 年北京金融街金融业收入构成

52.1亿元，与2010年相比下降了84.7%，实现利润总额2.4亿元，与2010年相比下降了57.1%；马连道茶叶特色商业区拥有资产总计20.8亿元，较2010年增长2倍。但实现收入合计24.4亿元，较2010年下降17.9%，利润总额为−0.3亿元，较2010年减少1.1亿元。现代商业经营正向复合型、便利性、体验性、休闲性升级换代，传统商业迫切需要在整体环境、经营模式等方面进行调整和提升。

科技园区平稳发展。2015年德胜科技园共有法人单位12366家，较“十一五”末期增加7386家，增幅达148.3%。2015年园区实现收入合计2775.8亿元、利润总额359.4亿元，分别是2010年的3.4倍和3.3倍，年均增幅分别达到27.5%和27.3%。总的来看，德胜科技园实现了快速发展，优化“高精尖”产业结构的步伐不断加快，为德胜科技园高端产业的集聚发展打下了坚实的基础。

文化旅游街区依托传统历史资源实现特色发展。2015年，什刹海文保区累计实现收入192.8亿元，比2010年增加65.1亿元，增幅为50.9%，实现利润总额10.5亿元，比2010年增加1.8亿元，增幅为20.7%。天桥演艺区围绕特色行业的整体打造在“十二五”期间刚刚起步，从五年的数据来看，无论在单位数量还是收入实现情况上，文化、体育和娱乐业都在“十二五”后期出现了较大幅度的提升，实现了与演艺区建设的同步。

现代服务业支撑产业转型升级。2015年，西城区特色功能街区现代服务业发展较快，累计实现收入合计9755.2亿元，同比增长30.0%；累计实现利润总额4601.9亿元，同比增长24.7%。大力发展现代服务业是功能街区实现经济持续增长的关键，也是促进功能街区完成转型升级的助推器和催化剂。

西城区功能街区发展的主要成效

区域经济实力显著增强。功能区的建设发展，带动了区域经济规模扩大、发展质量提升，使西城区成为首都经济发展的重要支撑。根据西城区统计局提供的数据，西城区功能区各项经济发展指标呈逐年增长态势，保持较高发展水平。截至2014年底，功能区法人单位由2010年的14741个增长到33407个，占全区法人单位总数的70.9%；固定资产投资额由2010年的89.7亿元增长到157.8亿元，占全区固定资产投资总额的65.4%；资产总计56.1亿元，占全区资产总额的69.8%。区域经济保持稳定增长态势。截至2014年底，在重点功能区的带动下，地区生产总值从2010年的2057.7亿元增加到3052.3亿元，居全市第3位，年均增长率达到10.4%；区级公共预算收入从2010年的213.6亿元增加到372.8亿元，年均增长率达到14.9%。

产业结构进一步优化。功能区建设发展有力地带动了产业内部结构调整、产业能级提升，构建形成了以金融业为核心、以现代服务业为主体的产业体系。金融产业辐射带动作用更加明显，总部经济特点更加突出，高新技术产业、文化创意产业、商贸和旅游业等重点产业优势不断强化，产业结构进一步合理。截至2014年底，西城区第三产业增加值占地区生产总值的比重达到90.2%。

首先，金融产业占据主导地位。截至2014年底，金融业增加值从2010年的826.3亿元增加到1355.6亿元，年均增长率达13.2%，金融业增加值占地区生产总值的比重为44.4%，占全市金融业增加值的比重达到40.7%（见图7）。金融街作为国家金融管理中心的载体，成为近年来全市经济发展最快的地区之一。

其次，高新技术产业快速发展。截至2014年底，全区认定的高新技术企业共计471家，总收入达到1874.8亿元。

再次，文化创意产业蓬勃发展。截至 2014 年底，文化创意产业法人单位资产总额达到 1457.8 亿元，同比增长 10.7%；收入合计 802.9 亿元，利润总额 80.5 亿元，从业人员 10.3824 万人（见表 2）。

最后，商业旅游保持繁荣。截至 2014 年底，全区社会消费品零售额 862.6 亿元，占全市比重为 8.9%。

土地资源利用效率有效提升。通过功能区建设，进一步优化空间

表 2：文化创意产业收入（个、亿元、人）

年份	法人单位数	资产总计	收入合计	利润总额	从业人员平均人数
2010	7921	989.4	510.4	49.5	8440
2011	7512	1118.5	676.7	68.5	87237
2012	7512	1257.7	760.3	73.4	88447
2013	10900	1317.2	802.2	79.0	101941
2014	12292	1457.8	802.9	80.5	103824

资料来源：西城区委区政府研究室、西城区社科联编写的《北京西城功能区发展报告》

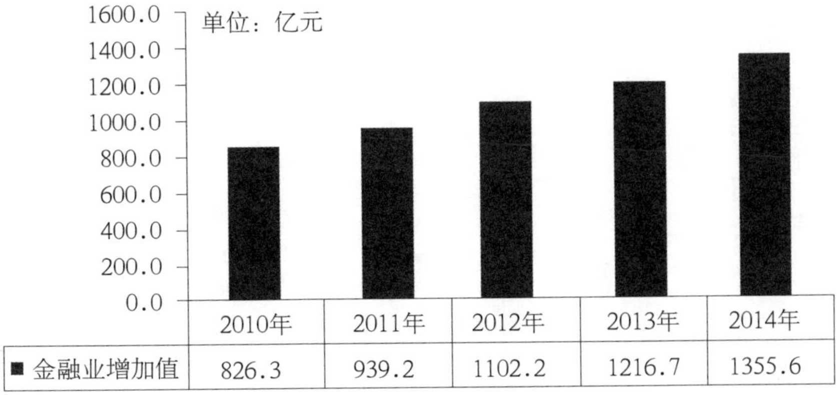

图 7：2010—2014 年金融业增加值

布局，积极鼓励、引导和推动经济、文化产业在区域内的适度聚集，有效提升土地资源的集约利用。截至 2014 年底，西城区平均每平方公里产出经济总量 60.2 亿元，贡献三级税收 4315.1 亿元，实现区级财政收入 357 亿元，单位面积实现的经济效益高于中心城区平均水平。产业聚集程度最高的北京金融街核心区，资产规模强度达到 137638.2 亿元／平方公里，在二环限高政策要求的范围内最大限度地利用了土地资源。

历史文化名城保护取得重大进展。依托功能区内文化遗存的历史价值，赋予现代文化元素，着力打造北京什刹海阜景街、大栅栏琉璃厂等整体风貌保护的亮点（见图 8）。历史遗存、传统风貌、非物质文化遗产保护的统筹协调力度进一步加大，推动历史文化名城保护、民生改善、产业转型、城市功能提升同步发展，实现保护中发展、传承中创新。

坚持保护与发展相结合，紧紧围绕“名城、名业、名人、名景”工作体系，完成重要历史文物的腾退修缮，实施文物开放和有效利用，探索了多种形式的文物保护利用模式。出台非物质文化遗产保护工作

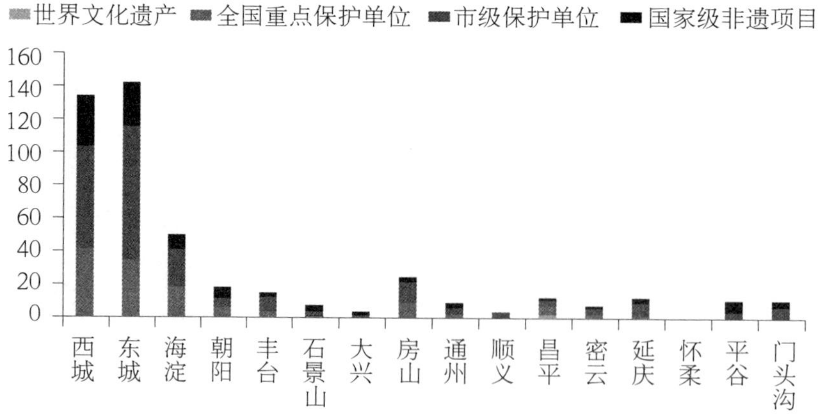

图 8：西城区与北京各区县历史文化资源比较

专栏

西城区功能街区产业发展促进局的主要职责

区功能街区产业发展促进局是负责西单商业区、西外旅游商务区、阜景文化旅游街、中关村德胜科技园区、什刹海历史文化保护区产业发展工作的区政府工作部门。区功能街区产业发展促进局设办公室（监察科）、综合服务科和产业促进科。

功促局职责。（1）负责组织编制功能街区产业发展规划、空间规划、控制性规划及专项规划；负责功能街区重大产业规划编制落实工作，制订功能街区建设开发的中长期发展规划和年度计划及具体实施方案。（2）负责对功能街区发展、建设及城市管理的难点问题进行研究评估，提出新的产业政策和建议；研究、制定、落实促进功能街区产业发展、资源利用、空间布局、环境打造、产业结构升级等方面的产业促进政策、措施。（3）负责贯彻执行国家和北京市有关投资促进的方针政策；制定全区投资促进工作的中长期规划及年度计划；研究全区招商引资工作的重要问题；为制定全区招商引资政策提供意见及建议；负责招商引资工作的协调推进及各项投资政策的落实工作。（4）负责功能街区重点企业服务和重大产业项目的落地工作；负责功能街区内项目建设的协调推进工作；负责重点项目和重大基础设施建设的引进、跟踪、落实；负责街区重要项目的论证和立项申请工作；负责功能街区内产业和项目准入标准的研究制定。（5）负责统筹协调街道办事处产业发展工作；为街道办事处产业规划、产业升级、产业结构调整提供政策引导服务工作，负责统筹配合协调好“五个指挥部”产业发展工作。（6）负责建立和完善功能街区产业资源整合与协调服务机制；负责产业资源调查并建立产业存量资源、增量资源、产业结构数据库；负责功能街区产业集聚发展工作。（7）负责功能街区经济发展和入驻企业情况及各类经济指标进行经常性统计分析工作。（8）负责功能街区内产业服务体系建设；负责联络、协调涉及功能街区产业发展、建设管理的市有关部门、区委区政府有关部门、街道、企业、行业协会、联席会、研究会、商会；协调功能街区城市管理和环境配套工作。（9）负责功能街区的对外宣传，协调相关职能部门打造街区品牌环境，提高功能街区的知名度。（10）负责功能街区与周边相关区域市政设施、户外广告、园林绿化、交通设施、配套生活设施等设置的综合协调工作。（11）负责功能街区人才引进、培养与服务工作；负责综合管理功能街区专业技术人员工作。（12）承办区政府和上级业务指导部门交办的其他事项。

意见，建设非物质文化遗产传习基地，促进优秀历史文化的传承与发展，使传统文化资源在保护的基础上取得了良好的社会效益。加强旅游休闲等文化功能建设，推动商业、旅游业、文化创意产业融合发展，不断提升业态水平，积极打造特色街区，传统风貌得到较好的保护，历史文化魅力充分彰显，推进了“记忆西城、书香西城、艺术西城、时尚西城”建设，同步加快推进家庭文化、社区文化、校园文化、机关文化、企业文化、军营文化建设，进一步增强了公共文化服务能力。

城市功能品质显著提升。坚持依托功能区建设，提升城市基础设施水平，进一步完善城市服务功能，城市品质得到进一步提升。改造提升了信息、电力等市政基础设施，形成了一批现代化办公楼宇和综合配套服务设施，建设改造了一批市政道路、公园绿地，形成了具有独特品位的城市开放空间，城市承载力和环境品质显著提升。同步加强科技、教育、医疗、文化等公共服务设施建设，在功能区中实施危改、平房修缮、院落整治、“煤改电”、棚户区改造等惠民工程，有效地改善了居民居住条件和生活环境。

区域品牌影响力不断扩大。西城区注重从经济发展、科技创新、文化提升、城市服务、社会建设等方面整体打造品牌体系，功能区的影响力进一步扩大，价值外溢现象显著。从全区看，各功能区在全国文明城区、全国双拥示范区、国家级可持续发展先进示范区、全国卫生示范区等的创建工作中，发挥了重要作用。从各功能区角度看，也涌现出一批知名品牌。金融街作为国家金融管理中心，国际影响力不断扩大，近年来成功举办的金融街论坛令人瞩目；中关村科技园区西城园和广安产业园成为科技产业和创意产业的重要载体，形成DRC（设计资源协作）工业设计创意产业基地、中国出版创意产业园等创意品牌，成功打造中国设计创意最高奖“红星奖”；西单商业区的现代时尚消费品牌影响力不断提升；什刹海作为传统风貌保留最完整、历史文化资源最丰富，集居住、保护、旅游功能于一体的区域，已经成为国内外著名的文化旅游休闲区，被《中国国家地理》杂志评为“中国最美丽的五大城区之一”；大栅栏被命名为全国首个“中华老字号集聚区”；琉璃厂被评为“中国文房四宝文化第一街”；马连道荣获“中国茶叶第一街”称号；天桥作为首都演艺功能核心区，已经成为首都文化的重要标志性区域之一。

体制机制初步形成。目前，西城区成立了涵盖9个功能街区的“7+2”指挥部，即北京金融街建设指挥部、北京天桥演艺区建设指挥部、中关村西城园管委会、北京大栅栏—琉璃厂建设指挥部、北京什刹海—阜景街建设指挥部、北展街区建设指挥部和马连道建设指挥部7个常设临时性机构和西城区重大项目建设指挥部办公室（简称“区重大办”）、西城区城市环境建设委员会办公室（简称“区环境办”）。各机构由区政府直接管理，同时设立联合纪检监察组。各机构以“组团规划、统筹联动、示范引领、协调发展”为指导，实现“进一步创新行政管理体制，实现重点功能区建设新突破，稳步提升城市管理水平，切实提高行政效能，加快推进‘活力、魅力、和谐’新西城建设”等中心任务。西单现代商业区在西城区“商道”建设框架内，单独进行进一步发展的研究和规划制定。

依据“十二五”规划，西城区基本实现了“一核一带多园区”空间布局和10个功能街区发展的总体布局，各指挥部相继出台了相应的规划和详细发展方案，功能街区发展的总体格局初步建立，各项建设和招商选资工作正在积极推进当中。目前原“西城区功能街区产业发展促进局”更名为“西城区功能街区产业发展投资促进局”，工作内容和功能街区产业促进机制根据新的体制要求进行调整。

功能街区的基本经验

坚持功能定位，着眼首都城市战略定位谋划和推动功能区建设发展。作为首都功能核心区，西城区在首都发展大局中承担着特殊职责。在功能区建设过程中，西城区以首都功能战略定位为着眼点，紧紧抓住区域功能定位的核心要求，运用城市“分区”理论，遵循城市发展规律，确定功能区发展思路。在空间布局上，坚持有所为有所不为的原则，以适合首都功能的现代服务业和优秀传统文化为重点，既确定了金融街、中关村科技园区西城园、广安产业园为高端产业集聚地，也明确了什刹海、西单、大栅栏、天桥、琉璃厂等功能区为文化商业旅游特色街区，形成主导功能明确、首都特色突出、高端产业集中、科技创新领先、历史文化彰显、特色商业发达的基本模式，有效地促进了“四个服务”能力的提升。

坚持统筹推进，注重政府主导和市场机制并重。功能区建设的成功，离不开政府主导。在功能区建设过程中，区委、区政府坚持科学决策，注重加强顶层设计，通过引进规划项目，政策扶植，管理创新，创造性地开展工作，加强与有关方面的沟通协调，密切配合，形成合力，统筹推动了产业发展、名城保护、功能配套和民生改善。同时，注重发挥市场配置资源的基础性作用，在基础设施改造、环境建设、社会治理、民生改善等领域的重大项目建设中，积极引入社会力量参与规划制定，吸收企业作为建设运营主体，吸引社会资金参与建设、主体开发，在协同中实现了共赢发展。

坚持改革创新，在探索新方法新模式中激发动力活力。改革创新是功能区建设发展的成功之路。长期以来，区委、区政府通过不断深化改革，推动体制创新、机制创新、政策创新和平台建设，有效激发了各要素之间的发展活力。在组织机构上，探索建立了指挥部体制和工作格局，同时注重广泛动员驻区单位、社区群众力量，把潜在资源变为现实资源，形成多元参与的共建格局。在机制建设上，确立了整体发展、协同发展、互动发展的理念，形成政府部门、街道、协会和企业共同参与，建立健全分工负责、协调联动的工作机制，加强功能区建设的系统性、整体性、互动性。在政策推动上，制定并实施产业促进、创新创业、人才引进、资金支持、优化服务等相关政策，实现了政策创新和集成。在平台搭建上，积极搭建信息沟通、成果交流、经验共享、互帮互助、政策解读、人才引进、资金支持等公共服务平台，积极构建产业统筹发展体系和协作机制，形成关联互动的产业发展体系和沟通高效的业态升级服务体系，提升了服务协作水平。

坚持系统思维，以主导功能带动整体发展。西城区功能区建设，始终注重正确处理宏观、中观、微观之间的关系以及不同功能要素之间的关系，各功能区在实现和完善主导功能的同时，注重功能的耦合发展、城市功能的再造、功能的辐射作用等，在实现产业提升、文化繁荣、历史文化名城保护的同时，也推动了环境改善、社会事业进步和民生改善的整体发展。各个功能区形成了一系列知名品牌，提升了区域形象和影响力，成为区域发展的“龙头”和“先行军”。同时，大力推动非首都功能疏解，引导业态转型，改善发展环境，提高服务能力。进一步处理好市场与调控、集聚与疏解等重大关系，促进产业结构升级与优化城市布局相融合，城市功能日趋完善，城市承载力显著提升。

坚持内涵集约，探索中心城区功能区发展之路。深入挖掘资源潜力，通过优化结构，提高质量、激发活力。汇聚科技、创意、资本、人才等要素，大力发展知识经济、服务经济、总部经济和绿色经济，培育新的经济增长点，提升和延伸产业链，促进提质增效。打破发展空间不足的瓶颈，探索人口经济密集地区发展模式，土地利用率大大提升，服务业结构与功能不断完善与提升。通过棚户区改造、基础设施建设、资源置换等，进一步提升城市环境，增强城市服务保障能力。经过十多年特别是近五年的建设发展，走出了一条都市型功能区建设发展之路。

西城区功能街区发展的前景展望

未来，西城区将全面贯彻《京津冀协同发展规划纲要》和《中共北京市委北京市人民政府关于贯彻＜京津冀协同发展规划纲要＞的意见》精神，聚焦首都城市战略定位和建设国际一流和谐宜居之都战略目标，以功能调整为抓手，更加突出经济发展质量和效益，更加突出城市可持续发展，更加突出保障和改善民生，在推动建设国际一流和谐宜居之都进程中发挥更大作用。

以首都城市战略定位为标尺，提高功能区建设水平。坚持建管并重、夯实基础，加快城市管理体制改革，注重标本兼治、疏堵结合，精心打理城市，努力创造优美舒适的人居生态环境。切实推动经济发展方式转变、城市管理模式转换、社会治理方式转型、公共服务理念转化，处理好可持续发展与城市综合承载力的关系，形成“产业”“城市”“环境”“民生”发展的有机融合。

优化首都核心功能，提升城市发展品质。遵循产业发展和城市发展的客观规律，以促进产业转型和提高城市服务水平为目标，坚持“疏解”与“发展”同步，管好增量，疏好存量，积极协调各方利益关系，有序疏解非首都功能，推动“腾笼换鸟”，实现“凤凰涅槃”。深化结构调整，优化空间布局，密切区域合作，实现经济新常态下更高水平的发展。加快“瘦身”步伐，落实新增产业禁止和限制目录，加大业态调整力度；积极推动“健体”，按照“用地少、用人少、用电少、用水少、高附加值、高影响力、无污染”的标准，促进业态调整和产业升级，为经济社会发展赢得更大空间。继续努力探索打破发展空间不足的有效路径，建设科技创新高地，积极培育新业态和新商业模式，走出一条内涵式集约发展的新路，探索人口经济密集地区优化开发新模式，实现服务业结构与功能的完善、品质与效益的提升，进一步提升城市环境，增强城市服务保障能力。

创新发展模式，实现经济社会人口资源环境协调发展。认真落实党的十八届三中全会精神，强化改革精神，深化改革思维，丰富改革措施，进一步推动功能区建设政府主导与市场调节、社会参与相协调。政府更加注重发挥规划引导、服务支撑、政策支持作用，综合运用经济、法律、行政等多种手段，提升服务专业化水平；市场配置资源的基础性作用得到更好发挥，业态实现新的升级；企业的市场主体作用更加自觉、充分；社会组织更加有效地行使服务、协调、行业自律的职能，发挥各类智库的智力支撑作用，增强功能区发展合力。深度挖掘、充分释放资源优势的潜能，让资源能量倍增，为区域发展助力，促进内涵式发展。用好“互联网+”，深化科技体制改革，提升科技服务能力。培育创意设计等新兴产业，加快国家级文化和科技融合示范基地、高新技术产业孵化基地建设，促进智慧城市建设，打造支撑区域可持续发展的新增长极。

第3章

实践篇

北京金融街

北京金融街位于西城区中部核心地带，是北京市六大高端产业功能区之一，是北京市资金、技术、知识、高端产业密集度最高、税收增长最快的地区之一，也是北京市乃至全国一平方公里内高端产业最聚集、创造价值最大的区域。作为首都金融主中心区，担负着支撑首都经济社会发展和推动建设国际一流和谐宜居之都的重要使命。

区域特色：金融基础优势突出

独特的地理位置集聚金融资源。北京金融街位于西二环两侧，东面是著名的西单、西四商业区，南面是广安产业园区，西边是三里河中央部委办公区，北部靠近北京什刹海阜景街历史文化保护区和中关村科技园区西城园。辖区涵盖白塔寺、都城隍庙以及火神庙、清真寺等重要人文遗址。集金融与文化、商贸与旅游、文物保护与现代建筑、古都风貌与现代都市于一身。北京金融街历史文化积淀深厚，发展环境优越，聚集大量高端管理机构和高素质金融人才，金融机构体系日趋完善，金融产业不断创新，金融信息传播和影响加速，吸引国内外大型金融机构及其他高端管理机构入驻，对我国金融产业发展有着巨大的推动作用。

多元化金融机构体系日趋完善。国家金融监管部门和各类具有行业影响力的金融机构在北京金融街快速发展，“一行三会”等国家金融管理机关，中国银行业协会、中国证券业协会、全国银行间市场交易商协会等13家全国性金融行业协会，中国工商银行、中国建设银行、中国人寿、中国银行、中国人保等国内前5大金融机构，全国100%的政策性金融机构，三分之一的全国性商业银行总部，60%的保险集团总部、全国资产量最大的股权投资基金的母基金全国社保基金理事会都位于北京金融街。包括国家电网、中国移动等25家入围世界500强的企业总部（占全国的25%、北京市的48%），高盛、安盛、摩根大通等进入世界500强的外资金融机构在华法人机构和地区总部以及总部不在北京的全国性金融机构如浦发银行、招商银行等，也多将其主要业务条线和研发机构设在北京金融街。

金融信息平台化发展。凭借国家金融决策监管部门与金融机构总部集中的优势，依靠畅通发达的通信系统，及时汇集、传递着全国乃至世界各地的经济和金融信息。由西城区信息办牵头，初步搭建北京金融街名片网，引入商会、协会、财经信息公司、北京金融街的企业共同参与，加强信息的汇聚、更新以及金融机构之间的互动交流，增强网站的权威性和影响力。研究规划新建会议中心和信息发布中心，吸引驻区金融机构在此发布权威信息。推动《北京金融街》杂志改版，增加反映金融业发展方面的内容，进一步打造沟通信息、深化交流的平台。

高端金融人才逐渐汇聚。金融监管机构、金融企业集团总部等聚集优势明显，吸引大量高级管理人才和各类专业人才到这里创新、创业。制定人才战略，建立健全人才吸引机制、服务机制、培养开发机制，优化人才引进、人才培养工作流程，在居留、医疗、健身、子女入学等方面为高层次人才创业提供便利。建立健全人才评价体系；完善人才评价机制，制定实施人才激励政策，增强对关键岗位、核心骨干人才的吸引力度。实施人才引进计划，鼓励企业引进通晓国际惯例、具有丰富专业经验、良好金融背景的海外金融人才。推进金融人才培训，鼓励企业加强国际金融培训合作，加快培育本土化的实用型、复合型金融人才，为其创造良好的就业和创业环境。

多层次市场建设取得突破。2013 年底，国务院决定新三板市场（全国中小企业股份转让系统）正式扩容至全国，确认新三板市场作为上交所、深交所之外的第三家全国性证券交易场所的地位，也标志着北京金融街初步形成以全国性证券交易市场、信贷资本市场、金融资产交易市场、企业产权交易市场为主体的多层次金融市场体系。有效弥补首都金融市场建设方面的短板，完善北京金融街国家金融中心功能，推进首都多层次资本市场体系建设。新三板市场带动券商、股权投资、创业投资、信用评级、信息咨询等新兴金融业态和中介服务机构向北京金融街加速聚集发展，增强区域金融发展活力。北京金融街聚集北京金融资产交易所、北京产权交易所、北京国际矿业权交易所、北京环境交易所、全国棉花交易市场等十余家各类要素市场，占北京市要素市场数量 1/3 以上。聚集银行间市场交易商协会、中央国债登记结算公司、中国证券登记结算公司等基础性市场服务机构，为债券市场和证券市场的运营提供登记结算服务，其中，中债登支持发行各类债券数量约占全国债券市场发行总量的 70%，办理债券结算占市场总量的 80%，债券托管余额占市场总托管量的近 90%；中证登对全国的股票等证券进行全面登记存管。

金融创新能力显著增强。国家金融创新中心地位进一步显现，国家金融创新政策、标准、研发成果不断推出。跨境人民币结算、贷款利率管制全面放开等人民币国际化、利率市场化改革，券商资管、保险资管等行业创新，在这里启动。具有行业影响力和较强增长潜力的新兴业态机构，在这里兴起。近年新入驻机构中有一半左右为证券直投、资产管理、市场运行、股权投资等新兴金融机构。传统金融业与现代互联网技术相结合，深度促进金融科技创新发展，在这里得到展现。大型金融机构率先推出网络银行、直销银行、手机支付、可视卡、微信银行、易信银行等服务，全面展现智慧金融、科技金融风采，吸引社会各界的高度关注，在金融创新发展方向上发挥至关重要的引领带动作用。

深厚的金融文化独具特色。入驻金融机构、央企、大型企业、外资企业丰富多彩的企业文化与西城悠久绵长的历史文化深度碰撞、融合，形成北京金融街地区独特的文化氛围。规划建设北京金融街文化广场，积极开展公共服务广场、文化培训、“西城国际金融体育康乐节”等文化活动，不断提升金融文化软实力。深入研究北京金融街发展的历史沿革和文化传承，梳理发展脉络，阐释当代社会价值，形成融合传统与现代、体现金融中心价值、具有北京金融街特色的文化形态。

品牌影响力日趋扩大。据2014年《财富》世界500强企业排名，上榜的中国企业总部位于北京金融街的有22家，其中6家为金融企业；上榜的外资机构中有20家在北京金融街设立下属机构。由我国主导发起的国际多边金融组织——亚洲基础设施投资银行以及丝路基金等国际性金融机构均已明确落户北京金融街。

目前，北京金融街已经发展成为大型机构总部聚集地、全国金融资产聚集地、高端金融人才聚集地、人民币资金流通枢纽、金融市场信息发源地。截至2014年，北京金融街持有资产总计51.9万亿元，占全区资产的93.4%；实现收入合计7409.6亿元，占全区收入的

61.5%；实现利润总额3177亿元，占全区利润的83%；贡献三级税收3449.6亿元，占全区税收的83%。

发展战略：着力强化金融功能

区域范围——两次调整。北京金融街最初规划面积为1.18平方公里，东至太平桥大街，南至复兴门内大街，西至西二环路，北至阜成门内大街。2007年10月，北京市市长办公会讨论通过北京市发展改革委提交的《关于对北京金融街区域拓展和发展功能完善的意见》，提出将北京金融街核心区的面积拓展到2.59平方公里，东至太平桥大街东侧写字楼、西单北大街，南至复兴门外大街、西铁匠胡同、文昌胡同、东铁匠胡同，西至南礼士路，北至阜成门外大街、阜成门内大街。

2012年4月，北京市委领导对北京金融街建设工作提出“转变发展方式，加快拓展工作”的指示要求，北京市委书记专题会原则同意将金融中心区的范围进一步扩大到约8平方公里。按照拓展方案，北京金融街的四至范围为：东至西四北大街、宣武门内大街，南至广安门内大街，西至南北礼士路、西便门外大街，北至平安里西大街。

功能定位——一区两中心。围绕“着力强化北京金融街的国家金融中心功能”的战略目标，瞄准世界一流国际金融中心标准，全面提升服务金融发展能力，将北京金融街打造成为首都金融主中心区、国家级金融管理中心和具有国际影响力的金融中心，力争到2020年建成国内与国际融合发展、机构与市场互为补充、传统风貌保护与现代产业发展交相辉映、政策支持与服务配套相得益彰、充满生机和活力的国家金融中心。

空间布局——“一核心、四街区、两配套”。以2.59平方公里的北京金融街核心区为基础，在东至西四北大街、西单北大街、宣武门内大街，南至广安门内大街，西至南北礼士路、西便门外大街，北至平安里西大街，面积约8平方公里的范围内，构建定位明确、分工合理、功能完善的“一核心、四街区、两配套”金融中心区空间体系。

“一核心”：以金融大街为中心，东至太平桥大街、南至复兴门内大街、西至西二环、北至阜成门内大街，面积约1.18平方公里。主要集聚国家金融监管机构和国有银行总部，是国家金融管理中心的重要载体和金融总部功能主要承载区。核心区建设的重点，是以结构调整和品质提升为主，适度加大建设强度，进一步提升作为国家金融管理中心的国际交往功能。

“四街区”：包括太平桥街区、礼士路街区、复兴门南街区、广安街区。

太平桥街区。位于金融核心区东侧，东至西四南大街和西单北大街，南至复兴门内大街，西至太平桥大街，北至阜成门内大街。主要集聚大型金融机构总部和地区性金融机构北京总部，承接金融核心区内大型金融机构因业务分拆产生的新部门，是金融总部功能的延伸承载区。太平桥街区建设的重点，是以加快推进旧城改造的方式，完善区域功能，为金融核心区衍生出的办公和商务服务需求提供空间支持和配套设施。

礼士路街区。位于金融核心区西侧，东至西二环，南至复兴门外大街，西至南礼士路、北礼士路，北至车公庄大街，是北京金融街未来发展的重要区域，主要承载国际国内大型金融机构、金融监管和服务支持机构等。礼士路街区建设的重点，是以资源置换和拓展建设的方式，调整区域原有功能，形成新的国际金融机构总部集聚区。

复兴门南街区。位于金融核心区南侧，北至复兴门内大街、复兴门外大街，东西分布于西二环两侧。主要承载各类金融交易、金融培训、信息咨询等金融服务机构，作为金融核心区的重要配套和服务功能区。

复兴门南街区建设的重点，是以资源置换和原有建筑改造提升的方式，为入驻北京金融街的各类机构提供相关配套服务。

广安街区。位于复兴门南街区南侧，东至宣武门外大街，南至广安门内大街，西到长椿街，北到宣武门西大街、宣武门东大街。广安街区建设的重点，是以拓展建设的方式，依托中关村科技园区西城园的政策优势，完善科技与金融的对接平台，聚集各类总部资源、媒体资源，各类股权投资机构和科技金融机构等新兴金融业态，提升该街区金融信息集聚和发布、金融标准制定和金融产品研发的功能，打造金融科技服务区。

“两配套”：南闹市口地区和白塔寺地区两个风貌保护配套区，分别位于金融核心区的南北两侧。南闹市口地区和白塔寺地区保护与发展的重点，是通过修缮重点文保区院落，重塑历史元素，在保护历史文化街区原有风貌的基础上，适度配置商务设施和文化设施，为促进金融业发展提供商务、休闲等配套支持，实现区域传统风貌持续保护和有机更新。

总体思路——四“转”四“调”。适应北京优化首都功能的需要，立足已有发展基础，发挥体制机制优势，坚持“拓展建设和资源置换并重”原则，坚持内涵式发展、创新式发展、高端化发展、服务型发展，把转方式、调结构放在更加突出的位置，探索新常态下北京金融街的发展之路。

在不断解放思想中转方式、调结构。坚持进一步转观念、调思路，积极实践，大胆创新，突破原有思维方式的束缚和路径依赖，从根本上转变发展方式，积极探索更加科学、合理、有效的发展理念、方式方法，突破资源环境的约束，拓展新的发展空间。

在增强发展动力中转方式、调结构。坚持从注重外延式发展向注重内涵式发展方向转变，从注重增量建设向注重存量置换转变，填补北京金融街的空间缺口，满足越来越多的企业入驻北京金融街的迫切要求，进一步增强北京金融街的内生动力。

在产业优化升级中转方式、调结构。坚持在金融产业集群基本形成的基础上，紧紧抓住国际经济结构调整、国家产业调整振兴和北京优化首都功能的战略性机遇，坚持高端发展方向，促进产业吐故纳新，实现产业的再一次升级改造。

在完善服务配套中转方式、调结构。坚持把完善服务配套与转方式、调结构更好地结合起来，切实解决当前北京金融街中心区现有商务办公配套不足、金融环境亟须优化、金融服务功能亟须提升、国际化的配套服务水平亟须提高等问题，满足金融产业链延伸、发展的需求。

基本原则——三个并重：

名城保护与产业发展并重。在融入现代元素的同时，做好白塔寺地区、南闹市口地区及传统平房区的历史风貌保护工作，加快阜景街的环境保护与整治，加强与北京金融街核心区的空间联系，通过文化内涵的深入挖掘和精细化的城市设计，适度植入与金融业发展相关的服务设施，促进传统文化延续，彰显传统文化的独特魅力和现代金融的崭新风貌。

拓展建设与资源置换并重。在稳步推进项目搬迁的同时，按照“政府引导、社会参与、共建共享”的工作理念，积极开展区域内资源置换工作，调整业态结构，提升土地利用效率，吸引金融机构入驻，促进产业升级。

政策服务和功能配套完善并重。在落实促进金融产业聚集发展的相关政策同时，统筹做好区域商务配套服务建设，优化北京金融街的发展环境。

主要方针——四个调整：

调整优化用地比例。结合项目建设，优化服务设施用地配置，统筹安排各大金融机构及企业总部办公用地及预留用地，完善服务配套功能，优化交通及市政基础设施体系，提高服务水平。

调整优化业态结构。对于规模较大，服务水平低下，影响城市安全、环境和交通，与现代国际城市形象不相符合的各类业态，采取多种措施，加快整治和疏解力度。

调整优化空间结构。调整优化基本公共服务资源布局，调整改造与城市整体发展不协调的区域，调整影响城市公共安全的设施布局，优化空间结构，提升地区金融服务能力，促进高端产业发展。

调整优化人口结构。坚持“政府主导、居民自愿、专家指导、社会监督”，研究制定促进旧城人口疏解的相关综合配套政策和居民外迁后腾退用地和房屋的使用管理政策，保留一定数量原住民，保持人口结构多样性。

主导产业：金融服务举足轻重

继续发挥国家金融管理中心基本职能，加大金融产业发展力度，完善金融市场体系，提高金融服务水平，打造国际金融品牌，全面提升北京金融街的产业竞争力、资本辐射力、创新引领力、经济贡献力、金融软实力、空间承载力、资源集聚力、国际影响力。

产业结构。以北京金融街为代表的西城区金融业收入利润保持平稳较快增长，对西城区税收增长贡献显著。最大优势产业是金融与电信。2014 年，西城区共有各类金融机构 1513 家，其中法人机构 604 家；金融从业人员平均人数 19.1 万人，占西城区第三产业从业人数 28.9%；金融机构资产达到 73.9 万亿元，同比增长 13.7%，较上年同期提高 6 个百分点；金融业实现营业收入 5609.9 亿元，同比增长 22.6%，较上年同期提高 20.6 个百分点；实现利润 2452.5 亿元，同比增长 28.7%，较去年同期提高 30.9 个百分点。2014 年西城区金融业共实现三级税收 3365.4 亿元，同比增长 20.4%，占西城区三级税收 78.0%，实现区级税收 166.2 亿元，同比增长 21.5%，占西城区 44.4%（见图 9 和表 3）。

主要行业发展。货币金融服务业保持较快增长，主导作用显著。截至 2014 年底，西城区货币金融服务业资产规模达 70.4 万亿元，同比增长 13.4%，较上年同期提高 5.8 个百分点，占全区金融业总资产的 95.3%；实现营业收入 3901.8 亿元，同比增长 25.6%，较上年同期提高 29.1 个百分点，占全区金融业收入总额的 69.6%；实现利润

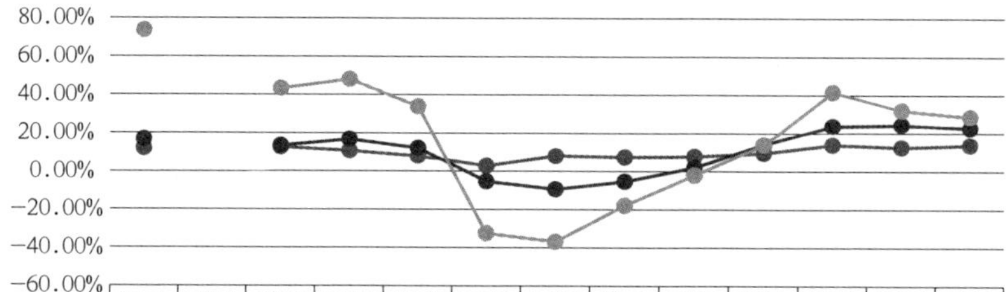

	2011 Q4	2012 Q1	2012 Q2	2012 Q3	2012 Q4	2013 Q1	2013 Q2	2013 Q3	2013 Q4	2014 Q1	2014 Q2	2014 Q3	2014 Q4
资产同比	12.10%		12.70%	10.80%	7.90%	2.70%	7.90%	7.30%	7.70%	9.50%	13.80%	12.50%	13.70%
收入同比	16.70%		13.50%	16.80%	12.20%	-5.40%	-9.40%	-5.40%	2.00%	14.00%	23.80%	24.50%	22.60%
利润同比	73.70%		43.30%	48.00%	33.90%	-32.40	-36.90	-18.00	-2.20%	13.80%	41.60%	32.00%	28.70%

图 9：2011—2014 年金融业发展情况

表 3：2014 年金融业主要经济指标

	2014 年 1—11 月	2013 年 1—11 月	增幅（%）	占全区比重（%）
从业人员平均人数	19.1 万人	17.8 万人	7.1	28.9
资产规模	73.9 万亿元	64.9 万亿元	13.7	92.9
营业收入	5609.9 亿元	4574.3 亿元	22.6	41.5
利润	2452.5 亿元	1906.2 亿元	28.7	49.0
三级税收	3365.4 亿元	2794.1 亿元	20.4	78.0

1932.1 亿元，同比增长 21.5%，较上年同期提高 28.2 个百分点，占全区金融业利润总额的 78.8%。2014 年末，全区金融机构人民币贷款余额 17875.2 亿元，比年初增长 12.2%。受人民币汇率波动影响，政策性银行汇兑收益持续增长，国有银行实现债券利息收入持续增加，支持银行业平稳较快发展（见表 4 和图 10）。

表 4：2014 年金融细分行业经济指标情况

	资产规模			营业收入			利润总额		
	数额（万亿元）	增幅（%）	占全区比重（%）	数额(万亿元)	增幅（%）	占全区比重（%）	数额(万亿元)	增幅（%）	占全区比重（%）
总计	73.9	13.7	92.9	5609.9	22.6	41.5	2452.5	28.7	49.0
货币金融服务业	70.4	13.4	88.5	3901.8	25.6	28.9	1932.1	21.5	39.6
资本市场服务业	0.55	44.3	0.7	249.1	43.0	1.8	108.5	82.3	2.2
保险业	1.5	14.4	1.8	1285.9	17.2	9.5	245.1	136.2	4.9
其他金融业	1.5	22.3	1.9	173.2	−118.8	1.3	166.9	9.7	3.3

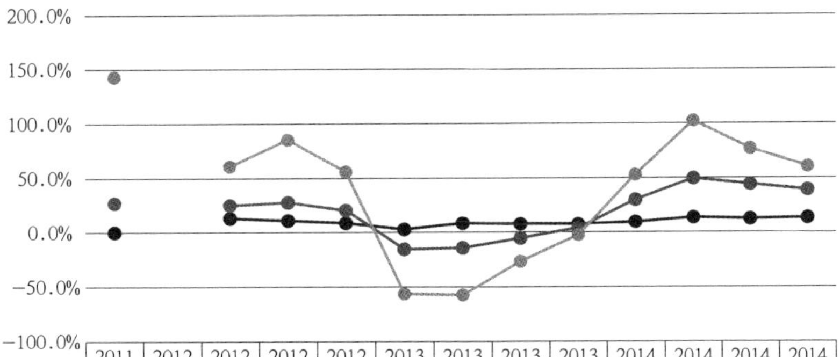

	2011 Q4	2012 Q1	2012 Q2	2012 Q3	2012 Q4	2013 Q1	2013 Q2	2013 Q3	2013 Q4	2014 Q1	2014 Q2	2014 Q3	2014 Q4
利润同比	116.0%		35.6%	57.6%	35.4%	−40.9%	−43.2%	−21.3%	−6.7%	23.3%	52.7%	32.8%	21.5%
收入同比	27.0%		12.3%	17.0%	11.9%	−18.3%	−22.4%	−13.1%	−3.5%	20.3%	35.8%	31.7%	25.6%
资产同比	0.0%		12.9%	10.9%	8.7%	2.9%	8.3%	7.7%	7.6%	9.6%	13.7%	12.5%	13.4%

图 10：2011—2014 年货币金融服务业发展情况

资本市场服务业资产、收入、利润快速增长。截至 2014 年底，西城区资本市场服务业资产规模 5500 亿元，同比增长 44.3%，占全区金融业总资产的 0.74%；实现营业收入 249.1 亿元，同比增长 43.0%，占全区金融业收入总额的 4.4%；实现利润总额 108.5 亿元，同比增长 82.3%，占全区金融业利润的 4.4%。受资本市场整体上升影响，交易规模稳步增长，刺激经纪业务收入快速增长；IPO 进程加快带动证券承销收入利润明显提升；融资融券业务快速增长，以及券商融资成本持续下降促进融资融券业务收入显著增长（见图 11）。

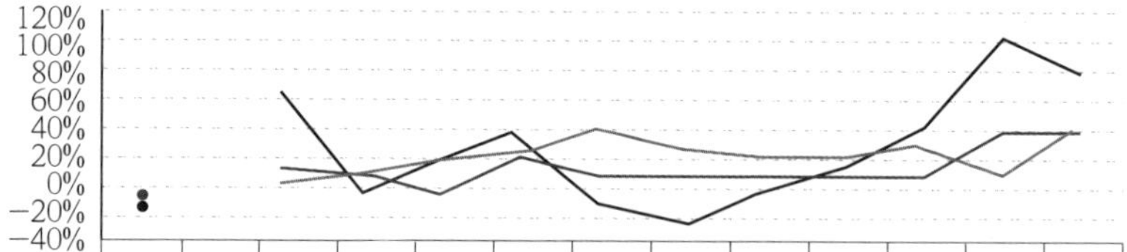

	2011 Q4	2012 Q1	2012 Q2	2012 Q3	2012 Q4	2013 Q1	2013 Q2	2013 Q3	2013 Q4	2014 Q1	2014 Q2	2014 Q3	2014 Q4
—资产同比	−7.0%		2.6%	6.6%	17.9%	26.9%	40.7%	27.4%	18.7%	20.8%	29.1%	11.3%	44.3%
—收入同比	0.1%		15.3%	13.5%	3.5%	24.7%	11.7%	8.1%	15.9%	12.7%	16.1%	39.9%	43.0%
—利润同比	−7.2%		69.9%	1.9%	21.9%	40.1%	−9.0%	−21.6%	−0.5%	18.6%	44.9%	108.1%	82.3%

图 11：2011—2014 年资本市场服务业发展情况

保险业收入同比增速稳步回升，利润实现翻番。截至 2014 年底，西城区保险业资产规模达 1.5 万亿元，同比增加 14.4%，占全区金融业总资产的 2.0%；实现营业收入 1285.9 亿元，同比增长 17.2%，占全区金融业收入总额的 22.9%；实现利润 245.1 亿元，同比增长 136.2%，占全区金融业利润的 10.0%。其中，人身保险单位实现收入合计 823.3 亿元，贡献率达到 64.1%，拉动保险业收入增长 11 个百分点；实现利润总额 127.1 亿元，贡献率达到 75.2%，拉动保险业利润增长 102.3 个百分点。2014 年以来，保险企业不断调整资产配置，尤其是部分重点保险业单位已经逐渐从传统的保险业务转向投资债券、基金等市场。在资本市场逐渐转暖的背景下，保险业单位实现投资收益 585.7 亿元，同比增长 23.1%。其中，人身保险单位实现投资收益 465.3 亿元，同比增长 23.2%。在重点人身保险单位的带动下，保险业总投资收益快速上升，利润实现大幅增长（见图 12）。

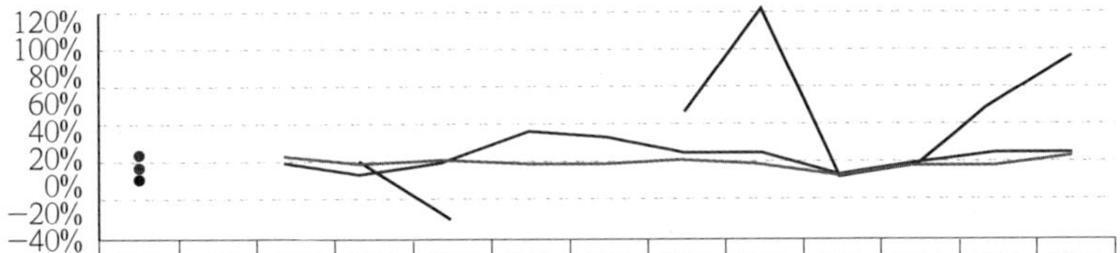

	2011 Q4	2012 Q1	2012 Q2	2012 Q3	2012 Q4	2013 Q1	2013 Q2	2013 Q3	2013 Q4	2014 Q1	2014 Q2	2014 Q3	2014 Q4
一资产同比	11.1%		15.0%	10.7%	11.6%	12.9%	12.1%	10.9%	7.3%	6.9%	7.3%	9.4%	14.4%
一收入同比	-12.1%		3.5%	1.7%	4.8%	31.4%	27.5%	17.3%	15.8%	-0.2%	3.5%	10.1%	17.2%
一利润同比	-25.0%			6.5%	-71.7%			75.0%	186.9%	0.0%	15.1%	72.6%	136.2%

图 12：2011—2014 年保险业发展情况

其他金融业收入降幅收窄，利润同比止跌回升。截至 2014 年底，西城区其他金融业资产规模 1.5 万亿元，同比增加 22.3%，占全区金融业总资产的 2.0%；实现营业收入 173.2 亿元，同比下降 11.8%，降幅比上季度减少 1.4 个百分点，占全区金融业收入总额的 3.1%；实现利润 166.9 亿元，同比增加 9.7%，比上季度回升 29 个百分点，占全区金融业利润总额的 6.8%。2014 年以来，受宏观经济周期波动及监管部门加强对行业监管的影响，信托贷款同比有所下降；三大资产管理公司在商业化转型期间发展迅速，总部与各省办事处之间内部往来利息支出明显上涨，直接影响其他金融业收益持续负增长态势。随着资产管理公司实现由政策性安排向市场化收购与处置的转变，业务开展逐渐丰富，将带动其他金融业发展触底回暖（见图 13）。

金融业税收贡献突出，北京金融街税收保持快速增长。2014 年，金融业的税收贡献实现快速增长。金融业实现三级税收 3365.4 亿元，同比增长 20.4%，高于上年同期 2.1 个百分点；占全区三级税收比重 78.0%，高于上年同期 3.9 个百分点，对全区三级税收增长贡献率达 105.2%；实现区级税收 166.2 亿元，同比增长 21.5%，高于上年同期 14.6 个百分点；占区级税收比重 44.4%，高于上年同期 4.6 个百分点，对全区税收增长贡献率达 88.3%（见图 14 和表 5）。

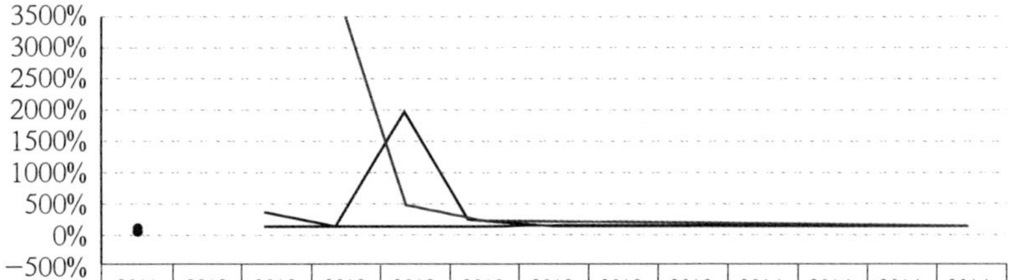

	2011 Q4	2012 Q1	2012 Q2	2012 Q3	2012 Q4	2013 Q1	2013 Q2	2013 Q3	2013 Q4	2014 Q1	2014 Q2	2014 Q3	2014 Q4
一资产同比			4.2%	6.3%	−25.9%	−18.7%	−18.8%	−15.7%	14.1%	6.7%	18.0%	17.2%	22.3%
一收入同比	125.5%			2965.3	230.1%	37.2%	37.9%	12%	16.6%	22.3%	−23.6%	−13.2%	−11.8%
一利润同比	59.6%		131.9%	2.3%	1615.8	92.2%	−9.3%	−17.0%	0.2%	−7.7%	−27.9%	−19.3%	9.7%

图 13：2011—2014 年其他金融业发展情况

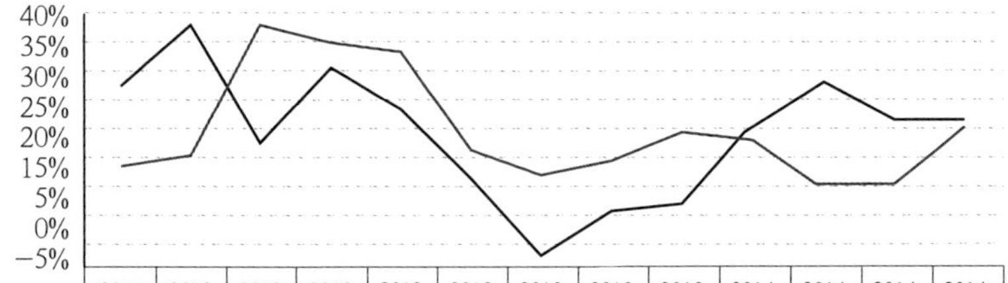

	2011 Q4	2012 Q1	2012 Q2	2012 Q3	2012 Q4	2013 Q1	2013 Q2	2013 Q3	2013 Q4	2014 Q1	2014 Q2	2014 Q3	2014 Q4
一三级同比	13.4%	14.8%	36.8%	34.3%	32.4%	16.1%	11.8%	14.3%	18.3%	17.6%	10.0%	10.5%	20.4%
一区级同比	27.0%	37.0%	16.7%	29.0%	23.0%	11.5%	−2.0%	3.9%	6.9%	19.6%	27.5%	21.8%	21.5%

图 14：2011—2014 年金融业税收增长情况

按照行业划分来看，货币金融服务业对全区税收增长贡献明显，三级税收同比增长 19.0%，对全区三级税收增长贡献率为 93.0%。资本市场服务业税收大幅增长，三级税收同比增长 117.9%，对全区三级税收增长贡献率为 7.3%。保险业经营状况持续改善，三级税收同比增长 38.0%，对全区三级税收增长贡献率为 4.7%。其他金融业三级税收同比增加 1.0%（见表 5）。

表 5：2014 年金融业三级税收情况

	2014 年（亿元）	2013 年（亿元）	增幅（%）	占全区比重（%）
金融业三级税收	3365.4	2794.1	20.4	78.0
其中：货币金融服务业	3158.9	2653.6	19.0	73.2
资本市场服务业	73.5	33.7	117.9	1.7
保险业	93.7	67.9	38.0	2.2
其他金融业	39.2	38.8	1.0	0.9

2014 年，北京金融街实现三级税收 3449.6 亿元，同比增长 14.4%，低于上年同期 6.9 个百分点；占全区三级税收 79.9%，与上年同期基本持平，对全区三级税收增长贡献率达 75.8%；占全市税收总量的 30.6%，增收贡献率达 37.4%。实现区级税收 168.5 亿元，同比增长 17.5%，占全区财政收入的 45.2%，对全区增长贡献率达 67.9%。

优化产业发展结构。充分发挥北京金融街作为国家金融管理、决策、结算、信息中心的区位资源优势，强化融资结算、重组并购和资产管理等金融服务功能，促进金融市场体系完善，推动金融机构聚集发展，构建与金融市场发展相适应的专业服务体系，显著提升北京金融街配置资源能力，推动服务经济结构调整，探索发展科技金融、文化金融、民生金融等新兴业态，促进经济转型。

促进金融市场体系完善。全力支持全国股份转让系统为创新型、创业型、成长型中小微企业提供股份公开转让、股权融资、债券融资、并购重组等服务；支持北京金融资产交易所、北京产权交易所、北京矿业权交易所、北京石油交易所、中国棉花交易所、中国林权交易所、北京环境交易所等发展成为全国性的或在国内相关资产和商品交易领域发挥主导作用的交易平台；支持信贷资产、信托资产、股权投资等金融衍生品交易市场建设；强化债券发行中心和清算中心功能，巩固全国债券交易市场中心地位，努力形成市场化程度较高、适合于各类投资者共同参与的多层次的金融市场体系。

推动金融机构适度聚集发展。强化总部金融功能，积极吸引国内外银行、证券、保险、期货、基金类金融机构总部和地区性总部聚集发展；顺应金融市场化改革和开放度提高的趋势，大力吸引股权投资和创业投资机构以及金融租赁、汽车金融、消费金融等非银行金融机构入驻，形成以具有行业领导力的金融机构为骨干、多种金融机构协同发展的多元化金融机构体系。

构建与金融市场发展相适应的专业服务体系。大力吸引国内外知名资讯机构、信用评级机构、律师事务所、会计师事务所、管理咨询、资产评估、资产和保险经纪、仲裁等国家金融管理中心所需要的各类专业服务机构入驻，支持有条件的金融专业服务机构向规模化、国际化发展，健全金融服务体系。

加大金融品牌建设。建立“北京金融街”品牌形象体系，突出街区文化特色。设计“北京金融街国家金融中心”全新 CI 系统，设计和使用北京金融街标识，突出特色鲜明的金融文化形象，营造浓郁的金融文化氛围，对金融商务中心区形象进行全方位宣传，使其“承载中国现代金融业”的形象深入人心，不断提高北京金融街的国际声誉。

建立高层次交流平台，提升北京金融街的国内外影响力。办好“北京金融街论坛”，第一时间发布中国的宏观金融政策动向，使之成为观察中国金融产业发展的主导窗口和交流平台，为中国金融业与全球金融业交流合作搭建平台。着力提升论坛的规格，适度扩大规模，坚持活动的高档次和前瞻性。整合论坛与金融信息发布、媒体宣传活动，形成对北京金融街形象的持续推动，努力将“北京金融街论坛”打造成具有全国和国际影响力的著名权威品牌。成功组织北京国际金融博览会，积极搭建中国金融业展示交流的重要平台，使之成为国内展出规模最大、参展机构最全、活动最为丰富的“中国金融第一展”。

成立北京金融街研究院，建设开放式、国际化的学术交流平台。借助友好出访团、京港洽谈会，通过政府交流、项目推介、知名金融机构拜访等多措并举，宣传推介北京金融街。深化国际合作，在与英国贸易投资总署、德国黑森州经济交通和地区发展部签署战略合作协议的基础上，加强在金融服务领域的交流合作。

建立权威官方网站，打造“网上北京金融街”。充分发挥先进科学技术作用，挖掘现有网站内部空间和功能潜力，打造高集中度、高显示度和高效率的北京金融街信息网络平台，加强对北京金融街各方面信息的汇集、沟通和对外宣传。鼓励吸引知名的财经信息公司入驻北京金融街，加大金融信息服务供给。

启动宣传大屏幕建设，加大北京金融街宣传力度。在北京金融街适当位置设立户外标志性财经信息大型电子大屏幕，宣传北京金融街、驻街金融单位发展成果以及中央、市、区政府有关政策等重要信息，将所得收益用于北京金融街公益性设施建设和管理。通过报刊、电视、电台、会议等渠道，以新闻、访谈、宣传册、广告等形式，推销金融街的投资优势、发展前景、各项政策。加大《北京金融街》杂志发行力度。争取有更多的金融企业对旅游者开放，提高公众对金融业的了解和认知度、参与度。鼓励、吸引国内外专业的财经媒体进驻北京金融街。吸引民间智库，建立金融博物馆，开办读书会，逐步提升北京金融街的软实力。

建设重点：优化地区发展环境

根据北京金融街整体发展目标，推进相关项目建设，逐步推动搬迁工作，用好存量，拓展增量，保持发展后劲。大力推动基础设施、公共服务设施配套，提高地区服务水平，优化地区发展环境。

拓展建设。统筹协调推进建设。一方面，平稳推进搬迁项目。2012—2014 年，北京金融街完成丰盛西区 C 区、华嘉等搬迁项目，累计搬迁居民 2791 户。另一方面，加快建设项目进度。三年间，实现国开行、北京金融街 E2、政协文史馆、北京金融街 E10、月坛南街回迁楼、月坛公建等 13 个项目竣工，新增地上建筑面积达到 96.2 万平方米，为北京金融街构建高精尖经济结构提供了更大空间。

土地入市拓展空间。为保证金融产业区的健康、可持续发展，2012 年 9 月，北京金融街成功完成了月坛项目入市，可提供地上建筑面积 26 万平方米，并完成入驻金融机构对接。2014 年 8 月 20 日，华嘉项目顺利挂牌入市，成为北京金融街拓展工作启动以来，首个以挂牌形式完成土地使用权转让的项目。此外，丰盛西区 C 区、广安一期 A 地块、新兴盛等拟入市项目，正在积极进行控规调整以及入市前期手续的办理。

资源置换盘活存量。北京金融街主动顺应新形势、新要求，改变工作思路，按照“政府引导、社会参与、共建共享”原则，提出“土地收储入市、改扩建、收购二手房、股权收购、客户置换、装修改造”六种开发模式，全面推进金融中心区存量资源置换。2012—2014 年间，北京金融街积极开展了 472 栋楼宇资源调查摸底，建立北京金融街中心区楼宇资源信息库，及时进行更新。改造、升级金阳大厦，成功引入全国中小企业股权转让系统，丰富了北京金融街交易市场要素，为建设具有国际影响力的金融中心奠定了坚实的基础。先后与北京金隅集团、北京建工集团等企业签署战略合作框架协议，推动三里河北街、万通新世界等一批土地和写字楼项目取得实质性进展。在金隅和大成大厦进行客户置换，楼宇金融机构承租面积比重由 20% 提升至 35%。推动华融基础公司与凌奇印刷厂开展合作，将其生产大楼进行改造升级为商业金融办公用房，为股份制商业银行恒丰银行入驻做好准备。积极为国际性金融机构落户北京金融街提供服务保障，目前，亚洲基础设施银行已落户北京金融街丰盛西区 C 区项目，丝路基金筹备组正式入驻英蓝国际金融中心。

基础设施建设。按照“立体架构、复合功能”的规划要求，依托现有路网基础，借鉴国内外金融中心区交通设计和运营经验，坚持公交优先的原则，以轨道交通为主、地面公交为辅，建设地上地下相结合、方便快捷的多元化、立体化交通网络体系，满足不同层次、不同运量的交通需求。

提高轨道网络密度。协调市有关部门，推动轨道 19 号线北京金融街选址建设，加强北京金融街东西向、南北向的对外连接。

提高公交接驳便利度。开通居住区至北京金融街的直达通勤快车。优化调整既有公交线路，扩大免费巴士公交线路运营范围，增加发车密度、运营时间和线路，提升运输能力。

提高地下空间综合开发强度。结合轨道站点和项目建设时序，地下一层规划建成地下步行系统和商业配套，联通地铁站、写字楼、商业大厦、地下停车场，分流地面交通流量。

加强道路体系与慢行系统建设。完善微循环道路体系建设，提高路网通达性。加强步道环境改善，保障行人通行；结合公园绿地，建设自行车骑行绿道；在条件允许的路段，设置隔离的自行车道；在条件不允许的路段，设置减速带、警示牌等措施，降低机动车速度，减少人车混行带来的隐患。

公共配套建设。全面履行政府社会管理、公共服务职能，统筹经济社会发展，统筹公共服务设施资源，推动教育、文化、卫生、体育等社会事业协调发展，更好地为驻区中央单位、各类金融机构和集团总部提供完善、便捷、高效的工作与生活服务。

统筹布局社会事业服务设施建设。统筹规划、合理配置区域内各级各类教育、医疗、体育资源，扩大优质公共服务资源覆盖和辐射范围，形成与城市空间结构、产业发展和人口分布相协调的公共服务设施布局。

加强街区景观建设。加快推进区域景观和建筑物整体规划设计，加强街区色彩管理；充实完善政府网站和公共服务设施的多语种界面；推进立体绿化，实施公共建筑屋顶观赏性绿化、建筑墙体垂直绿化和停车场绿化、道路立交桥绿化等。

推进商务服务配套建设。推进高品质商业发展和高端品牌集聚，在新增建筑裙房配置商业设施，加快区域内酒店、会议中心、商务俱乐部、会所、公寓等服务设施建设，满足新增商务及商业需求。大力发展符合不同层次需求的商务、商业及餐饮设施。推进与商业街区的连接与交融。

完善市政设施、信息网络及通信设施建设。升级改造北京金融街市政管线、燃气调压站和热力交换站，为北京金融街商务办公区提供充足的水、电、气等能源供应。修缮和提升供水、供热、燃气及雨洪收集和处理等管线，在条件具备地区建设市政综合管廊，实现地下空间资源集约化利用。合理配置电力设施，升级和改造区域内的变电站、变电室，实现杆线入地；实行双回路的一级环网供电，提高电力保障能力。加强区域通信网络设施建设，加强选站和基站建设，实现移动网络全覆盖，同步完成地铁信号覆盖。

工作创新：提升金融街服务品质

经验模式。注重把握区域建设客观规律，创新发展理念，结合实际需求，及时调整北京金融街的定位、规划、配套服务，优化配置区域资源，搭建服务平台，推动全面发展、协调发展、科学发展，坚持“绿色、科技、节能、环保”，积极探索区域发展特色，不断提升北京金融街的品质。

“开发”坚持政府主导、企业实施。自觉将政府的主导行为与企业的市场行为结合起来，坚持以政府为主导，从整体规划高度确定基本方向、发展重点、实施战略、主体产业、推进步骤，为区域发展营造良好的舆论环境、政策环境和法律环境，奠定科学发展的坚实基础；坚持以企业作为实施主体，激发企业内在动力，不断完善企业法人治理结构，全面加强管理与创新，积极履行法人责任和社会责任。

“建设”坚持高端引领、绿色环保。坚持以金融产业为先导，落实《北京城市总体规划》确定的“建设国家级北京金融街管理中心”的规划目标，坚持绿色科技、节能环保的建设标准，促进北京金融街建设与区域环境培育。坚持产业聚焦、服务配套，积极探索金融产业发展规划，深入了解驻区机构的实际需求，酝酿、制定各项优惠政策，支持企业发展，引导高端金融企业入驻。由单一的区位优势逐渐发展为配套服务优势、政策扶持优势、产业聚合优势相结合的综合环境优势。坚持国际水准、世界一流，办公楼宇全部采用国际标准，建筑专注于科技含量，尽量采用自然光照射和通风，生动体现“国际化、生态化、人性化、金融文化和充满活力”的理念。

“管理”坚持统筹实施、机构参与。进一步完善北京金融街建设指挥部统筹实施体制机制，发挥指挥部纽带和桥梁作用，整合市、区两级发改委、财政局、规划局、国土局和金融局等部门，北京金融街、月坛、广内等街道办事处，北京金融街集团、华融基础、北京金融街控股、天恒房地产等公司的服务资源，构建“市级统筹、部门配合、机构参与、区域落实”的工作格局，整体推进北京金融街建设。北京金融街投资

表 6：北京金融街建设指挥部的主要职责及其内设机构

北京金融街建设指挥部	主要职责	负责组织推进本市有关建设金融中心城市主中心区的各项工作部署；研究拟订并组织实施北京金融街发展规划；负责协调推进北京金融街项目建设及其涉及的搬迁，协调推进区域内其他社会项目建设；统筹区域资源置换与产业对接；统筹区域产业促进和招商引资；统筹开展对区域内金融机构的相关服务；统筹协调区域内国际金融交流活动；负责北京市北京金融街建设领导小组办公室的日常工作；承办区委、区政府交办的其他事项。
	内设机构及其职责	办公室：负责本单位公文流转、会议组织，督查督办；行政后勤、财务管理；对外联络和接待。
		综合规划处：组织研究重大综合性课题；工作计划、总结、综合性分析报告等文稿拟定；会议纪要、信息简报、工作动态、调查研究、对外宣传等起草。
		项目建设处：编制北京金融街建设计划，制定年度工作目标；协调项目前期手续及其他项目建设中的问题；统筹推进项目建设涉及的搬迁和供地工作；督办项目进展，建立目标完成预警机制。
		产业发展处：组织北京金融街建设发展规划、专项建设规划的研究和编制；统筹北京金融街产业促进政策的研究、制定、落实；组织招商引资相关工作；统筹推进楼宇资源置换，提出总体置换思路；落实金融人才引进相关的服务和协调。

（集团）有限公司作为建设主体，承担北京金融街区域整体开发建设，结合企业需求确定开发方向，形成独具特色的金融地产发展模式。

“运作”坚持市场为基、优化规则。认真贯彻党的十八届四中全会精神，全面发挥社会主义市场经济在资源配置中的基础性作用，确定驻区金融机构和高新技术企业的市场主体地位；切实发挥政府“定规矩，讲道理，严监管”的重要作用，制定金融产业优惠政策，完善“游戏规则”，加大日常监管力度，打造公开、公平、公正的市场交易平台，坚决维护正常市场秩序，优化市场运行环境，建立健全金融市场体系，为金融产业健康发展夯实基础。

政策支持。2000 年，西城区出台《关于加快北京金融街发展的意见》，决定 2001—2007 年间从区财政中累计向北京金融街地区投入资金 10 亿元，以促进金融产业发展和完善该地区基础设施及其他配套设施。2003 年，西城区出台《促进金融产业发展的意见》，详细规定人才引进、租住房补贴、户口、子女入学等优惠服务项目，对引进高端金融人才、促进金融业发展，提供具体政策支持，增强区域对金融业的吸引力和凝聚力。2005 年，北京市发布《关于促进首都金融产业发展的意见》，第一次以市委、市政府文件的形式，明确提出要将北京建设成为具有国际影响力的金融中心城市，北京金融街要建设成为北京金融产业的聚集区。

《北京城市总体规划（2004—2020 年）》明确提出：要将北京建成“国家经济决策、管理，国家市场准入和监管机构，国家级国有企业总部，国家主要金融、保险机构和相关社会团体等机构所在地，高新技术创新、研发与生产基地。”2008 年 4 月 30 日，北京市委北京市政府正式发布《关于促进首都金融业发展的意见》（京发〔2008〕8 号），系统总结首都金融业的发展成果，规划未来金融产业的发展战略，强调推动首都金融业持续、健康、安全发展。2008 年，国务院办公厅下发《关于当前金融促进经济发展的若干意见》（国办发〔2008〕126号），强调要贯彻落实党中央、国务院关于进一步扩大内需、促进经济增长的十项措施，加大金融支持力度，促进经济平稳较快发展。

2012 年，为进一步加快本区企业上市步伐，利用资本市场实现跨越式发展，西城区出台《北京市西城区鼓励和促进企业上市办法》（西政办发〔2012〕52 号），对西城区中小企业和中关村高新技术企业申请上市，给予相应的专项支持资金。2012 年，国务院批准由中国人民银行、中国银行业监督管理委员会、中国证券监督管理委员会、中国保险监督管理委员会、国家外汇管理局共同编制的《金融业发展和改革“十二五”规划》，阐明国家在“十二五”时期推动金融业改革发展的指导思想、主要目标和政策导向，明确金融工作的重点，强调要凝聚各方力量，推动金融发展再上新台阶。

《北京市“十二五”时期金融业发展规划》提出：“十二五”时期，首都金融业在金融创新、债券市场、股权投资、金融人才等领域的全国领先地位基本确立，北京作为国家金融管理中心的地位得到进一步巩固提升，具有国际影响力的金融中心城市框架基本形成。连同《中华人民共和国国民经济和社会发展第十二个五年规划纲要》《北京市国民经济和社会发展第十二个五年规划纲要》《北京市西城区国民经济和社会发展第十二个五年规划纲要》等重要文件，从发展理念、推进思路、制度保障、相关政策等方面，都对北京金融街的发展发挥着重大的指导作用。

平台建设。完善管理平台，提升服务水平。健全西城区金融服务工作领导小组运行机制，定期召开联席会，研究解决重大问题。建立健全与金融管理部门、行业组织深度联系沟通机制，实现资源共享，促进交流合作。建立一体化服务平台，为驻区金融管理部门和金融机构提供多功能、全过程、高端化服务。

完善统筹平台，保障目标落实。以北京金融街发展规划纲要为统领，以产业、空间、交通专项规划为支撑，形成各类规划定位清晰、功能互补、统一衔接的工作体系。有关部门细化落实主要任务，着力解决关键领域突出问题，形成落实各项工作的重要支撑和抓手。切实抓好专项工作，加强发展目标和重点任务的协调，确保年度计划与长远规划的衔接。

完善交易平台，构建市场体系。定位于服务经济结构调整和转型升级的国家战略要求，支持全国股份转让系统、北京金融资产交易所等市场发展成为全国性的相关资产和商品交易平台，逐步形成市场化程度较高、适合各类投资者共同参与、多层次的金融市场体系。

完善信息平台，促进资源共享。与西城区发展改革委、区文创办、区国资委、中关村科技园区西城园、区中小企业中心、区工商联、区私个协、西城企联等相关单位联手，建立拟上市企业信息共享平台，多渠道汇集拟上市企业信息。加强与区科委、区功能街区产业发展促进局、各功能街区建设指挥部及部分街道办事处的联系，建立健全信息共享及上市工作协同推进机制。

北京天桥演艺区

北京天桥演艺区是区域位置优越、文化特色突出、演艺资源丰富、休闲旅游联动的文化区域，是京城传统文化和宣南文化重要展示地区。作为首都核心演艺区的重要组成部分，北京天桥演艺区是北京建设全国文化中心的重要载体，是北京建设国际一流和谐宜居之都的重要支撑。

区域特点：文化特色彰显

范围和背景。北京天桥演艺区位于北京城南部、南中轴线西侧，东至前门大街、天桥南大街、永内大街；南至永定门护城河；西至虎坊路、太平街；北至珠市口大街，总占地面积2.07平方公里，是区域位置优越、文化特色突出、演艺资源丰富、休闲旅游联动的文化区域，是京城传统文化和宣南文化重要展示地区。建设北京天桥演艺区，是落实《北京市国民经济和社会发展第十二个五年规划》《关于大力推动首都功能核心区文化发展的意见》《促进城南加快发展行动计划》的重大产业项目，也是西城区实施“服务立区、金融强区、文化兴区”战略的重要举措。

文化底蕴深厚。北京天桥的历史可以远溯到七百年前的元代，始于皇帝祭祀御路。后商贸游乐兴盛发展，形成百业汇聚、艺术荟萃的繁华街区。清末以来，在天桥献艺的戏剧、曲艺、杂技等民间艺人多达数千人。民国初年，建成“新世界游艺场”和“城南游艺园”，引领京城时尚潮流。侯宝林、新凤霞、宝善林、魏喜奎、关学曾等名家从这里起步，成长为享誉中国、名扬世界的一代大师。天桥以海纳百川的姿态，演绎着都市的万象风情，成为北京传统民俗文化的发源地与聚集地，被视为展现老北京平民社会特色的典型区域。

演艺资源集中。区域内集中了中央芭蕾舞团等国内一流的表演团队，分布着天桥剧场、湖广会馆等文艺演出场所，前门饭店、新北纬饭店等文化演艺主题酒店，传统演艺形式和现代演艺业态交互发展。梨园剧场、万胜剧场、德云社等演出场所分别以京剧、杂技、相声、现代舞台剧等为重点，演艺资源较为丰富。区域内及周边拥有一批老剧场、宾馆、茶楼、戏楼等优质存量资源，具有文化产业升级改造的潜力，为演艺区发展提供了强有力的支撑。

文保遗存众多。区域内拥有重点保护区级以上文保单位4 处（先农坛、宜兴会馆、泰安里、东方饭店），天桥永安路以北区域分布着安溪会馆、宜兴会馆、平介会馆、浮山会馆等会馆遗存，拥有文保单位、挂牌保护院落等十余处。东至留学路、南至永安路、西至阡儿胡同、北至珠市口西大街的地区，为民国“香厂新市区”特色风貌区。

旅游资源比较丰富。北京天桥演艺区位于北京中心城区腹地，东邻城市中轴线和世界级文化遗产——天坛公园，南邻永定门护城河，西邻陶然亭公园，北邻前门传统商业区，与天安门、故宫相距约2 公里，旅游业发展优势相对明显。临近南二环，交通配套比较完备，区域拥有多条主要地铁干线，出行交通便利。

专栏

天桥文化区的形成

天桥文化区的形成并不是一夜间的事情，其实早在明清时期这里便是文人墨客游赏之地，而随之兴盛起来的酒肆，更成为文人游宴之所。清代末年，天桥一带商贩云集，渐成买卖之地，震钧《天咫偶闻》中便云："天桥南北，地最宏敞，贾人趁墟之货，每日云集。更有令张少年，扶风豪士，夕阳未下，黄尘正繁。轮雷乍惊，驹电交掣，飘风一过，忽已远逝。洛阳青门之犊，不足斗其捷也。"从上述记载分析，此时的天桥主要为商贩买卖之地，尚无娱乐事宜。但据《北平天桥志》记载："迨至清末，街西乌笼铺隔壁，开有落子馆，群呼之为切糕屋子。……其人既出，其屋必闲，清书日长，遂以空宅赁与男女杂班，入此演唱，而趋之者，多为下流。"文中所提落子馆即为演北方曲艺杂耍的场所，故可以将其看作是天桥地区有演艺活动之始。

民国初期，天桥规模进一步扩大，戏园、落子馆、商场等相继设立，在《北平天桥志》中对天桥戏园和正式商场形成的原因进行了如下记载："民国元年一月，因厂甸改建街道，工程未竣，堆积砖瓦，无隙设摊。当局者，为谋维持摊贩利益，曾将厂甸年例集会，暂移香厂。时伶人俞振庭者，乘间于厂北支一大棚。演奏成班大戏；……未几，再由金鱼池迁至天桥。此实天桥有戏院之始，……。""翌年，国务院有建设全城电车之议，交内务部土木警政两司及警察厅公议拆毁正阳门瓮城，……至四年六月藏事，而瓮城内两荷包巷商民，则合议将所拆存之木石砖瓦移天桥西，建立天桥市弄凡七。开设酒饭镶牙各馆，并清唱茶社，既各色商肆，以售百货居百工焉。此又天桥渐成正式商场之始。"通过上述记载，此时的天桥地区已经初具规模，戏园、落子馆及商场错落，与人们印象中的天桥景象已相差无几。同时，《北平天桥志》对当时天桥戏园等的数量以及来此游览的人员也作了简要述及，文中载："天桥数十弓地，而南戏园二。女戏园三，落子馆又三，女落子馆又三，戏资三大枚，茶资仅二枚。园馆以席棚为之，游人如蚁，窭人居多也。……自前清以来，京师穷民生计日艰。游民亦日众。贫人鬻技营业之场，为富人所不至，而贫人鬻技营业所得者，仍皆贫人之财。"可见天桥地区之所以成为反映市井民俗文化之地，显然与其人员构成有一定联系，即来此卖艺或游赏的民众多为贫苦人，富人很少涉足此地，天桥地区所形成的风俗文化是为了迎合广大普通民众的需要而出现，可看作是北京最真实的民间生活缩影，这也就使其具有了不同于其他文化演艺聚集地的独特魅力。

此后，天桥西侧香厂一带形成集市，并日趋繁荣。1914年"京都市政公所"成立后，为了使北平的市政状况整齐划一，香厂一带成为"新市区"规划的重点，其内容主要包括扩展道路及兴建居民区、医院、商场、饭店、娱乐等设施。以此为契机，天桥的发展达到了鼎盛时期，据1930年《北平日报》统计，当时天桥地区正式开设的店铺、戏园等共计347家，摊棚439处。此外，这一时期天桥最具特色的市场就有六七家之多，包括先农市场、三角市场、公平市场等。在天桥的众多建筑中，尤以新世界商场、城南游艺园、水心亭三处最具特色。

民国政府迁往南京后，天桥地区的新式市场、饭店等日渐衰落，规模日趋缩小，盛极一时的繁荣景象也随之衰退。直到中华人民共和国成立以后，人民政府对天桥地区进行了治理整顿，填平了龙须沟，兴建了一批剧场、戏园、商场等，天桥的文化演艺事业也逐步复兴。

资料来源：董良．中轴线上的文化演艺区——北京天桥的历史变迁［J］．北京规划建设，2012（2）．

发展战略：打造世界级演艺文化街区

功能定位——世界级演艺文化街区。作为首都功能核心地带的演艺文化中心区，北京天桥演艺区集演艺总部、文艺演出、文化创意、文化展示、文化商务、休闲体验、旅游购物、金融配套等功能为一体，打造体现中国特色的世界级演艺文化街区。围绕打造体现中国特色的世界级演艺区，以古都风貌保护、历史文化传承、人居环境改善和产业结构优化升级为目标，以演艺业为主导产业，促进配套关联业态发展，深挖国内外特色文化资源，融入现代创意元素，重点发展文艺演出、文化展示、休闲体验和文化商务等都市文化业态，建设传统文化与现代时尚共荣互促的复合型演艺产业园区，使北京天桥演艺区成为落实首都功能定位、发挥全国文化中心示范作用的重要组成部分，成为北京建设国际一流和谐宜居之都的重要文化名片和文化承载区，成为展示中外文化精华、促进国际文化交流的世界级舞台。

空间布局——“一核、两轴、五片区”。《西城区“十二五”时期功能街区产业发展规划》提出：深入研究演艺产业规模效益与联动效应，分析国内外演艺园区空间布局特点，综合考虑天桥地区可利用地块和产业体系建设方向等因素，大力构建北京天桥演艺区“一带三区”的总体空间布局，即演艺剧场带和演游商互动区、商业活力区、文体娱乐区。随着功能区建设的推进，北京天桥演艺区的空间布局逐步完善为“一核、两轴、五片区”，努力实现居住、演艺、商业、商务等功能相互渗透与融合，改善周边人民生活、居住环境，提高服务设施便利性，改善区域文化民生。

“一核”，是北京天桥演艺区的核心功能区，是集聚演艺区各项主要功能的重要活动节点，是城市中轴线景观轴的重要组成部分，将成为首都新的城市名片之一。在区域内构建现代公共文化服务体系，满足群众文化需求，实现文化交流，提高文化开放水平。

“两轴”，纵向的北京城市中轴线景观轴，位于南中轴路天桥南大街，是贯穿核心功能区的南北中心轴；向内延伸的横向演艺功能轴，位于北纬路，是贯穿北纬路片表演艺术区的东西中心轴。

“五大功能区”，为承担不同功能的五片区域，包括位于西北部的腊竹片文化商务区、位于北部的留学路片文化体验区、位于中部的北纬路片表演艺术区、位于东南部的先农坛片文化展示区和位于西南部的先农坛片演艺活力区，分别从不同角度展示、履行、深化北京天桥演艺区的主体功能。

发展思路——立足六个坚持，打造演艺文化街区。坚持中华民族传统文化和现代艺术相结合、服务百姓和引领文化发展相结合；坚持“现代化、国际化、精品化”提升艺术品质；坚持立足首都演艺资源优势、加大原创力度；坚持“开门建中心”、大力引入国内外优质演出资源；坚持“政策发动、集聚推动、核心启动、产业联动、项目带动”；坚持“统筹规划、多管齐下、分期建设”，将北京天桥演艺区建设成为首都演艺人才成长的阵地、北京建设世界城市的重要文化名片和文化承载区、中国文化对外展示的标志性窗口，打造具有北京风貌、首都特点、世界品质的演艺文化街区。

“统筹规划”：以“城市建设，规划先行”为指导，由区政府统筹主导，指挥部协调组织，建设主体公司具体落实，针对演艺区未来发展，综合考虑“民生改善、名城保护、产业发展、服务首都”需要，科学编制北京天桥演艺区建设规划，形成明确、清晰的发展定位、发展目标和发展思路，指导演艺区的建设和发展。

“多管齐下”：对现有建筑进行改造提升与功能置换，通过文保腾退等途径，对文保单位及周边区域进行保护及管控；通过功能置换，建设公共服务类设施，提升街区公共服务水平；引入演艺、办公、商

表 7：北京天桥演艺区指挥部的主要职责及其内设机构

北京天桥演艺区指挥部	主要职责	负责北京天桥演艺区建设的统筹协调、决策落实、指挥调度、产业培育、综合服务；会同相关部门，研究制定并组织实施北京天桥演艺区中长期发展规划、空间规划、土地利用规划和产业规划；统筹推进北京天桥演艺区基础设施和产业项目建设，编制年度投资计划，监测和反馈项目进度，督促计划落实；会同天桥街道，承担北京天桥演艺区环境规划、环境整治、环境建设；制定和落实演艺区发展的各项优惠政策、措施，促进演艺及相关产业聚集，引导区域金融资源支持演艺区项目建设及演艺产业发展；结合北京天桥演艺区功能定位，培育配套产业，协调做好地区招商引资；整合地区公共服务资源，完善综合服务体系，开展个性化服务；开展北京天桥演艺区宣传推介和品牌价值提升工作；承办区委、区政府交办的其他事项。
	内设机构及其职责	办公室：负责政务工作；负责文电、会务、机要、档案等本单位日常运转；负责重要文稿的起草；承担信息、信访、建议、议案、提案、保密、接待联络、电子政务、安全保卫、后勤保障、本单位财务和资产管理；承担重要事项的组织和督查；负责联系和指导北京天桥演艺区商会。
		规划建设处：会同相关部门，编制和实施北京天桥演艺区空间规划、控制性详细规划、土地利用规划、基础设施等专项规划；负责组织编制报送年度固定资产投资计划，协调建设项目的前期论证、立项报批和投融资；负责组织协调土地储备和土地一级开发；负责建设项目的协调推进以及日常管理，进度监测、效益评估和问题反馈。
		环境建设处：负责协调相关部门编制和实施北京天桥演艺区交通组织、环境整治、景观设施、灯光照明等专项规划；负责协调相关职能部门开展城市环境综合整治；负责协调和推进区域内交通规划实施；负责协调推动提升区域城市形象品质。
		产业促进处：负责编制和实施北京天桥演艺区中长期产业发展规划；负责组织研究并督促落实北京天桥演艺区产业扶持促进政策；负责重大产业项目的研究推进；负责整合区域优质公共服务资源，为入驻企业提供多样化服务；协调相关部门，开展对外宣传、联络和招商引资；负责北京天桥演艺区产业平台建设维护和演艺产业联盟支持服务。

务等功能，满足街区产业发展需求、群众生活需求；对老旧房屋实行改造腾退，推进人口疏解和安置，改善居民居住条件；对重点道路进行扩建改建，绿地广场建设，带动区域环境改善。

“分期建设”：从2014年至2016年，完成起步区建设，启动住房与环境改善工程、重点道路扩建改建、绿地广场建设，带动区域环境改善；腾退挂牌院落等老建筑的民居，置换成为演艺功能服务的场所，带动区域更新；推动“香厂新市区”详细规划研究。从2017年至2021年，继续进行中北部主要街巷的改造与更新。从2022年至2030年，改造东南部区域，培育相关产业。

主导产业：打造以演艺为特色的文化产业

大力推进产业项目建设。坚持定期现场勘察、建立旬报表制度、周例会制度，持续跟进和了解项目的进展情况、遇到的困难与问题，积极进行调度协调。研究确定各项目建设的切入点和时间节点，主动沟通项目主体，及时协调相关职能部门，做到提前介入、及时协调、密切跟踪、稳步推进。自2011年启动北京天桥演艺区建设以来，天桥艺术大厦、艺术中心、市民广场、天桥汇等重点产业项目建设取得了明显成效，起步区建设已初显规模。

积极推动演艺区存量资源整合开发利用。通过征收腾退、房屋回购或回租、业态调整等方式，盘活和提升现有业态；植入办公、排演、展示、培训等产业功能，“孵化”产业要素；通过委托运营、代理招商等途径，引入相关专业团队参与项目改造、内容引进、市场运营等相关工作，大力推进老旧工业厂房、文保遗存建筑等存量资源整合利用及业态提升。重点推动禄长街四条4号、荣贵宾馆业态改造提升等项目，深度挖掘现有产业资源，奠定地区未来发展的业态基础。

加强品牌建设。充分运用各类媒体、展会平台，整合各种演艺资源，推进演艺区建设，扩大演艺区的影响力和品牌效应。一是开展艺术惠民系列活动，提升演艺区影响力。2012 年以来，持续开展“北京天桥艺术节”、“走近天桥领略艺境”、“天桥艺术沙龙”、“天桥音乐剧演出季”、“非物质文化遗产项目专题展暨天桥文化节民俗展”、天桥艺术展、艺术家大师课堂、实验剧演出等系列活动，使优秀艺术成果真正惠及普通百姓，不断提升演艺区影响力。二是加强艺术中心运营，树立行业品牌地位。精心筹划艺术中心开幕首演剧目，积极开展艺术中心市场体系搭建与市场推广工作，通过纸媒、网站和官微等平台不断宣传艺术中心的品牌及首演剧目。三是组织业界交流平台，提高演艺区知名度。通过多种形式，调动相关机构、团队及知名艺术家的积极性，参加洽谈会、文博会、京交会、展览会等活动，与多家相关机构进行资源对接，吸引优质演艺资源落户演艺区。组织“天桥演艺区发展高峰论坛”、天桥发展座谈会，邀请国内文化主管单位领导、演艺界名流及专家学者进行座谈，大力宣传北京天桥演艺区的发展理念，积极营造社会舆论，提高演艺区的知名度。四是创新宣传载体，塑造演艺区品牌。配合 LOGO 形象征集发布、大厦开业、南中轴路竣工、天桥历史景观建成、艺术中心开业等重大活动和建设节点，在电视、广播、平面以及网络媒体上进行宣传；创新宣传途径，通过微信公众号“抢戏”、西城微博以及大厦户外电子屏等途径，加大社会宣传力度；会同有关方面，制作演艺区形象宣传片，多角度、多层面打造演艺区特色品牌。

发布天桥演艺指数。选择具有代表性的样本剧院，利用数理统计模型进行编制，获得大量综合指数和分类指数，以此确定“天桥演艺指数”。通过对西城区演出市场综合发展水平和动态发展变化的监测，掌握辖区演出市场综合水平和市场活跃度的走势变化、运行状况，为政府掌握演艺市场变化趋势、进行科学决策、引导企业健康发展提供大数据支持；为企业了解演艺市场需求变化、调整重点经营方向提供实时参考；为演艺行业及时发现存在问题、加强行业自律提供重要依据；为广大市民根据演出场所的演出种类、演出剧目、票房收入、观演人数、观众反映等动态信息，在第一时间选择观看自己中意的剧目提供即时服务。

成立天桥演艺联盟。2015 年 5 月，正式成立北京天桥演艺联盟。作为在民政部门登记注册的非营利性社会团体，北京天桥演艺联盟立足首都演艺核心区的建设与发展，聚合文艺创作与表演团体、演出场所、文化艺术投资与经纪公司、票务代理、新闻出版、广播影视与演艺相关的金融、科技、商务、基金会及其他有资质的国内机构和个人，充分发挥桥梁和纽带作用，服务联盟成员，整合演艺资源，促进协作与资源共享，加强演艺资源与市场对接，以公共服务、品牌塑造、产业引导、宣传推广、市场拓展为主要工作内容，实现协作联动、互补共赢的发展目标。北京天桥演艺联盟现已聚集近百家演艺及相关行业机构及个人，其中文化部直属艺术院团 9 家，北京市属院团 9 家，其他各级院团、民营演艺机构、演出场所、文化公司以及金融、媒体、版权保护等演艺相关单位 80 家。未来，北京天桥演艺联盟将持续集聚北京地区和全中国的演艺资源，通过产业资助、品牌活动、公关服务、宣传推广“四大平台”，落实文化政策，搭建交流平台，凝聚演艺资源，促进市场对接，推出精品佳作，打造品牌活动，提供优质服务，不断优化北京天桥演艺区的软环境建设，将天桥地区打造成为具有国际影响力的文化演艺中心，实现北京演艺产业的聚合效应，借助北京打造世界城市的机遇，推动中国演艺产业的发展探索和国际化进程。

发展现状：民生名城保护同步推进

稳步推进基础设施建设。根据《西城区综合交通规划》，深入研究区域道路交通专项规划，重点解决演艺区交通建设薄弱的路网建设问题。完成南中轴路北段道路改造工程、太平街二期道路施工、虎坊路区级达标道路建设、南中轴路疏堵工程电力与雨污水施工、友谊医院市政热力管线施工、艺术中心热力管线施工。完成永安路东口、南中轴路南段前期手续办理与施工准备。开展地铁 8 号线天桥站施工、南中轴路南段市政道路施工，推进北纬路拓宽征收，启动永安路东口征收。

切实改善民生。深入研究并处理好演艺区建设面临的控制建设规模、保护历史风貌、促进人口疏解、改善居民生活条件和基础设施等重大问题，积极协调有关部门，稳步推进演艺区产业、道路、基础设施、环境整治等项目建设，推进实施市民中心、北部平房区、虎坊路社区等项目，改善群众住房、生活配套设施及环境。

成立北京天桥衡融投资有限公司作为北部平房区住房与环境改善项目的主体公司。加强居民入户调查、项目立项、安置补偿方案备案等工作。积极推进该地区的居民腾退和棚改工作，深入研究虎坊路社区的棚户区改造模式。

多角度加强环境整治。一是以核心区为重点，提升演艺区环境品质。大力推进城市景观设计、夜景照明、绿化美化工作。开展核心区城市景观设计，整体提升环境品质，打造特色城市景观精品。二是以项目建设为载体，改善演艺区城市景观。以天桥艺术中心周边景观提升、香厂新市区规划设计、北部平房区住房与环境改善等项目为载体，系统研究、全局规划、统一设计、具体协调、整体施工，确保实现内外协调、保护名城、棚改腾退、改善居住、美化生活，提升地区的整体环境。三是以基础设施建设为保障，完善演艺区环境配套。协调快速公交天桥站建设；推进南中轴路南段道路疏堵工程；研究制订 110、917 路公交场站腾退搬迁方案；跟进宣武中医医院改扩建项目；实施艺术大厦楼顶绿化工程，等等。

科学实施名城保护。配合北京传统轴线申遗，将天桥在旧址南移重建，采用文化印记就近重现历史上的“天桥”。建设天桥历史景观工程地下通道壁画，生动展示中轴线上的七座桥，体现北京中轴线蕴含历史烙印的“桥”建筑形式。大力推进新泰安里与板章路等文保项目，积极探索文保单位腾退后房屋修缮、开发利用及产业植入等发展思路，确保文物得到切实保护与合理使用。

工作创新：机制政策平台制度化发展

机制创新。一是政府引导，规划引领，深化研究与编制。针对演艺区未来发展需要，聘请国内外知名机构，遵循自上而下、由宏观到微观、由总体到局部的原则，分为前期研究与总体策划、概念性规划、区域规划，香厂新市区保护与发展规划、东部交通规划、产业规划和发展行动计划等专项规划四个层级，科学编制演艺区规划，形成明确、清晰的发展定位、发展目标和发展思路，形成以规划引领发展的格局，夯实长远发展的基础。二是指挥部统筹协调，国有文化企业发挥主体优势，推进演艺区建设。坚持以指挥部为工作平台，加强对演艺区开发建设的统筹与协调，及时解决相关规划对天桥地区北部用地严格限制、改造成本高，区域内资源分散、隶属关系复杂、整合难度大等问题，有力推动项目的建设和规划的落实。2012 年，成立北京天桥演艺区联席会议领导小组，统筹协调演艺区发展重点问题，注重督促落实。建立联动机制，定期听取成员单位通报重点项目进展情况，实行领导小组组长负责制。2014年，西城区政府进一步壮大前端公司实力，金融街投资集团成立北京天桥盛世投资集团有限责任公司，总资产达29.5亿元，承担区属剧场、影院、相关写字楼等业态的经营，推动北京天桥演艺区专业化建设运营管理平台建设。三是调动演艺优势资源，加强内容建设和运营管理，推进战略合作。金融街集团与入驻天桥艺术大厦的中国对外文化集团公司合作，成立天桥艺术中心管理有限公司。在指挥部和天桥盛世集团的支持下，借鉴国内外先进经验，创新思维，积极推进开幕演出季安排、市场体系搭建和市场推广、后台管理保障及未来运营管理工作，开展《剧院魅影》《北京法源寺》等首演剧目的策划与筹备工作。与国家文化部、北京市文化局等相关部门对接文化演出领域的政府购买服务项目，加强剧场内容引进和品牌建设，为艺术中心开业初期储备演出资源。在剧目原创与储备、市场推广、招商宣传等领域，积极寻求与中国国际文化交流中心、中央电视台、国家话剧院、北京歌华文化集团、北京人民艺术剧院等艺术院团等文化企事业单位及演艺知名人士的合作路径。与国家大剧院等院团签署战略合作协议，积极借助这些“国”字头演出院团在剧目创作生产、特色品牌建设、人才培训与引进、宣传营销推广等方面的优势资源，有效推动演艺区的项目运营管理与人力资源引进等工作。四是引入品牌演艺及关联市场主体，增强宣传文化推介活动实效性。天桥艺术大厦自竣工交用以来已与40多家客户签订入驻合同，包含知名演艺文化公司、大师工作室、版权保护中心等品牌文化相关企业、机构及金融、餐饮等配套商业。编制天桥艺术中心及市民广场招商策略，加强市场推介，引入符合艺术中心功能定位和发展需要的客户群体。

政策支持。根据西城区委、区政府指示精神，从2013年年初，开展对演艺区发展整体支持政策研究。以天桥艺术大厦作为演艺产业发展的总部基地，发挥引领示范作用，辐射整体园区，为园区未来长远发展奠定基础。依据《北京市西城区关于促进文化创意产业发展的若干措施》等相关文件精神，借鉴《北京市西城区人民政府关于促进金融产业发展的意见》《北京市西城区促进出版创意产业园区发展办法》以及其他区县相关政策内容，从北京天桥演艺区的具体情况出发，研究制定《入驻天桥艺术大厦机构租金补贴实施办法》《入驻天桥艺术大厦工作室租金补贴实施办法》等具体产业政策，为吸引相关产业入驻北京天桥演艺区提供政策支持。制定内部具体操作规范《入驻天桥艺术大厦机构租金补贴申报流程》，保证补贴工作顺利开展。研究制定《北京天桥演艺区管理办法》，着力提升演艺区管理水平，优化产业发展环境。研究起草《关于促进北京天桥演艺区产业发展的指导意见》，引导产业结构优化升级，加快构建特色产业体系，促进演艺区产业要素集聚发展与内容建设。在西城区文化委文化惠民相关资金、西城区委社会工委社会建设专项资金支持下，有效推进文化活动开展，区域宣传软硬件建设显著提升，区域氛围活跃。

平台建设。一是指挥部搭建入驻企业文商旅对接平台。加强沟通协调，搭建区文商旅部门与入驻企业的对接平台，争取各层面领导和部门在资金、项目、政策等方面的支持。二是天桥演艺联盟搭建演艺产业整合平台。以塑造天桥文化品牌、协调整合演艺资源、促进业态融合发展、提供演艺公共服务为工作目标，建设具有影响力的演艺产业整合平台。三是天桥盛世集团搭建“智慧演艺”交流平台。建设“天桥e景”艺术云空间，将艺术家、明星及其粉丝资源汇聚线上，为业界提供专业的艺术交流服务平台；线下通过举办业内、大众、惠民等系列活动，吸引客户群体持续关注。“天桥e景”艺术云空间以网站为核心，移动客户端为辅助，利用微信服务号、百度直达号、微博等辐射全网互联网用户，并结合后台管理，形成一套独具艺术特色的完整互联网生态系统。

中关村科技园西城园

中关村科技园区西城园是中关村国家自主创新示范区一区十六园之一。进入新时期，西城园以打造具有全国影响力的科技创新高地、科技文化金融融合发展的高精尖产业集聚区、西城区创新驱动发展示范区为三大引擎，以“园区建设、产业发展、政策支撑、平台运作”为工作思路，以“整合资源、搭建平台、优化服务”为工作手段和“腾笼换鸟”、“见缝插针”为工作路径，致力于建设科技、文化、金融融合发展的都市型科技园。

区域特点：具备良好的创新创业环境

区域概况。中关村科技园西城园的前身是成立于2001年6月的中关村德胜科技园，2012年10月根据国务院批复，对园区规模和空间布局进行调整，同时更名为中关村科技园西城园。中关村科技园西城园面积10平方公里，拥有德胜、北展和广安三个地区；入驻的高新技术企业471家，近年来各项主要经济指标连续保持50%以上的快速增长。中关村科技园西城园是中关村科技园区一区十六园之一，是首批国家级文化与科技融合示范基地，园区内的中国北京出版创意产业园是全国唯一的以民营出版机构为主体的国家级综合性出版创意产业园区，2013 年建设的中国设计交易市场是联合国教科文组织认可的世界“设计之都”核心区（见表 8）。

表 8：中关村科技园西城园发展沿革

发展阶段	发展特征	主要节点
德胜科技园开园：2001-2006 年	加强配套设施建设，探索发展模式，挖掘发展动力	2001 年 6 月，经国家科技部批准，中关村科技园区德胜科技园成立。2002 年 5 月 24 日，德胜科技园正式开园，普天德胜、金丰和、康华伟业等科技企业孵化器开始启用，为引进高新技术企业创业提供便利。截至 2006 年，园区经济规模突飞猛进，主营业务收入达到 513.6 亿元，有力支撑了区域经济的发展。
第一次政策扩区：2006-2011 年	调整产业格局，实现突破式发展	2006 年，德胜科技园完成第一次政策扩区。高新技术企业加速集聚，基本形成以现代服务业为主体，以科技、金融、文化创意为主要支撑的产业格局。截至 2011 年，高新技术企业主营业务收入是 2006 年的 5 倍，实现总收入同比增长 124.5%。
第二次政策扩区：2011- 今	形成“一园三区”格局，创新驱动升级	2011 年，根据中关村国家自主创新示范区空间范围和布局调整的要求，德胜科技园扩大为北区（德胜地区）、西区（北展地区）、南区（广安地区）。2012 年 10 月，园区正式更名为“中关村科技园区西城园”。目前，园区共有 5 家科技孵化器，孵化面积 6.9 万平方米，入驻企业 582 家，培育出一批行业品牌企业。

特点一：人文气息浓厚，文化创意产业发展优势突出。中关村科技园西城园拥有丰富历史人文资源，为文化产业发展提供大批人才、巨大市场空间以及创新创意源头。德胜门箭楼、什刹海、北京展览馆是重要的传统风貌、人文旅游区，有利于园区文商旅融合发展与区域传统历史风貌旅游形成联动。

专栏

中国北京出版创意产业园区

2010 年 5 月 20 日，原国家新闻出版总署和北京市政府签署战略合作框架协议，由原北京市新闻出版局与西城区政府联合共建中国北京出版创意产业园区，并落户德胜国际中心。目前出版园入驻企业达到 47 家，业态涵盖选题策划、图书出版、数字出版、电子期刊、数字教育等，包括民营、国有独资、国有控股等多种所有制形式，几年来出版园取得了良好的社会效益和经济效益，推出了包括“五个一工程奖”“文津图书奖”在内的一大批精品力作，每年实现销售码洋超过百亿元。园区企业拥有移动阅读注册用户近 3 亿，平均月活跃用户近 1 亿，注册用户数占全国移动阅读用户总规模的近六成，占整体移动端网民总量的 50%。2014 年，共有 50 余部优秀图书获得了包括国家“三个一百”原创出版工程、国家社会主义核心价值体系建设“双百”出版工程等在内的国家级出版奖项。

文化创意产业实力雄厚。设计产业资源比较丰富，园区共有各类设计服务机构共 611 家，其中国家、市级设计院所 39 家，工业设计、建筑与工程设计集聚程度较高，成功打造中国设计创意最高奖“红星奖”；新闻出版业优势突出，聚集北京中国出版集团、北京出版集团、新华通讯社、中国新闻社等一大批新闻出版机构，全区共有新闻出版、发行业规模以上法人单位 734 个，资产总额近 340 亿元。

特点二：企业发展要素齐全，高端产业发展吸引力较强。人才、信息、资金等企业发展要素丰富，吸引优秀企业的能力较强。商务、商业、文化、教育、医疗、交通等城市配套完善，可以满足各类高端人才的工作及生活需求。信息资源丰富，园区企业在信息获取及辅助决策方面优势突出。承接北京金融街溢出资源渠道畅通，科技金融协调发展，可以充分满足园区企业创新创业投融资需求。

特点三：科技创新资源丰富，产业创新驱动发展基础坚实。国家级实验室和高端科研人员等研发资源雄厚，大院大所高度集聚，辐射带动全国相关行业创新发展的作用强大，为园区打造产业公共创新服务平台提供资源支撑。央企总部众多，吸引大量行业内上下游企业；央企自身发展空间充足、产业创新资源丰富，潜在产业协同创新带动作用较大。可以充分共享中关村开放实验室等中关村各类公共创新服务平台，入园企业易于加入中关村信用促进会、产业联盟等各类产业创新组织，共享各项产业创新服务资源。紧邻中关村核心区，有利于入园科技中介机构与周边高新技术产业互动协作，为园区研发服务、知识产权等科技服务业发展提供广阔的市场空间。

特点四：大众创业潜能丰厚，科技孵化基地成果显著。利用国有企业闲置厂房和办公楼，先后建成普天德胜、利玛、康华伟业、金丰和、万方星辰、中器德胜 6 家高新技术产业孵化基地（普天德胜和利玛被评为孵化器示范基地），先后培育出梅泰诺通信技术公司、互信互通公司、北京万桥兴业机械有限公司、奇虎科技公司、洛可可公司及“人民网”等在国内市场占有重要地位的企业。目前，在普天德胜孵化基地入驻的各类科技企业近 200 家，年产值超过 150 亿元，年交纳税费总额近 10 亿元。

特点五：地理位置特殊，交通便捷，枢纽作用明显。中关村科技园区西城园由德胜、北展和广安三个街区构成，其中，德外大街快速路贯通二环、三环路，和京昌高速公路相连，从德胜科技园可以直达中关村科技园区和昌平科技园；西外大街是城市交通主干道，动物园交通枢纽是北京市内最大的公共汽车枢纽站；西直门是以城铁、地铁、火车、公交等多种交通体系为一体的综合性大型客运交通枢纽，可以直接联通上地信息产业基地、永丰产业基地、国家软件园、生命科学园、生物医药园、建材科学城等重要专业园区。

特点六：区位优势突出，国内外开放合作便利。在推动京津冀协同发展中，大量创新成果可以及时向天津、河北转移转化，进一步提升和拓展创新成果的整体价值；不符合首都功能定位的产业可就近向津冀两地转移，为西城区“瘦体健身”发展、强化“高精尖”产业体系提供跨区域协同发展空间。以科技创新中心建设为契机，大力发挥高端产业研发创新、特色产业创新的引领作用，辐射带动全国相关产业创新驱动发展。积极参与国际交往中心建设，助力园区企业走出国门，打造园区产业国际化品牌。

发展战略：建设都市型科技园

战略定位。《西城区“十二五”时期功能街区产业发展规划》提出，中关村科技园区德胜地区、北展地区的功能定位为世界设计之都的产业核心区、中国北京出版创意产业核心区、首都高端创新型产业集聚区。中关村科技园区广安地区的功能定位为首都金融创新服务区、高新技术产业与文化创意产业聚集区，重点发展高新技术、金融服务、文化创意等产业，建设新兴高端产业聚集区。在新形势下，中关村科技园区西城园的战略定位调整为打造联合国全球创意城市北京设计之都核心区、全国科技、文化、金融深度融合示范区及首都特色都市型科技园区。

发展思路。全面落实创新驱动发展战略，按照北京“四个中心”城市战略定位和京津冀协同发展的战略部署，立足西城区的战略使命和发展要求，遵循都市型科技园区发展路径，坚持高端引领、坚持开放创新，以服务和支撑西城区核心功能建设为主线，推动科技、文化、金融深度融合，打造创意设计、科技服务、新兴金融、智慧产业四大产业板块，重点实施优化空间布局、深化京津冀合作、推动机制创新三项任务，着力构建与“高精尖”经济结构相契合的产业格局，努力将中关村科技园区西城园打造成为业态高端、创新活跃、和谐宜居的都市型科技园区。到2020年，中关村科技园区西城园发展跨上新台阶，初步建成具有全国影响力的首都特色都市型科技园区，探索多种文化、科技、金融融合发展新模式，培育一批在全国乃至全球极具影响力的新业态，培育一批国内知名的高新技术企业，“高精尖”产业结构日趋优化，园区产业空间及功能布局不断完善，京津冀协作带动能力不断提升，园区宜居环境不断优化。

空间布局。统筹布局德胜、北展、广安三大地区。提升德胜地区的产业发展及科技创新辐射能力，大力提升研发服务、工业设计、出版创意等主导产业业态，培育智慧产业及知识产权服务业；加强北展地区的空间调整及业态升级，大力发展设计产业、科技金融、科技咨询三大主导产业业态；提升广安产业园区创新协调发展能力，大力发展新兴金融相关产业及业态。

功能升级。强化空间形态及功能提升，一是推动专业园区精致化，引导其明确发展定位和功能区划。开展高端楼宇分类引导，支持多业态并存的综合商务楼业态融合创新；推动专业楼宇形成主题楼宇；将散点写字楼闲置空间打造为高端众创空间。二是探索打造特色智库功能区及高端创业生态功能区。推动文商旅集聚区高端化发展，引导传统商贸向O2O商贸转型，提升游客“互联网+”旅游体验。促进老旧厂区转型升级，引导老旧厂区置换发展研发平台、创业孵化服务平台等。

发展现状：成为创新驱动的发展引擎

2014 年，中关村科技园区西城园高新技术企业总收入达到 1874.8 亿元，同比增长 76.9%；企业实缴税费总额 97.6 亿元，同比增长 61.1%；园区地均产值 187.5 亿元 / 平方公里，同比增长 76.7%；人均产值 229.2 万元 / 人，同比增长 46.1%。园区总收入连续三年实现 30% 以上的增速，发展速度居中关村各分园第一位。

中关村科技园区西城园成为我国科技创新的高地。中关村科技园区西城园科研机构数量众多，拥有我国工程技术界最高荣誉性、咨询性学术机构中国工程院，汇集了中国航空工业规划设计院、北京有色金属研究院、北京矿冶研究总院、北京建筑大学等 63 家科研院所及高等院校。有国家重点实验室 3 个，国家工程技术研究中心 11 个。市级重点实验室 6 个，工程技术研究中心 5 个。

中关村科技园区西城园高新企业成长迅速，截至 2014 年，中关村科技园区西城园有国家和中关村高新技术企业 471 家，占园区全部企业总数的 2.4%，资产总计 3205.0 亿元，占 9.9%，实现总收入 1874.8 亿元，占 54.2%，实现利润总额 198.8 亿元，占 37.8%。也就是说，园区高新技术企业以 2% 的单位数量，10% 的资产，实现了园区五成以上的收入及近四成的利润，相对其他行业而言，高新技术企业展现了很高的经济效益。

中关村科技园区西城园创新创业人才呈现高端化特征，中关村科技园西城园是西城人才高度集聚的区域之一。截至 2014 年，园区高新技术企业从业人员 8.2 万人，其中从事科技活动人员 1.9 万人，占从业人员总量的 24.2%，列中关村十六园第二；高级技术职称人员 7296 人，占从业人员总量的 8.9%，列中关村十六园第一。园区累计“千人计划”人才 9 名，北京市“海聚工程”人才 4 名，中关村“高聚工程”

人才 5 名，“科技北京领军人才”10 名，教授级高级工程师职称评审两年通过 13 人。园区创新创业人才呈现出明显的高端化特征。

中关村科技园西城园成为首都“高精尖”产业集聚区。中关村科技园区西城园目前已形成了以现代服务业为主体，研发设计、出版创意、互联网金融、智慧产业为特色，科技文化金融深度融合的“高精尖”技术产业格局。设计是基于智力和创意，提升生产、生活价值和品质的创新活动，对各产业的带动作用十分显著。中关村科技园区西城园拥有设计企业 2500 多家，是北京乃至全国设计机构最富集的区域。北京 DRC 工业设计创意产业基地，作为全国首批工业设计示范基地，聚集创新设计企业 200 余家，创造产值 20 亿元，带动相关产品附加值提升上千亿元。洛可可，中国第一个包揽德国红点奖、德国 IF 奖、美国 IDEA 奖、中国红星奖的设计企业在此诞生、成长，已成为代表“中国设计”的领军企业。每年，国内以及德、美、法、日、韩等 20 多个国家和地区的工业设计作品，都要汇聚中关村科技园区西城园，角逐中国创新设计最高奖——红星奖。此外，入驻园区的中国建筑设计研究院、北京城建设计发展集团等一批城市规划设计、建筑设计以及电力、煤炭等专业工程设计领域的龙头企业，在国际工程总承包领域和国家重大建设项目中发挥着重要作用。2012 年北京正式成为联合国教科文组织创意城市网络成员，被授予“设计之都”称号。中关村科技园西城园因丰富的设计资源和产业优势，当之无愧地成了北京设计之都的核心区。北京市科委与西城区政府共同规划在园区内建立了以设计之都大厦为核心的设计产业聚集区，组建北京设计之都发展有限公司，致力于推动北京设计产业发展和设计之都建设，成为推动北京设计产业蓬勃发展的重要引擎。

中关村科技园西城园与著名的北京金融街比邻而居，同为西城区重点发展的功能区，互促共进，形成了园区金融服务与科技创新融合发展的独特优势，激发了科技金融业态的迅猛发展。园区 29 家高新技术企业先后成功登陆中国大陆、香港和美国资本市场。中国林业产权交易所、兰格钢铁、金马甲等一批以互联网科技为支撑的要素市场和交易平台在园区落户。联动优势、91 金融、花果金融等互联网金融企业异军突起、快速发展。与传统金融从竞争到合作，不断完善金融产品、服务、渠道等战略合作，引领中国互联网金融的跨界变革潮流。

坐落在中关村科技园西城园的孔子学院总部，已在全球 120 个国家和地区建立了440所孔子学院，成为中国文化走向世界的重要标志。2010 年，中国北京出版创意产业园区落户于中关村科技园区西城园，成为中国出版行业唯一的一块体制机制改革试验田。以磨铁、天闻数媒为代表的 40 多家民营出版企业入驻，涵盖了传统策划与发行、版权交易、无线新媒体和移动阅读领域。全国民营书业公司排名前十的企业，园区占了五家。中关村科技园区西城园聚集了一批影视策划、发行和高科技影视后期制作公司，近三年中国电影票房排行前十的影片有一半出自于此，一批影视佳作获得中宣部“五个一工程”奖、中国电影华表奖、香港电影金像奖等权威影视奖项，为亿万观众创造了精彩的视听盛宴。

智慧产业作为新兴产业，是引导未来我国经济社会发展的重要力量。园区依托航天二院和西城区政府的战略合作，着力打造国内智慧产业领军企业——航天科工智慧产业发展有限公司。通过构建技术体系、突破关键技术、积极付诸实施，培育和形成了核心竞争力。梅泰诺等一批从事智慧产业的企业，正在快速发展，积极抢占新兴产业的制高点。

中关村科技园西城园是创业的沃土。园区拥有普天德胜、康华伟业等专业孵化机构，入驻孵化企业近千家。普天德胜科技孵化器构建了“创业导师、创业专家、创业辅导员和创业联络员”的立体孵化服务网络和无缝对接投资的加速器机制，打造超早期孵化的“创业苗圃”与全链条创新型创业与产业基地，孵化出奇虎360等一批拥有较高知名度和行业影响力的企业。

服务汇聚资源、服务促进发展。“四个服务”是西城区作为首都功能核心区的重要职责。作为西城区委、区政府的派出机构，中关村科技园区西城园管委会始终秉承“服务是第一投资环境”的宗旨，通过培育社会组织、搭建公共服务平台、完善产业政策、加强自身建设等方式，不断优化和提升园区发展环境，为区域经济发展营造良好的生态系统。

重点任务：优化产业结构和功能

构建高端产业业态体系。在产业业态选择上，依据结合首都核心区功能定位、符合都市型科技园区特色、立足产业现状基础、顺应经济发展大势四大原则，推动园区实现产业结构与功能的完善、品质与效益的提升。重点发展核心功能产业业态：围绕首都文化核心功能，大力发展创意设计业态；支撑首都科技功能提升，加速发展科技服务业态；依托区域金融管理功能，积极发展新兴金融业态；提升西城区社会功能，着力发展智慧产业及业态。推动符合首都定位的产业业态升级，积极探索相关业态升级的路径：依托“互联网+”，引领服务业提升；加强全球链接，促进产业开放融合；提升创业孵化能力，优化创业发展环境；提升创新服务能力，推动科技成果加速转化。

以京津冀合作为重点构建开放合作发展格局。一是推动京津冀产业协同合作。围绕创意设计、智慧产业等优势产业构建跨区域产业链；依托中关村科技园区西城园创业生态建立健全京津冀创新孵化链。二是加速中关村科技园区西城园优质资源输出。加快推进科技资源、金融资源、知识产权服务资源及人才资源等在京津冀范围内合理流动。三是加强京津冀合作模式创新。与津冀合作地区政府联合搭建产业服务平台，积极探索共建园区模式。

强化特色产业发展。一是加快“设计之都”核心区建设。深化“委区”共建体制机制，全力打造北京“设计之都”核心区。做好国内外知名设计机构入驻和服务工作；发挥北京设计产业联盟作用，促进产学研协同创新；打造美国艺术中心设计学院、洛可可设计学院等设计人才培养品牌；开展设计职称试点及设计人才培养，加快聚集高端设计人才；开展设计交易评估和投融资担保服务，探索建立设计与电商、众筹等跨界合作模式；举办北京设计之都论坛，对接米兰设计周、英国百分百等国际设计资源，加强与全球设计企业的全方位交流互动；整合全球创意城市网络北京峰会、北京国际设计周、中国设计红星奖等活动资源，打造综合性的北京“设计之都”设计博览会。二是发挥出版园的引领示范作用。加强“区局”共建，加快组建联合出版集团，进一步完善策划、编辑、出版、发行等全产业链，实现全门类、全领域、全语种的经营范围覆盖；推动出版体制机制创新；加强出版策划、平面设计、原创文学、营销平台的对接合作，努力推出一批精品力作；积极推进出版园区空间范围与政策区拓展，打造文化阅读、虚拟现实体验、数字出版、移动终端融合发展的新产业承载空间；积极研究德胜阅读指数，推动出版园区参与全区公共文化建设，进一步提升中国北京出版创意产业园区的影响力。三是推动重点区域业态优化升级。加快推动科技孵化器“腾笼换鸟”，引导培育专业孵化器；参与西外地区业态调整政策研究，助推天皓成市场布局高端产业；结合空间资源梳理，以设计之都大厦为载体，引入国内外知名设计机构入驻，带动周边楼宇产业转型升级，积极构建以设计之都大厦为核心的“中国设计创意谷”四是拓展产业发展空间。一方面，拓展“多点”空间。梳理研究区属国有企业空间资源，如北京路桥集团、二热、京粮集团等项目，探索纳入“多点”的空间范围，会同中关村管委会等部门协调推动“多点”问题纳入园区范围。另一方面，开展创业孵化集聚区试点工作。会同工商等部门研究出台科技型创业孵化集聚区实施办法，探索具有都市型科技园特色的产业发展模式。

夯实园区基础工作。一是加强空间资源梳理。明确园区范围，对区域范围内西城园管委会、相关职能部门的资源进行梳理，建立园区企业台账和空间资源动态数据库的园区信息共享平台，畅通入驻企业及迁址企业信息渠道，搭建楼宇资源与企业需求供需对接平台。二是建立监测指标体系。以需求为导向，强化园区经济分析工作，建立特色产业分类标准、监测体系和网络上报平台，加强重点企业数据监测，结合园区稳增长目标，在存量增长和净增长两方面做好监测与分析工作。三是进一步规范业务流程。梳理和规范中关村高新技术企业认定和备案工作流程；结合产业政策调整工作，进一步明晰和规范产业政策兑现工作流程，以及其他各项业务工作流程，为企业提供高效便捷规范的服务。

优化创新创业环境。一是搭建中介服务平台。调研区域内科技条件平台、知识产权服务、投融资服务、财务服务、法律服务、人才服务等机构集聚状况，了解企业创新创业的实际需求，进一步完善西城园科技创新创业综合服务平台。充分发挥科技园协会等组织作用，通过政府购买服务等方式，聚集各类优质中介服务资源，为园区企业提供优质高效的服务。二是增强园区创新创业氛围。加强普天德胜早期项目孵化中心建设，积极引入天使投资、股权投资等机构；积极打造“全国青年创业示范园区”等创业社区建设，努力增强园区创新创业氛围。三是进一步完善产业政策体系。以需求和问题为导向，对科技企业孵化器等政策进行调整，会同财政等部门研究产业政策资金管理办法；加快推进设计产业及互联网金融发展政策研究。以新发布的《加快推进科研机构科技成果转化和产业化的若干意见》为契机，以首都科技条件平台西城工作站建设为载体，进一步推进产学研用协同创新。整合区域内科研院所、科技企业优势资源，首都科技条件平台西城工作站以科学仪器开放为核心，逐步发展为科学仪器、人才、成果转化促进的科技资源共享平台。搭建供需对接合作交流平台，组织成员单位分别同科技企业孵化器开展对接交流活动。发挥技术市场成果转化主渠道作用，加强技术合同登记服务。四是加大创新创业人才服务力度。调研园区创新创业人才总体情况与需求，围绕企业的实际需求，将人才培养与科技研发紧密结合，引导企业提升自主创新能力、完善人才培养激励机制。积极推荐园区优秀人才申报国家、北京市、西城区等各级各类科技项目及人才专项；加强对园区优秀人才的服务与支持力度，协同解决人才创新创业中遇到的实际困难与问题，做到对人才培养、发展、激励的统筹跟踪服务与综合服务支持。

工作创新：大力提升保障能力

确立都市型科技园定位和思路。围绕西城园打造首都特色都市型科技园区，研究梳理园区定位、特色和思路，通过系列研究探讨，明确西城园“具全国影响力的科技创新高地、科技文化金融融合发展的高精尖产业集聚区、西城区创新驱动发展的强大引擎”三个特点，制定出“园区建设、产业发展、政策支撑、平台运作”的工作思路，采用“整合资源、搭建平台、优化服务”工作手段和“腾笼换鸟”、“见缝插针”工作路径，为打造都市型科技园奠定基础。

专栏

中关村科技园西城园联席会议制度

一、指导思想

按照区委区政府关于成立“5+2”指挥部的决策部署，围绕西城区“十二五”规划和“服务立区、金融强区、文化兴区”战略的实施，贯彻落实建设中关村国家自主创新示范区有关精神，充分发挥政府部门统筹、协调、组织、服务职责的作用，确保德胜科技园各项工作快速、高效、有序运转。

二、主要任务

（一）研究讨论重大事项

商议涉及科技园发展的方向性、战略性、全局性、阶段性重大事项。

（二）协调推进园区重大项目落地

协调重大项目落地与建设推进，组织参与展览展示、项目推介、品牌推广、知识产权促进、交流推广、文化体育等活动。

（三）完善城市管理，优化园区服务环境

完善基础设施与服务配套设施，协调推进园区道路、环境整治与优化；搭建区街两级高新技术企业服务平台，加强企业服务；完善并充分利用科技园网站强化政府与企业、企业与企业之间的沟通协调。

（四）通报重点企业情况

统筹重点企业对接、跟踪、服务工作，通报企业动态、汇总企业需求、协调解决企业实际困难；通报园区招商引资、企业注册登记、企业入园与变更、企业迁出与撤销等事项。

（五）研究园区专题工作

开展中关村高新技术企业的认定与管理，审核高新技术企业申报材料、通报高新技术企业动态情况；开展园区各项政策兑现的初步评审与数据分类汇总，确定政策兑现金额建议，开展园区政策调研工作；成立西城区百名英才人才评审委员会，负责百名英才高新技术人才的遴选工作；协调解决企业实际困难，开展企业培训。帮助企业筹划上市，建立多部门联动的企业上市审批快速通道，协助办理企业上市相关手续。

（六）其他需要协调的事项

三、成员单位

区发展改革委、区教委、区科委、区监察局、区财政局、区人力社保局、区环保局、区住建委、区市政市容委、区商务委、区文化委、区统计局、区功促局、区金融服务办、区文创办、区城管监察大队、区地税局（及德胜街道地税所、展览路街道地税所）、区国税局（及国税8所）、西城工商分局（及德胜街道工商所、展览路街道工商所）、区质监局、西城药监分局、西城国土分局、西城规划分局、西城交通支队、德胜街道办事处、大栅栏街道办事处、天桥街道办事处、新街口街道办事处、椿树街道办事处、陶然亭街道办事处、展览路街道办事处、广内街道办事处、牛街街道办事处、白纸坊街道办事处、广外街道办事处、德胜科技园管委会、德胜科技园协会。

四、运行机制

联席会实行全体会议和专题会议两种会议形式。全体会议原则上每半年召开一次，专题会议的召开时间结合工作实际情况确定。会议决定事项，由会议牵头部门结合会议内容以会议纪要形式确认会议成果，发至参会单位。成员单位以简报、动态等形式通报园区重点工作、重点项目推进情况。

推动构建管委会体制机制。中关村科技园区西城园管理运营机构为中关村科技园西城园管委会，以实施管委会“三定方案”为契机，健全西城园管委会机构和工作体制机制，提高处事能力和工作效率。首先，通过加强班子和干部队伍建设，着力提升园区管委会发挥职能作用的能力。其次，召开相关部门和街道领导座谈会，建立联动工作机制和联席会议制度，强化部门间协作配合，推动园区各项工作快速、高效、有序开展。如通过与相关部门共同研究，加强经济分析工作，制定园区研发设计、出版创意两个特色产业的分类标准和监测体系。然后，与中关村知识产权局合作搭建知识产权合作平台。最后，建立涵盖八大类数据库和业务办公等内容的园区信息化系统。

建立和完善政策支持体系。通过建立和完善政策支持体系，来加快特色产业的集聚，并为特色产业的集聚提供引导。首先，制定包括《西城区设计产业发展指导目录》在内的《北京设计之都核心区设计产业发展规划》，并联合北京市科委、中关村管委会正式对外发布。其次，研究制定《北京市西城区促进设计服务业发展办法》《中关村西城园创业孵化集聚区实施办法》《北京市西城区促进出版创意产业园区发展办法》《北京市西城区自主创新示范基地和高新技术产业专业孵化基地认定及支持办法》《北京市西城区支持中关村科技园区德胜科技园自主创新若干规定》《德胜科技园中关村高新技术企业认定和管理实施办法》等。然后，成立北京设计之都发展有限责任公司，承担起“设计之都”大厦运营、设计服务平台搭建、设计活动开展及设计产业促进等工作。最后，加强产业链选商。如引进航天科工智慧产业发展公司项目落户园区，打造智慧城市产业领域领军企业，为园区智慧城市产业的集聚做大奠定基础。

提升优化服务企业环境。管委会树立“服务是第一投资环境”的理念，对大企业提供精准服务，对小企业尽心精心培育，做到寓管理于服务之中，并通过深入走访企业，帮助企业解决生产经营中的困难。搭建科技金融创新服务平台，一是通过建立科技金融创新服务促进平台和园区投融资服务平台，缓解科技企业与金融企业信息不对称及融资难、融资贵的问题；二是通过举办科技和金融企业对接会，促进有效合作，如举办互联网金融创新沙龙；三是通过完善科技园协会和产业联盟，搭建起政府与企业、企业与企业之间沟通交流的平台。协调区相关部门，协助园区企业"创业板"、"中小板"上市和企业"新三板"挂牌。推荐企业获得各级各类专项，各级各类人才获得人才专项及称号。

北京大栅栏—琉璃厂历史文化街区

大栅栏—琉璃厂是北京离天安门最近、保留最完好、规模最大的历史文化街区，沉淀了深厚的历史文化底蕴，保留了历史延续最长的城市肌理及街区风貌，累积了浓郁的商业氛围和丰富的商业资源。在街区保护和建设中实施了市政基础设施建设、土地一级开发、环境整治提升等一系列保护修缮工程，并探索尝试了微循环改造、私房产权置换、平移并院、内盒院、“两权分离”、股权合作经营、业态引导扶持等多元化改造模式，促进了古都风貌保护、人居环境改善和区域业态提升。

区域特点：具有重要的历史文化地位

区域概况。北京大栅栏—琉璃厂历史文化街区地处北京南中轴线西侧，囊括了大栅栏及东、西琉璃厂街三片历史文化保护区，地处正阳门西南，紧邻天安门广场，东起前门大街，西至宣武门外大街，北起前门西大街、宣武门东大街，南至珠市口西大街、骡马市大街，占地 2.35 平方公里，是南中轴线西侧内涵最为丰富、历史文化地位最为突出的历史文化街区。

北京大栅栏—琉璃厂历史文化街区包括大栅栏和椿树两个街道办

事处。大栅栏地区辖区面积 1.26 平方公里，共有街巷胡同 114 条，下辖 9 个社区，现有户籍人口 27531 人。区域经济以批发零售业、住宿餐饮业为主。驻地单位 639 个，其中：中央单位 6 个、市属单位 28 个、区属单位 63 个。椿树地区辖区面积 1.09 平方公里，共有街巷胡同 53 条、下辖 7 个社区，现有户籍人口 13958 人。区域经济以批发零售、金融保险、房地产和现代服务产业为主。驻地单位 672 个，其中：中央单位 18 个（国家新闻出版总署、中国人民财产保险有限公司、荣宝斋等），市属单位 23 个，区属单位 42 个。

改革开放以来，市、区政府高度重视北京大栅栏琉璃厂历史文化街区建设，实施了市政基础设施建设、土地一级开发、环境整治提升等一系列保护修缮工程，并探索尝试了微循环改造、私房产权置换、平移并院、内盒院、“两权分离”、股权合作经营、业态引导扶持等多元化改造模式，促进了古都风貌保护、人居环境改善和区域业态提升。

2001 年，大栅栏历史文化保护区、东琉璃厂历史文化保护区和西琉璃厂历史文化保护区均被列入北京市确定的第一批旧城历史文化保护区，其中大栅栏历史文化保护区是 25 片历史文化保护区中最大的一片。2010 年，大栅栏地区被授予全国首个“中华老字号集聚区”；2011 年，大栅栏地区被评为国家“AAA”级旅游景区、北京市特色商业街；东、西琉璃厂街被评为“中国文房四宝文化第一街”；2015 年，大栅栏历史文化街区被住建部、国家文物局评为第一批 30 个“中华历史文化街区”之一。此外，该地区还是北京 30 个文化创意产业集聚区之一。

特点一：历史悠久。大栅栏地区的历史可追溯到辽金时代，距今约 1000 余年，文化源远流长。当时的大栅栏地处都城东郊燕下乡一带，曾是金中都与元大都之间的近邻。大栅栏地区保留有北京历史延续最长（金、元、明、清、民国至当代）的城市肌理，被视为京城“龙脉”所在。大栅栏商业街兴起于元代，建立于明朝，从清代开始繁盛至今。

琉璃厂的历史可以追溯到辽代，叫作“海王村”。元朝起在琉璃厂地区开设了烧制琉璃瓦的官窑，明朝琉璃厂成为当时朝廷工部的五大工厂之一，琉璃厂因此而得名，并流传至今。清代由于各地会馆建在琉璃厂附近，各地来京参加科举考试的举人大多集中于此，因此书市、笔墨纸砚、古玩书画的经营随之兴旺，使琉璃厂逐渐发展成为京城人文荟萃的文化街市。1927 年，政府建了和平门，修了新华街，从此琉璃厂文化街分成了如今的东琉璃厂和西琉璃厂。

特点二：老字号云集。历史上的大栅栏地区商业繁荣兴旺，累积了浓郁的商业氛围和丰富的商业资源。大栅栏商业街是国内外公认的老北京商业文化的代表，是儒商文化的象征，是北京老字号名牌、名店历史原貌保存最完整、最集中的商业街，记载着丰富的传统商业文化和人文典故。大栅栏鼎盛时期有近 80 家老字号，它们曾经引领过数十年的京城消费市场，至今仍有“中华老字号”企业 27 家，同仁堂、荣宝斋、内联升、瑞蚨祥、六必居等百年老店 30 余家，非物质文化遗产 25 项，是首个“中华老字号集聚区”，保持着极强的文化感召力和商业吸引力。

特点三：文化底蕴深厚。北京大栅栏—琉璃厂地区是北京历史文化遗存最密集的地区，这里是多种文化诞生的基地，是各种文化交汇的熔炉，蕴含了丰富的梨园文化、士人文化、商贾文化、坛庙文化、宅邸文化、饮食文化以及市井文化等。该区域共有历史建筑 236 处，其中寺庙史迹 23 处、会馆史迹 34 处、梨园史迹 21 处、青楼史迹 38 处、商铺 74 处、挂牌四合院 46 处，各级文物保护单位和未定为保护单位的不可移动文物 52 处（其中全国重点文物保护单位 2 处，北京市文物保护单位 6 处，西城区文物保护单位 16 处，普查登记项目 28 处）。著名文人如纪晓岚、王士祯、李渔等人的故居都在这里。琉璃厂地区在古玩字画、文房四宝的长期发展及交易过程中，形成了一个融合特征较为突出的“文化圈”，成了真正了意义上的“京都雅游之所”。

发展战略：建设历史文化名城保护示范区

功能定位。认真落实《西城区“十二五”规划纲要》中对北京大栅栏琉璃厂历史文化街区的要求，实现北京大栅栏琉璃厂地区传统街巷胡同格局、四合院建筑等历史风貌的整体保护与恢复，以及老北京市井文化的延续与传承；提升基本公共服务与基础设施的服务水平，推进功能疏解，根本改善居民居住条件和环境；立足地区优质历史文化资源，大力调整经营业态，积极推动文化创意产业发展，促进产业结构转型升级，彰显我国首个“中华老字号集聚区”和东、西琉璃厂“中国文房四宝文化第一街”的文化魅力，积极打造杨梅竹斜街、北京坊等特色商业街区，将北京大栅栏琉璃厂地区建设为集特色商业、旅游休闲、文化体验为一体的商业区。

空间布局。一是煤市街以东片区，通过挖掘传统优势产业，培育新型文化元素和要素，计划把煤东片区打造为传统与现代融合发展的文商旅展示体验中心。二是南新华街以东、煤市街以西片区，以琉璃厂东街、西河沿街、杨梅竹斜街及节点项目保护修缮项目为重点，有效保护胡同肌理、院落格局、建筑形式和历史印记，培育特色商业街区，计划把煤西片区打造成以居住为主的历史街区新型社区生活圈和时尚文化旅游商业带。三是宣武门大街以东、南新华街以西片区，以琉璃厂西街、信达宣东 A–G 地块、棉花片等为重点，计划把宣东片区打造为金融、商贸和高端艺术品交易中心区。

发展思路。深入贯彻落实党的十八大、十八届三中、四中、五中全会和习近平总书记系列重要讲话特别是“2 · 26”讲话精神，按照“安全、安静、舒适、典雅、古朴”的要求，以历史风貌保护为根本，以疏解非首都功能为核心，以改善民生为重点，以挖掘传统优势产业、培育新型产业为支撑，大力推进重点项目建设，不断创新工作思路，充分发挥指挥部规划、建设、管理、发展、服务、示范的职能作用，努力在历史文化街区保护、更新与发展方面做出示范。

重点项目：保护更新发展并重

2012年，依据中央关于北京首都功能的新定位和北京市、西城区“十二五”时期的整体发展战略，西城区政府组建北京大栅栏—琉璃厂建设指挥部，通过采取区政府主导、指挥部综合统筹协调、街道和委办局全力配合、前端公司实施的模式，有序推进北京大栅栏—琉璃厂历史文化街区的规划建设、环境整治和产业提升。三年来，土地整体开发和危房改造项目稳步推进；杨梅竹斜街保护修缮试点项目和前门西河沿街市政景观提升工程成效显著；计划于2016年进行试运营的“大栅栏北京坊”项目将成为北京文化新地标；大栅栏历史文化展览馆保护利用项目（护国观音寺）、琉璃厂艺术文化馆等项目陆续启动；北京国际设计周大栅栏分展区、北京大栅栏琉璃厂精品交易文化季、威尼斯建筑艺术双年展等活动的成功举办使区域品牌影响力逐步提升；对区域内违章建筑、揽客扰序、黑三轮、“七小”等集中整治和打击行动使地区环境得以改善。从单个项目到整体保护发展的过渡，使北京大栅栏琉璃厂地区的文化魅力、发展动力、创新活力和国内外影响力日益提升。北京大栅栏琉璃厂建设指挥部成立以来，共统筹协调了71项区域重点建设任务，其中按计划竣工21项，在建项目35项，储备项目15项。

街区改造类项目。比如杨梅竹斜街保护修缮试点项目。杨梅竹斜街位于大栅栏西街北侧，是大栅栏商业街与琉璃厂东街的贯通线，也是整个大栅栏及东琉璃厂文保区的核心区域。作为北京市发改委选取

表 9：北京大栅栏—琉璃厂建设指挥部的主要职责及其内设机构

北京大栅栏—琉璃厂建设指挥部	主要职责	推进大栅栏、琉璃厂区域内重点文物的腾退、保护性修缮和人口疏解等重点工作，推进基础设施建设；加强环境综合治理，创新街区管理机制；调整产业结构，提升区域内产业品质和经营业态；创新历史文化名城保护和文化创意产业发展模式；加强与市区相关单位的沟通、协调、联系，承办区委、区政府交办的其他事项。
	内设机构及其职责	办公室：负责本单位接待、联络、会议、重要工作的督查等工作；负责各类文稿的撰写、信息上报和公文管理工作；负责财务管理工作；负责机要、宣传、保密、安全和后勤保障工作。
		规划建设处：会同相关部门编制、修订本区域的建设规划和控制性规划；负责制订本区域规划建设的中长期和年度工作计划及具体实施方案；负责对本区域文保建设的难点问题进行专项研究，落实相关政策；协调区委、区政府相关委办局、街道和行业协会，推进本区域内重大基础设施的改造和建设；协调区委、区政府相关委办局、街道和行业协会，建立重点项目的协调机制，推进本区域内重点项目建设。
		环境秩序处：制订本区域环境秩序管理的年度工作计划和实施方案；协调区委、区政府相关委办局、街道和行业协会，推进本区域内城市环境的综合整治；协调研究本区域内城市管理，创新管理机制和体制，建立长效管理机制；协调推动本区域内绿化、标识建设等靓丽工程等提高区域城市形象品质工作。
		产业促进处：研究制定落实促进本区域产业发展、资源利用、空间布局、产业升级等方面的政策、措施；负责本区域内重点产业项目的论证、引进、跟踪、落地；负责本区域内现有产业的调整和升级，企业的相关政策兑现和专项扶持资金的申报、推荐、初审和监管；负责本区域内企业的知识产权保护、投融资平台建设等企业服务；负责对本区域内经济发展、产业结构情况和入驻企业及各类经济指标进行经常性统计分析，负责企业发展动态的收集整理、研究并提出建议；定期开展企业交流、产业促进活动。

专栏

杨梅竹斜街保护修缮试点项目

杨梅竹斜街保护修缮试点项目北起耀武胡同，南至大栅栏西街，西起延寿街、桐梓胡同，东至杨威胡同、煤市街，占地面积约8.8公顷，现状腾退涉及建筑面积75920平方米，是2010年市发改委选取的、探索创新旧城改造新模式的四个试点项目之一。

杨梅竹试点项目遵循“系统思考、整体规划、划小单位、分步实施、动态调整、统筹推进”的基本原则，以“小范围、渐进式、分片、分类推进”为实施策略，按照“政府主导、市场运作、公众参与”的运作模式，实施城市“软性生长、有机更新”的改造模式，建立“系统规划、统一管理、分步实施、动态调整”的规划机制以及“节点引入、簇状辐射、适度引导、自然生长”的产业发展路径进行保护性修缮。项目实施以来积极开展了六方面工作：一是积极开展人口疏解及空间腾退，项目按照平等自愿、协议腾退的方式进行人口疏解和空间腾退，累计腾退居民657户，建筑面积14785.58平方米，疏解人口约1300人，走在全市旧城保护试点项目的前列。二是不断完善市政基础设施改造，尊重现状胡同肌理，采用渐进式改造的模式，创新性开展了雨污水、燃气、有线电视、景观照明、路灯、电力电信架空线入地、现状管线和市政设施的拆改移等工作。三是改善提升环境景观，集合思路，创新手法，按照各种不同历史文化及景观元素进行排列组合，把历史记忆编入景观中，在使胡同空间逐步显现原有风貌及肌理的同时植入新的活力。四是分类分级进行建筑改造，对具有历史文化价值的保护建筑进行原汁原味保护修缮，对具有历史痕迹但状况一般的建筑根据原有资料予以修复，对于其他普通不具备保护价值建筑建立规划指导原则进行标准化设计及弹性实施。五是明确定位优化产业布局，确定了以书店出版、独立文化传播及生活方式新商业为主的文化街区定位，通过创新探索以设计复兴老街区的方式，重塑了大栅栏品牌，目前已积累储备文化创意及特色商业100余家，成功吸引30余家高端文化设计机构入驻大栅栏地区。六是通过发起“大栅栏领航员计划”和实施“三井新社区”项目，一方面综合利用修缮、改建、翻建或新建等多种方式，积极采用新技术、新材料，通过“内盒院”、平移并院、院内民生设施、社区公共配套、联合办公及孵化器等多种方式，探索对已腾退资产的改造及利用模式；另一方面通过积极推进大栅栏NGO孵化器项目、在地商家合作及手工艺再造，实现杨梅竹项目从试点示范到社区共建的过渡，构建了社区生态圈。

杨梅竹斜街项目作为北京市首例交易腾退的文保区保护更新项目，将民生改善与人口疏解相结合，将历史文化保护与城市有机更新相结合，将保护规划与产业发展相结合，统筹协调历史文化保护区与首都核心功能发展相融合，体现民主平等的原则，实践公众参与，积极研究旧城保护政策问题，创新思路，收到社会各界正面评价，实现了项目试点意义，为下一步大面积开展文保区改造奠定了基础。

的探索创新旧城改造新模式的四个试点项目之一，该项目自2011年启动以来，在人口疏解、空间腾退、市政基础设施建设、环境景观改善、弘扬历史文化、提升街区品牌影响力等方面取得了积极成效。在该项目中首次探索的内盒院、微杂院、平移并院等新方式，在灵活使用腾退院落和零散空间上取得突破；2014年以杨梅竹斜街改造为主题的“穿越北京”展览作为旧城保护与发展项目，不仅代表北京，而且代表中国参加了第十四届威尼斯国际建筑艺术双年展，该项展览被国外媒体评为“最值得参观的25个展览之一”和“最佳展览之一”；同时杨梅竹斜街以其文化特色定位和引入的30余家高端文化设计机构为载体，作为五次“北京国际设计周大栅栏分展区”的核心展区，成为大栅栏文化复兴辐射带动的核心节点。

再如前门西河沿市政景观工程项目。该项目2010年启动道路拆迁，2014年完成西河沿街西段施工，将于2016年完成东段施工。项目中通过积极推进社区共建，探索文保区施工新技术、新材料，加强统筹协调力度，在现状胡同宽度6.5米的路面上实现了道路建设、雨污水、电力、燃气、自来水、电信架空线入地、景观、照明、交通等9项工程。通过危房改造、低洼院落改造、引入燃气、公厕提升、建设公益用房等方式改善民生；结合文化内涵，按照街区西、中、东段不同的产业定位进行招商，实现了街区业态的改造和提升；创新了资产运营、街区管理、交通管理的模式，取得积极成效的同时也为同类文保街区管理提供了有益借鉴。

土地整体开发项目。比如“大栅栏·北京坊”项目。该项目位于正阳门箭楼西南侧，前门大街西侧，四至范围为东起珠宝市街、西至煤市街、南起廊坊二条、北至西河沿街，是由临街的8个单体建筑和其他19栋建筑组成的建筑集群，占地3.74公顷，建设用地面积3.41公顷，总建筑面积为144516平方米。该项目位于大栅栏历史文化街区核心区，是旧城改造的重点项目，也是探索北京古都风貌保护新模式的重要典范。该项目邀请北京知名的设计师对8栋建筑进行了设计，保持了民国初期的建筑风格。项目计划于2016年年底投入试运营。

再如棉花片项目。项目位于宣武门外大街、菜市口东北角，东起南新华街、西至宣武门外大街、南起骡马市大街、北至西草厂街及前孙公园胡同。建设用地面积约8.10万平方米，容积率3.64，规划总建筑面积40.96万平方米，其中地上规模约29.51万平方米。项目开发主体为北京中融物产有限责任公司，已纳入北京市棚户区改造和环

专栏

前门西河沿市政景观工程项目

前门西河沿街西起南新华街，东至前门大街，道路全长1177米，为城市支路；改造涉及228个门牌，居民2306户，单位39个，包括道路建设、雨污水、电力、燃气、自来水、电信架空线入地、景观、照明、交通等9项工程。西河沿街作为大栅栏琉璃厂指挥部探索文保区市政带动模式的重点街区，于2010年动工建设，在为期四年的建设中通过采取以下做法使项目取得了显著效果。

一是以人为本服务民生，实现街区环境和居民生活品质双提升。先后5次召开居民、商户座谈会，广泛征求地区群众对街区改造的意见和建议；为居民引入燃气，建设2处干净整洁的“星级公厕”，彻底解决了低洼院落积水问题，将部分腾退空间用于便民菜站、卫生站、警务站等公共服务设施建设，形成了设计从实际出发、居民参与设计、成果居民满意的良性循环，实现工程建设与改善民生有机结合。二是完善手续科学施工，确保项目高效推进。实行周例会、月调度、季检查工作制度；通过平行办理管线项目综合和设计综合，压缩前期立项和招投标时间；创新施工理念提升工程质量，通过采用先进施工工艺和施工材料保障施工安全，提升工程质量。三是彰显地区文化品质，促进业态提升优化。充分挖掘文化底蕴，通过查阅文献档案资料、邀请专家考证和与当地居民座谈等多种方式，对正乙祠1处市级文物和裘盛戎故居、中原证券交易所等9处历史建筑进行深入查考，挖掘西河沿街的书肆文化和金融文化特色；设计彰显特色风貌，在整体景观和细节设计中，突出历史街区文化特色和传统风貌；围绕东、中、西段文化旅游体验区、生活方式体验区、传统文化深度休闲体验区进行招商引资。四是创新街区管理模式，巩固提升改造效果。

试点开展“历史街区物业化管理模式”，引入专业物业公司与街道、社区共同配合、协同管理；建立《居民自治公约》和《商家自律公约》实现自律自治管理，规范、引导居民和商家行为，巩固和提升改造修缮效果；创新资金管理模式，形成以房屋租金收入回流反哺物业街区管理费用的良性循环模式，取得了良好效果，得到了街道、社区、居民和商户的肯定。

西河沿市政景观提升工程坚持以人为本，注重探索创新，实现了历史街区的风貌保护，提高了居民的生活质量，改善了街区的基础设施和整体环境水平，优化了区域业态布局，为文保区建设发展起到了示范作用。

境整治计划，待适时启动征收。

历史文物保护节点保护修缮项目。比如大栅栏历史文化展览馆保护利用项目（护国观音寺文物征收项目）。项目位于大栅栏西街、樱桃斜街和铁树斜街三条胡同的交叉口，大栅栏—琉璃厂贯通线中心位置，是文保专家所描述“龙脉”的重要节点。文物本体占地面积 1550 平方米，建筑面积 1178 平方米；建控地带占地面积 1050 平方米，建筑面积 1545 平方米。文物本体原有居民 34 户，非住宅 2 处；建控地带原有居民 33 户，非住宅 7 处，2014 年 11 月前已完成腾退 24 户。之后又启动历史文化展览馆保护利用房屋征收项目（护国观音寺征收项目）。建控地带的征收手续，文物本体的征收和修缮工作也在推进。

再如安徽会馆及周边地带项目。项目西起后孙公园 27 号院西墙、东至后孙公园小学东墙，南起后孙公园胡同，北至后孙公园小学北墙—碧玲珑馆北墙—后孙公园 27 号院北墙。文物部分总占地面积 4144 平方米，总建筑面积 3471 平方米，周边区域规划面积 12.8 公顷。周边地区文物众多，涉及国家级重点文物保护单位1处，区级文物保护单位4处，普查登记项目1处，挂牌院落2处。修缮后将成为该区域梨园文化体验中心，目前已完成初步规划研究方案及文物本体保护修缮方案，正在继续深化论证。

发展举措：提升文保区整体品质

坚持以打造北京历史文化名城保护示范区为目标，以重点项目建设为带动，深入挖掘历史文化内涵、不断优化区域发展环境秩序，大力促进区域产业发展，在实现古都风貌保护的同时，也使居民生活水平得到改善，提升了文保区整体品质。

完善基础设施建设，有效改善居民生活水平。2012年以来，共修缮房屋13950间次，20.6万平方米；完成一户一水表改造6352户；实施“煤改电”近3万户。通过尊重现状胡同肌理、采用渐进式改造的模式，完成了大栅栏商业街、大栅栏西街、珠宝市街、粮食店街、北火扇、杨梅竹斜街、琉璃厂东街、琉璃厂西街、西河沿街、前青厂等10条胡同的杆线入地工程。实施并完成道路大中修25条。统筹考虑工程目标和居民需求，实现了燃气、雨污水、有线电视、景观照明、路灯、电力、电信等市政工程的系统改造，切实解决了一批困扰旧城区居民多年的实际问题。此外还配合地铁集团，完成了地铁7号线的施工建设和地铁口的景观绿化。

挖掘历史文化底蕴，不断提升区域文化品质。一是规划尊重历史，在确定街区改造和节点修缮的项目定位时，充分考虑历史沿革和文化背景，比如将钱市胡同定位为“传统银钱业博物馆项目”。二是细节彰显文化，在街巷修缮和建设中，集合思路，创新手法，结合文化元素对立面修缮、路面铺装、景观构筑物、城市小品、景观灯具、垃圾箱、座椅等进行设计改造，在西河沿街重要改造节点处还放置了老旧照片对比框，把历史记忆编入景观中，为历史街区植入新的文化魅力和活力。三是文化引领经济，通过深度挖掘、系统整理北京大栅栏琉璃厂功能区的胡同资源、文物建筑资源、商业老字号资源、非遗民俗资源、旅游资源等，把历史文化内涵和当代社会价值紧密结合起来，将地区文化资源优势转化为发展优势。

推动街区功能疏解，逐步优化区域产业布局。以疏解非首都功能为动力，将适当疏解地区高密度人口与加大文保区建设力度、实现产业结构转型升级同步推进，实现经济、社会、环境共同发展的良性循环。通过一系列措施优化区域产业布局，改善和提升业态水平。一是出台《关于北京大栅栏琉璃厂历史街区业态发展的指导意见》，在引导区域产业逐步实现业态调整、品质优化的同时，达到了以业控人的目的。二是实现街区保护修缮与产业布局调整同步推进，依托街区历史特色进行产业定位，比如围绕杨梅竹斜街的文化特色，创新探索“设计复兴老街区”的方式，通过“节点引入、簇状辐射、适度引导、自然生长”的产业发展路径，成功引入 20 余家高端文化产业，使之成为文化体验层次多样的历史文化街区典范。三是推进区域小微博物馆集群建设，指挥部充分利用辖区内房屋资源，引入以 93 号博物馆为代表的各类小微博物馆，逐步引导形成小微博物馆群，进而形成文化含金量高、吸引力强、聚合性强、可持续性强的文化产业区，为传统文化业态实现转型升级提供可借鉴的模式。四是注重文化产业的多元化和系统化，通过文商旅协同发展，延伸北京大栅栏琉璃厂地区文化产业链条，优化产业结构，提升产业质量，增加产业附加值。

提高管理服务水平，不断优化区域环境秩序。抓好统筹协调，注重机制创新，不断加大专项执法和环境整治力度，提升街区管理水平。

表 10：大栅栏街区从严限制的 17 种业态

1	农副食品加工业，食品制造业
2	纺织业，纺织服装、饰品业，皮革、毛皮、羽毛及其制品和制鞋业
3	电器机械和器材制造业
4	煤炭及制品批发和零售
5	机械设备、五金产品及电子产品批发，家用电器及电子产品专门零售，五金、家具及室内装饰材料专门零售
6	纺织、服装及家庭用品批发和零售，文化、体育用品及器材的批发（包括各类批发市场）
7	再生物资回收与批发
8	综合零售（品牌连锁除外）
9	粮油零售，肉、禽、蛋、奶及水产品零售（社区便民点除外的农副食品加工业）
10	装卸搬运和运输代理业，仓储业
11	一般旅馆，其他住宿业（一般旅馆指不具备评定旅游饭店和同等水平饭店的一般旅馆的活动，如青年旅社、汽车旅馆、招待所；其他住宿业包括城市家庭住宿服务、农家住宿服务、分时住宿等）
12	小吃服务：包括路边小饭馆、农家饭店、流动餐饮和单一小吃等餐饮服务（主要是低端餐饮业）
13	机械设备租赁（包括汽车租赁、自行车和电瓶车租赁）
14	理发及美容服务，洗浴服务，保健服务，洗染服务（便民服务除外）
15	汽车、摩托车、电动自行车、自行车的销售、修理与维护（社区便民点除外）
16	其他日用品零售：成人用品、保健器材、箱包等的零售业
17	室内娱乐活动，游乐园，彩票活动，棋牌室（室内娱乐活动包括歌舞厅娱乐活动、电子游艺厅娱乐活动、网吧活动、棋牌室等，其中 KTV 连锁品牌除外）

资料来源：《关于大栅栏琉璃厂历史街区业态发展的指导意见》

一是加大专项执法力度，集中整治揽客扰序、无照经营、占道经营、欺诈顾客等违法行为，认真开展对非法运营三轮车、黄包车的集中整治，2015 年开展了“七小”行业专项治理，实现了辖区内“七小”行业治理达标，提升了历史文化街区整体形象。二是优化区域环境，2012 年以来共拆除违建 1003 处，整治胡同 80 条，新增绿化面积 1150 平方米，改造星级厕所 129 个，新增路灯 187 个，建设了便民菜站、社区卫生站、警务站、自助提款机等公共服务设施，开辟椿树医院西侧、南新华街两侧、四合上院周边、前门西河沿等临时停车场，提供停车位 300 余个，实现了居民居住环境和地区整体环境的双提升。三是加强街区管理，加强对琉璃厂东西街和西河沿街的交通管理，加设监控探头，设立交通标识，对西河沿等街巷实行单行禁停管理；加强对珠宝市、粮食店街、杨梅竹斜街、西河沿街等重点街区的后续管理，摸索完善西河沿街区物业化管理模式，为大栅栏地区历史文化的街区管理提供强有力的保障；积极探索有效解决平房区空中飞线、僵尸车、堆物堆料、违章广告等“城市病”问题的有效方式和长效机制，提升了街区精细化管理水平。

大力支持老字号发展，继续推动老字号集聚区建设。一是加强对老字号企业的服务工作，配合区文化委、区商务委、区旅游委、区文创办等部门，协调解决老字号企业发展过程中遇到的实际困难，促进区域老字号企业再发展。二是搭建企业展览展示的平台，通过联合北京大栅栏琉璃厂商会举办“老字号体验日”和“北京大栅栏琉璃厂精品文化交易季”系列活动，组织老字号企业参与北京文博会、两岸文化交流等活动，为老字号企业搭建宣传推广平台。三是梳理相关产业政策，重点扶持老字号企业发展，同时积极探索建立老字号品牌集聚区业态准入标准和业态调整申报制度，通过“孵化”机制，营造适应老字号企业发展的良好环境，从而吸引更多的老字号企业向北京大栅栏琉璃厂地区聚集。四是充分发挥商会作用，北京大栅栏琉璃厂商会于 2013 年 4 月 11 日挂牌成立，现有会员单位 71 家，商会在指挥部的指导下，通过制定《北京大栅栏琉璃厂企业自律公约》，开展“北京大栅栏琉璃厂十佳企业网络评选”，举办各种讲座培训和沙龙交流，组织“老字号运动会”等活动，充分发挥桥梁纽带作用，推动老字号企业资源共享，及时传达政府信息，解决企业难题，实现银企合作，拓宽老字号企业销售渠道，增强老字号企业发展的可持续性。

注重品牌塑造，不断提升区域知名度和影响力。紧紧围绕打造“琉璃厂艺术品交易中心区”和“大栅栏特色商业集聚区”的目标，扩大区域知名度和影响力。一是以大栅栏改造为主题的“穿越北京”展览作为旧城保护与发展项目，不仅代表北京，而且代表中国参加了第十四届威尼斯国际建筑艺术双年展，该项展览被国外媒体评为“最值得参观的25个展览之一”和“最佳展览之一”。二是四次成功承办“北京国际设计周大栅栏新街景”活动，成功搭建大栅栏跨界平台，涵盖近500家各界社会资源，形成多元主体共建网络，并有30余家高端文化设计机构入驻大栅栏地区，成为复兴大栅栏辐射带动核心节点，受到政府、行业及社会各界人士高度关注及广泛认可。三是连续两年成功举办“北京大栅栏琉璃厂精品交易文化季”，通过开展“北京大栅栏琉璃厂京味文化体验周”、“琉璃厂全国国有文物商店艺术品交流会”、“琉璃厂秋季精品拍卖会”、“北京大栅栏琉璃厂十佳企业网络评选”等系列活动，不仅吸引了来自全国各地的50余家国有文物商店齐集琉璃厂参与展示交流，充分展示了琉璃厂地区丰富的文化资源和优越的发展空间，而且实现了近年来首次在琉璃厂地区举办大型拍卖活动，使艺术品拍卖重新回归琉璃厂，为打造“琉璃厂艺术品交易中心区”增添了动力和活力。四是通过网站、微博、微信等新媒体扩大宣传，增强区域影响力和美誉度；通过实现资源共享，合作共赢，进一步促进区域经济发展。

推动文商旅融合，提升地区发展品质。从资源开放、开发融合产品、打造品牌线路、宣传区域形象等四个方面积极推动旅游与文化、商业融合发展。一是打通了大栅栏商业街—杨梅竹斜街—大栅栏西街—

一尺大街—东西琉璃厂—前青厂 2 公里的文化商业旅游贯通线。二是深度挖掘区域旅游产业资源，打造高端旅游文化线路，结合北京大栅栏琉璃厂历史文化保护区的建筑遗留、历史遗迹、民风民俗、传统技艺等特有无形文化资产，打造胡同游、文化游等特色精品旅游线路。三是以旅游标准化和智慧旅游建设为方向，提升大栅栏功能区的服务品质，按照 5A 级旅游景区标准，合理布局旅游标识导览系统、旅游集散休憩空间、旅游咨询中心、旅游厕所、无线网络等服务配套设施。四是充分发挥北京大栅栏琉璃厂商会和商业旅游联盟的平台作用，通过创新历史文化名城保护与旅游、商贸融合发展新模式，实现北京大栅栏琉璃厂文商旅融合发展的建设目标。

工作创新：探索文保区建设机制

建立“五个一”机制。指挥部成立以来，按照市区文保工作的部署和要求，结合北京大栅栏琉璃厂地区实际，按照“一个政府机构（北京大栅栏琉璃厂建设指挥部）、一个实施主体（大栅栏投资公司）、一个配套政策（北京大栅栏琉璃厂历史街区管理办法）、一个专家团队（名城保护专家团队、文保专家团队）、一片保障房（张仪村、团河、回龙观保障房）”这“五个一”的工作机制，搭建四个平台，创新工作模式、工作理念、技术手段和管理方式，为推进北京大栅栏琉璃厂历史文化保护示范区建设提供了基础和保障。

搭建四个平台。根据文保区“政府主导、市场运作，多级主体、共同参与”的改造模式要求，不断探索新的工作机制和模式，加大试点力度。充分发挥指挥部“规划、建设、管理、发展、服务、示范”六大职能，搭建四个综合平台，健全统筹协调工作机制，协调文保区改造各环节、各部门关系，提高效能，形成合力，确保各项工作高效、有序推进，使改造成果得以有效延续和保障。

一是资源整合平台。开展区域土地资源、房屋建筑、资金及项目情况等各种资源的调查摸底工作，统筹区域商业、旅游、文化资源，与各成员单位充分沟通，充分利用和调动各类资源。

二是政策集成平台。深入挖掘规划、用地、市政建设和房屋修缮等适用于本区域的各项相关政策，进行政策集成，并配合政策实施的深入，对一些不适应现阶段发展的政策进行修改完善。制定区域管理办法，先后出台了《北京大栅栏琉璃厂历史街区管理办法（试行）》和《关于北京大栅栏琉璃厂历史街区业态发展的指导意见》，规范区域发展和管理。

三是创新实践平台。在北京大栅栏琉璃厂区域进行集成政策试点和机制创新试点。在杨梅竹斜街和大栅栏西街的管理中，探索属地参与、部门配合、商会自制、居民参与的管理方式，形成相互衔接、相互监督、主次互补、精细管理的工作模式。在西河沿项目中，探索市政与房屋修缮联动开展、地下空间利用、文保区燃气建设和“单行禁停”胡同交通等新模式，为文保区的保护修缮提供了有益借鉴。

四是综合服务平台。成立由“5+2”联合纪检组、北京大栅栏琉璃厂指挥部、相关委办局和街道、前端公司组成的工作领导小组，实行周例会、月调度、季检查工作制度，在规范、科学、有效的基础上实现集体决策。进一步梳理与街道、各委办局、企业等相关单位的关系，明确工作职责，抓好制度落实，优化工作程序，提高工作效能。积极与市区相关主管部门沟通协调，通过平行办理管线项目综合和设计综合，压缩前期立项和招投标时间，减少工作流程，节省办理各项手续的时间，为工程争取工期。坚持“三重一大”事项集体决策制度，注重监管，切实抓好工程质量和廉政风险防控。

探索四个创新：

一是创新工作模式，探索分类建设。包括五种工作模式：片区改造模式、腾退修缮模式、整治提升模式、节点辐射模式和市政带动模式。

二是创新工作理念，注重改善民生。通盘考虑政府、企业、居民三方作用发挥，实现政府主导、公司经营、居民参与的新型合作开发模式，形成三方共同参与、共同收益的格局。实现工程建设与改善民生有机结合，社会组织引入与社区生态圈建设相结合，促进居民参与从被动向主动转变。

三是创新技术手段，科学推进保护修缮。针对胡同道路狭窄、干线密集、距离住户近等问题，采用先进施工工艺和施工材料保障施工安全，提升工程质量。开展内盒院试点项目建设，通过采用新材料、堆肥马桶、净化槽、坡屋顶等一系列新技术材料，解决老旧四合院房屋的隔音防潮、厨房、户厕等问题，为生活在老旧四合院的居民提供符合现代生活质量标准，并且节能高效的居住环境，同时也为企业资产的有效利用提供可行的方式。

四是创新管理方式，实现管理常态化。根据西河沿街项目房屋产权归属多样、居住与商业经营混杂、改造升级将长期存在的特点，试点开展“历史街区物业化管理模式”，引入专业物业公司与街道、社区共同配合、协同管理。建立“大物业”概念，将西河沿街区涉及的全部管理事项列入管理范畴，制定统一的管理和服务标准。建立《居民自治公约》和《商家自律公约》，规范、引导居民和商家行为，巩固和提升改造修缮效果，实现自律自治管理。创新资金管理模式，形成以房屋租金收入回流反哺物业街区管理费用的良性循环模式，取得了良好效果。

表 11：历史文化街区的五种工作模式

模式	内容	案例
片区改造模式	针对土地一二级开发项目，通过整体开发实现项目落地，带动区域经济发展和业态提升。	比如通过推动煤市街以东的 C、H 地块建设，集中打造历史文脉与现代服务业高度融合的文商旅展示体验区。
腾退修缮模式	针对具有一定历史底蕴和文化特色的胡同街巷，通过腾退修缮，一方面实现人口疏解，恢复胡同肌理和历史风貌，改善人居环境；另一方面通过优化产业布局和业态提升，提升街区文化内涵和综合品质。	比如杨梅竹斜街保护修缮试点项目。积极探索协议腾退的方式，实施了人走权留、合作共建、微循环保护、平移并院、公众参与，特别是吸引各类社会主体参与投资改造，形成了渐进式、引导性的城市有机更新发展模式。
整治提升模式	针对已经成熟的商业街区，通过环境整治提升，强化街区管理，提升整体形象。	比如对大栅栏商业街、大栅栏西街和东、西琉璃厂实施了环境综合整治工程，通过开展拆除违法建设、重新铺装道路、统一广告牌匾、增加夜景照明和实施绿化美化等工程，提升街区整体环境，从而带动产业发展。
节点辐射模式	针对历史文物保护节点保护修缮项目，以点带线，多点连片，形成多主题节点群落。	比如护国观音寺征收项目。积极推动钱市胡同征收项目，通过探索民意立项机制，逐步推进其他文物节点项目。
市政带动模式	针对市政道路整治提升项目，通过道路修建和景观改造，带动周边区域的风貌保护和业态提升。	比如以煤市街、前门西河沿为重点，市政先行，以线带面，提升道路景观形象，促进业态升级。

北京什刹海—阜景街功能区

北京什刹海—阜景街功能区坚持以传统文化的深厚底蕴展示古都风貌，彰显传统文化魅力，打造“北京服务”的文化氛围和软实力。在北京什刹海阜景街建设指挥部的统筹协调下，创建“指挥部＋前端公司”的建设模式和“指挥部＋街道”的管理模式，有效推动各项建设；围绕“两轴四片”的规划目标，深度挖掘北京什刹海—阜景街历史文化遗产与资源，强化基础设施建设和环境整治、加强功能疏解与民生改善、推动历史文化名城保护和业态提升，将北京什刹海—阜景街功能区建设提高到一个新水平。

区域特点：突出古都传统风貌特色

什刹海阜景街两个区域连片发展。北京什刹海—阜景街位于北京中心城区。什刹海区域紧邻北京城市中轴线，地处北京旧城核心区域，作为北京市重要的城市功能区，对西城区“一核一带多园区”的发展格局起着骨架支撑作用。阜景街区域位于京城朝阜线的西段，是重要的历史文化名街，其街巷骨架从元代起就被确立，是重要的历史文化展示和旅游休闲区域。北京什刹海—阜景街功能区是在什刹海历史文化保护区和阜景历史文化街区的基础上，根据功能街区整合发展、连片发展的要求形成的。旨在突出古都传统风貌特色，消除彼此之间的割裂与冲突，实现规划、政策、发展节奏等的一致性，形成整体有机融合的全面、协调、可持续发展格局。

区域范围覆盖旧城三大文保区。按照《西城区“十二五”时期功能街区产业发展规划》，什刹海区域范围北至北二环（德胜门西大街、德胜门东大街），南至地安门西大街，西至新街口北大街、新街口南大街，东至地安门外大街。阜景街区域主要为阜成门内大街至景山前街一线及两侧区域，北至地安门西大街，南至文津街，西至阜成门，东至景山东街。什刹海区域包含了“什刹海历史文化保护区”，什刹海文保区是北京旧城 33 片历史文化保护区中面积最大的一片（其中水域面积 33.6 公顷），是北京传统风貌保留最完整、历史文化资源最丰富，集居住、商业、旅游功能于一体的历史文化街区。阜景街区域则横跨北京旧城 33 片文保区之中的“阜成门内大街”和“西四北一条至北八条”两片，汇集了皇家经典文化、中外宗教文化、民俗风情文化和名人故居文化，是贯穿首都功能核心区东西向的传统文脉。

地理位置优越，自然资源及人文景观优美。北京什刹海—阜景街功能区地理位置优越，自然环境优美，两个区域内留存着众多的元、明、清等各历史时期北京城历史遗迹和文物古迹，保留着较完整的胡同肌理、传统四合院，承载着深厚的历史帝都文化底蕴和现代老百姓生活元素，传承延续着老北京城古都风貌。什刹海区域内自然资源丰富，水域面积较大，是京杭大运河的源头；区域依旧保存着老北京城完整的历史风貌，拥有众多流传至今的特色民俗活动，且具备丰富的非物质文化遗产，区域内共有文保单位 52 处（其中国家级文物 10 处、市级文物 20 处、区级文物 22 处），是北京市文物分布最为密集的区域。阜景街区域位于京城朝阜线的西段，是重要的历史文化名街，其街巷骨架从元代起就被确立，是内城北部地区重要的东西通道之一，从阜成门到西四，有祭祀历代帝王与功臣名将的历代帝王庙，有元朝修建的城市象征点——妙应寺白塔，有在中国佛教界占有重要地位的广济寺，有以中国文学巨匠鲁迅故居为基础修建的北京鲁迅博物馆，有最老的新华书店，这里曾是老舍先生笔下北京最美的一条街。独特的地理位置和丰富的历史、文化、生态资源，形成以旅游业为龙头，多种商业、文化产业共同发展的繁荣景象。

发展战略：打造历史文化名城保护和发展示范区

功能定位。北京什刹海阜景街功能区的总体功能定位，是传统风貌旅游区、滨水绿色休闲区和历史文化展示区。发挥什刹海传统特色与文化遗产优势，着眼于北京什刹海阜景街文保、旅游与居住功能协调发展，深度挖掘北京什刹海阜景街遗产文化与资源，围绕“转变增长方式、建设世界城市和注重改善民生”，突出“传统与文化、民族与特色、高端与国际”特质，推动业态“重组、复古、融合、创造”，发展特色服务业、特色文化旅游产业、休闲娱乐业和高端文化创意产业。把北京什刹海阜景街打造成首都传统风貌中央休闲商务区（首都传统风貌 RBD）和传统文化创意产业集聚区，使北京什刹海阜景街地区成为中国一流的人文生态保护区和展示“人文北京、科技北京、绿色北京”的示范窗口。

空间布局。围绕“守望历史、恢复原貌、留住记忆”，坚持“政府主导、企业运作、提升业态、保护风貌”，着力打造北中轴线和阜景街两条文化带，落实“两轴四片”的空间布局，按照不同区域的特点，分别进行规划。一是“东西轴”：阜成门至景山文化旅游街是西城区

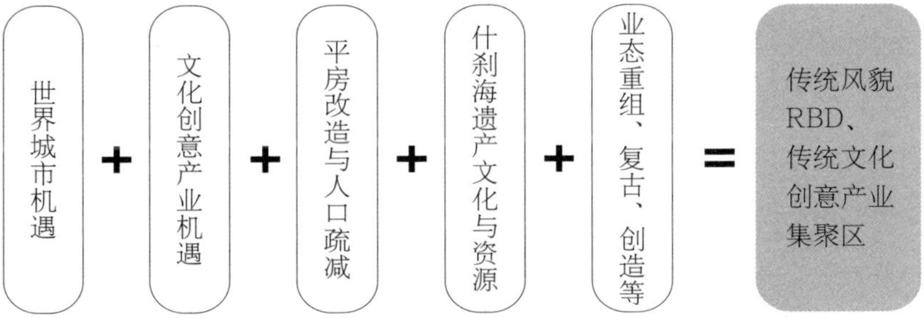

图 15：首都传统风貌 RBD 和传统文化创业产业集聚区

体现古都风貌、发展文化旅游业的重要街区。按照核心区发展总体规划，渐进式开发建设白塔寺西巷、宫门口一带，营造老商业街氛围，形成一定的经济规模。实现阜景街市政管线、道路、街景、广告、照明等整治性规划，引导沿街企业调整业态，基本形成旅游线路，成为京城著名文化旅游街。二是“南北轴”：通过北京军区联勤加油站迁建、雁翅楼景观复建、地百商场及北平居改造、地安门外大街道路疏堵等项目建设，从北中轴线的区域发展框架上确立整治、恢复、改造的新模式，更高层次再现历史文化古都的“城市记忆”。三是“四片”：主要有什刹海片区、景山北海片区、白塔寺片区、西四北一条至北八条片区等旧城保护项目。重点是疏解中心城区的功能和人口，优化地区环境，提升城市服务品质。

发展思路。围绕“打造历史文化名城保护和发展示范区”的目标，坚持“政府主导、示范引领、社会参与”，坚持“组团规划、统筹联动、板块发展”，以历史文化名城建设、北中轴线文脉梳理、文物建筑腾退、什刹海环湖环境治理、重点项目落地、人口疏解、民生改善、区域产业业态提升等为重点，按照“以点连线、以线串片”的工作思路，着眼长远、统筹兼顾、分步实施、重点突破，不断推进地区的整体发展。

一是进一步深化民生改善工程。以保护传统风貌和挖掘传统文化为重点，疏解人口、腾退修复文物、保护现有胡同肌理和四合院建筑格局，综合整治区域内道路和居住环境，实现基础设施改造全覆盖，发展和完善配套公共服务设施，创造优良生态环境，改善民生水平，提高区域整体品质和生态环境。

二是进一步优化保护区商业业态。根据什刹海历史文化资源的分布特点以及文化旅游服务产业发展的特征，以“强化传统、提升品质、培育高端、注重民生”为目标，弘扬传统业态，鼓励文博业态，培育高端业态，推动民生业态，提升酒吧业态。大力发展特色服务业，实现空间上的合理布局和网点建设。

三是进一步保护整体风貌特色。以风貌保护为核心，继续加强环湖重点地区的景观环境整治；加强文物建筑周边地区、文化旅游路线周边地区和危旧居住环境地区的综合环境整治，把风貌保护、景观环境综合整治与开放空间建设、文物古迹保护、旅游设施改善以及居住环境更新有机地结合起来，努力将传统文化的精华应用到促进区域发展当中。

四是进一步改善周边地区环境。根据北京市关于朝阜路改造建设的规划和要求，对阜景街进行改造和建设，尤其注重西四周边地区的改造和交通建设。完善基础设施建设，完善公共服务设施。适度疏解人口，拆除违章建筑，集中建设与传统风貌相协调的服务设施，全面整治周边地区环境，使之与传统风貌和现代化城市发展相适应。

五是进一步推动“两轴四片”的建设。重点围绕白塔寺和什刹海两个片区整体建设，整体打造什刹海片区和新街口南北大街，逐步形成“三横三纵”新格局；整体实施白塔寺“三街、两片、一路”建设，全力打造历史文化名城保护示范区与和谐宜居示范区。

重点项目：交通疏堵、产业提升和旧城改造同步推进

交通疏堵和街巷胡同整治。地安门外大街南起地安门西大街，北至鼓楼西大街，全长约 800 米，是北京市的传统北中轴线，同时也是北京地区和中轴线上重要的旅游区域和景观节点。结合北中轴路道路整治工作、地铁接驳工程，通过实施道路、交通、排水、照明、绿化等工程，对地安门外大街进行道路交通梳理，解决各种交通流混杂、机非混行、非机动车乱停乱放、侵占步行空间等问题。此外，2008 年以来，先后完成白米斜街延伸三支巷整治、前海西街整治、大小金丝胡同整治、护国寺特色街建设、大小翔凤及南官房、前井、三座桥胡同、鸦儿胡同整治。

什刹海历史文化旅游风景区产业升级。以“强化传统、提升品质、培育高端、注重民生”为发展思路，针对不同区域，鼓励发展不同的业态类型。前海区域：通过整合和重组前海环湖酒吧娱乐业，以文化产业引领酒吧业态的高品质发展，鼓励发展文化创意产业、创意休闲吧和特色餐饮等。后海区域：银锭桥周边区域是什刹海人文生态保护区业态发展的精华，适当减少区域酒吧数量，鼓励发展民俗传统文化展示与体验型业态。宋庆龄故居、广化寺等文物周边，鼓励发展以文化旅游产业和休闲业态为主的产业。西海区域：属于居民生活区，鼓励发展文博业态、文化创意产业和小规模的特色商务服务业。其他区域：以弘扬传统业态、鼓励文博业态、培育高端业态、推动民生业态为重点，鼓励发展传统特色文化创意产业、旅游休闲业、居民服务业等业态。

特色商业街品质提升。烟袋斜街是以经营旱烟袋、水烟袋等烟具、古玩、书画、裱画、文具及风味小吃等而著名的“文化街”。街内铺面建筑风格古朴，是北京历史最悠久的斜街之一，经过整治，现已发展成以经营特色手工艺品和餐饮为主的商业街。2009 年被 IUAES（国

际人类学与民族联合会）第十六届世界大会中国建筑民居文化专题评为“中国建筑文化经典示范工程”，2010年被文化部和国家文物局评为“中国历史文化名街”。护国寺特色商业街位于西城区护国寺大街68号，全长近600米。街内仍保留有护国寺旧址、护国寺小吃店、人民剧场、梅兰芳故居等重要旅游文化资源，是老北京最具代表性的街道之一。2009年护国寺街被北京市定为“特色商业街”，具有传统京味文化的特色小吃及店铺分列街巷两边。2011年11月26日，“护国寺特色小吃街”正式开街。作为护国寺特色街龙头示范项目，护国新天地对区域带动作用初显，街区内客流增加，目前已有多家商户进行重装，护国新天地项目对街区整体发展起到了引领示范的作用。此外，还有什刹海茶艺酒吧街复兴等项目。

雁翅楼复建和中国书店入驻。地安门雁翅楼始建于1420年，位于地安门门楼左右两侧，是地安门的戍卫建筑，远观好似大雁张开的一对翅膀，故此得名。清代时，此处为内务府满、蒙、汉三旗公署，其作用是皇城的后卫哨所。20世纪50年代，地安门地区道路整修，雁翅楼被拆。2012年2月，北京市启动“名城标志性历史建筑恢复工程”。2013年6月，雁翅楼景观复建工程开工，2014年竣工。地安门雁翅楼作为中轴线的重要组成部分，承载着传承历史、传播文化的功能，围绕“记忆西城、书香西城、艺术西城、时尚西城”建设，结合什刹海地区深厚的历史文化底蕴，经西城区委、区政府研究决定，雁翅楼景观用于服务地区居民，增加地区文化氛围，与中国书店合作在雁翅楼打造24小时书店。2015年7月20日，中国书店雁翅楼24小时店开业，作为西城区第一家24小时书店入驻地安门雁翅楼，集公共阅读、文化传承、慢生活休闲、文化产品推介于一体，充分利用其地理优势，集中展示中轴线文化、大运河文化以及什刹海文化的魅力，探索全新的文化展示形式。中国书店以读者为中心的理念，合理阅读空间布局，为读者提供了一个阅读休闲、交流座谈的空间，为居民提供了一个开展社区活动、文化生活的场所，为什刹海文化提供了一个展示、宣传的平台，对什刹海区域品质提升起到了促进作用。白塔寺起步区旧城改造。白塔寺地区起步区项目作为白塔寺历史风貌保护区项目的先期启动区域，于2012年6月取得立项批复。该项目东至阜内北街、青塔胡同、宏大胡同一线的道路两侧；南至阜内大街；西至西二环东辅路；北至规划受壁街路，规划总用地面积约5.6公顷，总投资约42.2亿元。项目坚持“政府主导、企业示范、社会多元主体参与”的原则，在区政府统筹领导下，总体规划、统一部署，合理配置资源。市、区政府承担区域内的市政改造投入，前端公司承担人口疏解和业态调整的投入，并通过优惠政策引导和鼓励不参与疏解的原居民也加入到改造中来，实现区域60%至70%房屋的人口疏解或业态调整。坚持人口疏解与民生改善相结合、历史文化传承与国际大都市文化需求相结合、保护规划与业态调整相结合。通过实施阜内大街、阜内北街、受壁街景观改造等工程，推动传统居住区的修缮与整治，实现文保区的风貌保护和可持续发展。

白塔寺药店降层改造工程。妙应寺白塔位于阜内大街妙应寺内，是中国现存年代最早、规模最大的喇嘛塔。妙应寺白塔是国务院1961年公布的第一批全国重点文物保护单位之一，但其长期被位于阜成门内大街北侧的白塔寺药店所遮挡。1997年，北京市政府提出“打开山门，亮出白塔”的部署后，西城区政府组织拆除了商场，重修了山门和寺内建筑，已被拆除了30年之久的山门恢复了原貌。自2012年3月，北京什刹海阜景街指挥部成立以来，加大白塔寺药店降层项目等项目的推进力度，考虑阜景街整体景观协调性，挖掘阜景街沿线文化内涵，并突出妙应寺白塔在区域中的标志性地位，西城区政府决定以异地安置结合原地改造的方式对白塔寺药店进行降层。2013年白塔寺历史风貌保护区风貌恢复项目——白塔寺药店降层全面实施，并于当年 10 月完工。白塔寺药店由五层降为两层，重新开张，实现了“二次亮塔”。

原官园花鸟鱼虫市场恢复传统四合院风貌。2013 年，由专业设计单位提出多个方案，专家评审，选出最佳方案——充分利用现有空间建设古建风格的四合院，植入现代功能，建筑形态与周边环境相协调，展现历史文化特色。项目于 2014 年开工，2015 年实现竣工。目前该项目已成为该区域的重要示范项目。

发展举措：不断优化区域发展品质

不断完善项目管理机制，区域功能迅速提升。加强项目统筹，坚持“续建严把质量关、开工严把程序关、储备严把设计关”，明确责任主体、目标任务、经费来源、完成时限等内容，确保工程项目成为依法合规、安全、精品项目。加强项目监督，建立健全相关制度，加大科技手段运用，加强现场巡视，发挥统筹、指挥和调度能力，使项目建设目标不走样、问题处理及时、结果符合要求。加强项目管理，建立重大项目会商机制。定期召开协调推进会，落实重大项目服务工作，促进地区功能的有效优化。

不断推进名城保护项目，文保工作效果显著。通过大量的政策研究、规划编制和实践探索，累计投资约 30 亿元，用于支持公共空间整治、市政基础设施建设、文化活力再生、文物古迹保护以及房屋修缮试点工作。积极推动保护规划的编制，先后完成《什刹海地区市政总体规划》《什刹海地区夜景照明规划》《什刹海地区业态调整方案》和《什刹海烟袋斜街地区保护修缮试点规划》等专项规划。将文物古迹保护与重点地区历史空间环境综合整治相结合，对近 24000 平方米的文物建筑进行修缮，实现如广福观等文保单位的文物腾退。组织实施烟袋斜街、护国寺街等历史文化街区的综合整治，适度恢复传统风貌。保护区内人口密度逐步降低，人员结构趋于合理，流动机制初步确立，保护与发展形成良性互动，历史文化保护区焕发出健康蓬勃的发展活力。

不断加强基础设施建设，为文保和居住改善提供基本保障。配合区市政市容委，积极改善市政基础设施条件，对机动车流量进行合理调控，设置公交港湾，加大步行空间；配合什刹海街道，建立“什刹海大人流监控指挥调度中心”，建设应急广播系统、监控系统、人流预警系统，设置应急标识、疏散区域及路线，实现人流应急三级大调度指挥；配合区园林市政中心，开展什刹海游船日常管理经营体制、机制调整方案研究，逐步减少游船数量，实现什刹海游船的动态管理模式。以白塔寺风貌保护区保护项目、雁翅楼景观复建、地百商场及北平居改造、地安门外大街道路疏堵及阜内北街架空线入地项目等一批重点建设项目为抓手，加强环境整治和交通疏堵治理，从根本上为文物保护、居住改善等工作提供保障。

不断加大环境整治力度，区域环境品质持续提升。充分发挥政府职能作用，不断探索文保区特殊区域的管理机制，加强什刹海游船、水面管理；加强什刹海酒吧、无照游商、违法建设、经营秩序等环境秩序管理；加大北京什刹海阜景街公共设施投入和基础市政设施改造，景区硬件设施得到改造提升；整修美化定阜街、恭俭胡同、刘海胡同北侧支路路面和周边环境，将地安门西大街、德胜门内大街等共 19 条道路总长约 14.3 公里路段建成慢行系统示范区。

不断深化旧城改造工作，民生改善质量显著提高。着力推进白塔寺、西四北一条至北八条、什刹海和景山北海四个片区旧城改造工作。通过完善步行空间系统、压缩机动车道、挪移公交站点、提升道路绿化、美化公共设施等手段，极大改善地外大街及其两侧的整体面貌。在充分尊重居民意愿基础上，加强什刹海片区，特别是旧城保护示范项目区域和白塔寺片区的人口疏解工作，最大限度地降低人口居住密度；对已经腾出的院落进行整理，对一些不愿意疏解的院落进行引导建设，使其更加符合业态和地区风貌要求。进一步解决人口疏解、住房与环境等问题，民生改善质量得到显著提高。

不断调整产业业态升级，促进文商旅进一步融合。推进阜内大街和阜内北街环境整治和业态提升工作。结合实施阜内大街奖杯、奖牌业态调整，阜内北街架空线入地以及与鲁迅博物馆合作建设地下停车场等项目，将其打造成具有文化内涵的文化创意展示、展卖与休闲一条街。整合地安门外大街 2 万余平方米的区属资产，初步形成约 300 米的商业步行空间，将该街区打造成以一处精品酒店、十余家品牌商铺和一座艺术馆为主要业态，集休闲、文化和购物为一体的特色街区。利用西什库大街 31 号院等旧工业遗址，引进以设计服务为主的文化创意企业，将尚 8 西城设计产业园打造成以设计服务业为核心，集创意设计、展示交易、休闲体验于一体的设计服务产业园区。依托解放军歌剧院、嘻哈包袱铺、相声俱乐部、人民剧场、梅兰芳故居等文化设施，提升什刹海地区京剧、歌剧和演艺在市场的认知度和业态层次。积极开发老北京传统文化风貌与现代都市相结合的特色旅游线路，重点发展胡同游、四合院住宿和水上游、文化旅游体验游、历史文化之旅等旅游项目。

加快品牌建设步伐，努力打造"北京服务"核心区品牌。以打造"北京服务"核心区品牌为目标，充实"北京服务"品牌内涵，整合品牌资源，加大品牌宣传力度。整合什刹海旅游、文化、商业优质资源和品牌企业，建设什刹海景区旅游标识导览系统，利用什刹海国际旅游文化节、北京国际旅游博览会、上海国际旅游交易会等平台和外宣渠道，向国内外宣传西城旅游、文化和商业资源，进一步扩大区域知名度和品牌影响力。持续开展什刹海历史文化资源深度体验系列活动，“游王府，逛老街，转胡同，观故居，品地道北京小吃”，展示什刹海地区丰富的文化资源和优越的发展空间，为打造“什刹海——古都北京的亮丽名片”增添新活力。积极发挥品牌项目的示范引领作用，护国寺特色街品牌“护国新天地项目”自2013年8月落成以来，入驻商户经营良好，营业收入持续增加，已形成独特的品牌优势，在京城时尚消费界进一步增强了护国寺特色街的品牌效应，对区域整体发展形成良好的带动作用。

工作创新：全力提升“指挥部+”的服务能力

探索五大经验模式。一是政府联手企业提升服务组织化程度。建立健全“指挥部+前端公司”推进区域建设的模式、“指挥部+属地街道”的城市管理模式（见表12），依托什刹海和新街口两个街道办事处以及天恒正宇和华融金盈两个前端公司，发挥统筹协调作用，确保文保区保护、发展、建设和管理的各项工作顺利开展。二是以“居民自愿+整院腾退”推动人口疏散。依据北京市政府提出的《关于中心城区功能调整战略及北京市旧城保护纲要》中有关人口疏解的要求，两个前端公司积极探索，逐步形成人口疏解与旧城保护工作的新模式。加强政策解读、思想说服、消除顾虑、舆论引导、居民互助的力度，通过“居民自愿+整院腾退”，实现居民整院连片疏解腾退，得到区域内居民的理解和认可。三是通过“承转租”促进业态调整。在白塔寺保护区，积极探索承转租LROT（租赁—改造—运营—移交）新模式，启动沿街业态调整工作。从正式与居民开展收租谈判以来，商铺房东参与腾退的意向积极，协议签署、调整升级工作稳步推进。四是

表 12：北京什刹海—阜景街建设指挥部的主要职责及其内设机构

北京什刹海—阜景街建设指挥部	主要职责	依据《西城区“十二五”时期城市管理规划》和什刹海、阜景街区域专项规划，统筹组织区域内规划编制、项目建设、产业调整、环境秩序维护等，促进区域产业业态提升；协调各委办局进行区域内的各专项工作，推进区域内项目建设；协调组织区域内市政基础设施的施工管理、检查巡视等；承办区委、区政府交办的其他事项。
	内设机构及其职责	办公室：负责本单位政务工作。承担文电、会务、机要、档案、保密、财务、后勤保障等本单位日常运转；负责重要文稿的起草和重要会议的组织；负责协调宣传和新闻发布；负责组织专家对相关项目进行研究论证；协调落实项目建设资金渠道、资金计划及资金拨付等；协调重大项目的竣工结算和决算；负责编制部门预决算，管理国有资产；负责项目资金全程跟踪审计和规范；负责协调产业调整，环境秩序维护及相关项目的组织实施。
		产业提升处：负责统筹利用区域内商业及历史文化资源，研究相关产业政策，引导企业进行业态调整，协调区域内业态提升；协调交通设施建设；协助举办相关文化活动；统筹旅游服务系统建设，组织开展民俗接待户标准化管理，促进旅游服务品质提升；负责协调区域内商户规范管理。
		规划发展处：负责统筹协调区域内总体规划编制，协助推动规划项目落实；协调开展交通组织、业态调整、文物保护、人口疏解、区域环境品质提升等专项规划的编制；研究人口疏解融资方案，落实人口疏解的相关工作；统筹推动区域内各项环境品质提升、文物保护修缮等工程。
		建设管理处：负责统筹协调区域内建设工程施工现场管理，对工程建设的组织、指挥、协调、监督、检查、控制等提出意见并督促相关部门落实；巡视、检查施工现场，掌握工程建设过程中质量、进度、投资、安全、文明施工、合同管理、信息管理的总体情况；负责组织生产调度会、安全大检查、文明施工检查等活动，协助组织工程竣工验收，监督、督促竣工资料的档案移交工作；参与审核工程承包商实际进度和投资完成情况，提出拨付工程款意见；负责协调工程参建单位间的工作关系，主持各种相关协调会议。审查设计变更并及时进行上报；统筹协调区域内市政基础设施的总体规划与施工建设；协助参与区域内工程质量事故、安全事故的调查和处理等。

专栏

阜内北街街道空间改造项目

阜内北街街道空间改造项目改造范围南起阜成门内大街（永和大王与保兴大药房），北至鲁迅博物馆，全长约160m长。目的是通过对阜成门内北街实施环境整治和市政基础设施的改造，实现疏解人口，提升业态，改善街道环境，完善片区内市政基础设施需求，提升街景品质。项目实施过程中，坚持“老街的复兴不仅仅是建筑立面的改造，而应该是整个街道空间的整体把握和考量”的改造理念，在方案设计、规划施工、质量验收等方面进行全程控制，立项、实施、监管等各环节专业人员联合工作，整体推动。通过拆除违法建设及构筑物，还原人行步道、树池，设置路桩，实现人车分流，适当考虑停车位置，更新建筑立面，绿化美化及增加城市家具等手段，彻底改变了过去脏乱差问题，成为既适合当代城市生活要求，又符合商业与居住功能，且彰显老街历史文化传统的优质街道空间。

通过市场化运作搭建融资平台。为落实政府创新历史文化保护区项目融资模式的工作要求，天恒正宇公司充分发挥市场化融资平台的优势，分析研究各类融资方式，积极接触各类金融机构，深入探索与国开金融及国开行合作的“投贷结合”融资方式，设立“什刹海文保区基金”融资平台、委托贷款收益权融资等方式，通过多种渠道筹集发展资金。五是以“微循环”提升保护修缮水平。根据地区发展总体目标，聘请专业设计院进行整体规划。为避免千篇一律、过于呆板，将具体院落和房屋进行分类，形成多个样板，采取试点方式，逐个设计、审批。为切实保证取得预期成效，采取逐步推进的方法：市政基础设施按照统一标准，先行改造和升级；单个院落具备一定条件的，逐个进行保护和恢复，按照微循环的方式推动房屋修缮、改造。

规划引领和政策支持。一是以《北京市城市总体规划（2004—2020）》《北京旧城二十五片历史文化保护区保护规划》和《什刹海历史文化旅游区总体规划》等为依据，增强区域建设发展的预见性、针对性和科学性。二是针对北京什刹海阜景街地区保护任务艰巨、人口密度过高、居民居住环境较差等问题，编制完成《什刹海街区保护与更新发展规划》，初步确定区域发展战略规划的发展定位和主要目标。三是编制《北京北中轴线保护、修缮与发展规划》。充分挖掘北中轴线什刹海区域历史文化、梳理建筑物现状、重构建筑界面和提升产业功能，提高该区域的观赏力、影响力。四是在北京市规划委和西城区规划分局支持下，与华融金盈公司共同委托北京市市规划院编制《白塔寺地区 37 公顷规划导则》，并在北京市规划委审批处备案，作为参考依据批复具体规划实施内容。五是充分贯彻落实北京市、西城区有关疏解非首都功能和调整产业结构的指示精神，按照“强化传统、提升品质、培育高端、注重民生”的原则，制定《北京市西城区什刹海地区业态准入行业指导目录》，建立“鼓、限、禁”相结合的产业准入机制，引导有利于发展北京什刹海阜景街地区历史文化的旗舰型企业、创新型企业和文化创意产业、大师工作室、旅游休闲业、居民服务业等入驻该地区，限制和禁止与区域业态规划不符或不适宜区域发展的业态。六是根据“分类统筹、分步实施、分段进行”的原则，编制并实施《北中轴线核心保护区什刹海地区旧城保护示范项目实施方案》《地安门外大街道路疏堵工程实施方案》《什刹海荷花市场区域和阜成门内大街区域业态提升实施方案》等具体规划和实施方案，为推动北中轴线保护、修缮与发展提供指导。

加强三大平台建设。针对工作中遇到的问题，及时搭建相关平台，为项目实施和各项事业推进提供可靠保障。一是旧城街区保护与利用相结合的综合“企业运作平台”。以保护为前提，以发展为目标，围绕“一核一带多园区”的产业发展空间布局，探索以政府主导、前端公司实施市场化“企业运作平台”，积极推动文保区的保护与发展。指挥部协调政府行政资源，前端公司运用市场资源和经济手段，通过政府注入资本金的市场融资方式，解决文保区人口疏解、完善市政设施、调整业态项目等资金支持问题。结合北京市政府提出的《关于中心城区功能调整战略及北京市旧城保护纲要》中关于人口疏解的战略规划，在市发改委的支持下，在区委、区政府的领导下，于2013年首先在社区推行“居民自愿+整院腾退”的模式，实现了居民整院疏解腾退。积极破除体制机制障碍，推动完成了区属企业——天恒置业集团与华兴新业公司的资产重组，推动了要素市场一体化进程，从而快速整合区属资产，清退并停业低端商业，着力特色功能街区建设。广泛征求旧城保护专家、优秀的规划设计师和建筑设计师以及广大民众探讨文保区保护与利用的建议，公开、公平、公正地解决文保区保护利用的难题；积极探索文保区规划、国土、房屋产权流转、税费的政策改革建议；研究管理经营体制、机制方案，加强经营管理，进一步整合文保区管理力量，提高精细化管理水平。二是政府投入与带动社会资金相结合的“企业融资平台”。为落实市、区发改委创新历史文化保护区项目融资模式的工作要求，更多吸引民间资本主动进入旧城改造工作，天恒正宇公司充分发挥市场化融资平台的优势，积极接触各类金融机构，分析研究各类融资结构，先后探讨了与国开金融以及国开行共同合作的“投贷结合”融资方式、设立“什刹海文保区基金”的融资方式、委托贷款收益权融资等方式。在综合考虑成本、效率及资金时间匹配等因素的前提下，最终决定采用国开行中长期贷款，辅以委托贷款收益权的融资模式。发挥公司投融资“孵化器”作用，通过争取政府投入、银行贷款、社会融资不断放大文保区的保护资金，通过创新投融资模式，尝试成立文保基金等形式，在文保区保护与发展的前提下确保公司的正常运转。通过试点项目的引领和相关政策的出台，鼓励居民自行改造居住环境，形成全民参与文保区建设的和谐环境。此外，政府积极为前端公司的生存发展提供有力保障，在资本金注入、融资担保方面提供服务，在公益项目贷款中，提供一定的贴息政策。指挥部充分发挥项目统筹的职责，在基础设施建设、市政道路改造、园林绿化等应由政府相关部门实施的项目上，通过市场化运营，避免公司因贷款压力带来风险，确保前端公司在文保区建设项目中保持可持续发展。三是资源经营与文化创意产业植入相结合的“企业经营平台”。政府鼓励前端公司通过挖掘文保区内文化资源，整合空间资源和商家资源，引入相关文化企业进行文化创意的经营运作，植入文化创意产品，逐步形成文化创意产业，在传统文化中注入新的文化创意，传承传统文化的同时，推进文化交流和传播手段的升级换代，形成或带动北京城市文化的发展，满足城市居民文化生活的实际需要。

专栏

什刹海历史文化旅游风景区管理办法

西城区专门出台了《什刹海历史文化旅游风景区管理办法》，该办法自 2014 年 12 月 1 日起施行。依据办法，什刹海历史文化旅游风景区管理主要包括三大重点：

功能定位与规划

景区是什刹海历史文化保护区的核心区，是以展示北京传统文化为主的休闲旅游区。

景区的发展应当严格遵循功能定位，立足于历史文化名城和历史文化街区保护，以保持原有自然景观和人文景观、设施为核心，以适度发展旅游休闲功能为特色，实现景区文物保护、居住和旅游功能的有序发展。

任何单位和个人在景区内从事生产、经营、建设活动都必须符合景区的功能定位。

任何单位和个人不得擅自改变风景区内房屋使用性质和功能，根据实际情况确需改变的，由相关部门组织景区管理处、专业机构、专家对该房屋进行论证后，方可办理相关手续。

什刹海街道办事处可以依据景区规划和景区功能定位，制定景区业态发展指导目录，对符合景区规划和功能定位的业态予以鼓励支持，对不利于传统风貌保护或者不符合景区功能定位的业态予以禁止或者限制规模，景区业态发展指导目录应当符合市、区有关规定，并报区政府批准。

景区内的政府投资项目的建设和使用，必须符合景区规划和景区业态发展指导目录。

对申请在景区内注册登记的企业，西城区工商分局应当按照景区业态发展指导目录要求，征求什刹海街道办事处意见，严格履行审批手续，促进景区功能定位的实现。

景区内的各类招商活动应当符合景区业态发展指导目录，招商单位应当就拟引入的商户是否符合景区的功能定位，事先征求什刹海街道办事处的意见。企业入驻后，经营内容发生变化，不再符合景区业态发展指导目录和景区功能定位要求的，应予以退出。

有关部门应当充分利用市、区文化创意产业发展、老字号保护与发展等鼓励扶持政策，多渠道筹措资金，支持符合景区功能定位的业态企业入驻景区。

景区规划是景区保护、建设、管理和利用的依据。任何单位和个人在景区内开展的建设、保护、管理和利用等相关活动，应当符合景区规划。

景区规划包括景区总体规划及业态调整、交通、旅游、人口等专项规划。

传统风貌保护

景区内的水域等自然景物以及历史遗址、文物古迹、园林建筑、宗教寺庙、石雕石刻等人文景物及其所处的环境严格依法保护。

严格依法保护景区内的文物。景区内未核定为文物保护单位而又具有一定历史、科学、艺术价值的建（构）筑物、遗迹（址）等不可移动文物，由区文化委依法认定后予以登记并公布目录，严格依法保护，任何单位和个人不得损毁或者擅自迁移、拆除。

单位或者个人申请在景区内从事下列建设或者设置的，审批部门在做出审批决定前应当征求什刹海街道办事处的意见。

景区内的建设项目应符合景区规划，选址、布局、高度、体量、造型、风格和色调等应当与周围景观和环境相协调。已有的不符合景区规划的建（构）筑物和其他设施，应当逐步予以整改、拆除或者外迁。

经批准在景区内从事建设活动的单位和个人，应采取有效措施，保护好景区自然生态环境、不可移动文物和其他景区资源，不得乱堆乱放，不得妨碍居民生活和游客游览。施工结束后，应及时清理场地，恢复环境原貌。

景区业态调整专项规划应对景区内的酒吧等经营服务网点的设置统一规划布局，并严格控制经营业户总量。对过度开发的酒吧及娱乐经营项目，区有关部门应当采取措施逐步予以调整。

区政府按照历史文化保护区要求，建立景区人口疏解机制，鼓励景区居民适度外迁。

公有房屋承租人自愿腾退房屋，或者私有房屋产权人自愿搬迁的，由什刹海街道办事处协调房屋管理部门或者责任企业按照区域内人口疏解相关政策进行办理。

景区人口调控专项规划应当合理控制景区人口密度，逐步恢复什刹海老北京四合院的人文景观。

公共秩序管理

政府各有关部门依照有关法律法规对景区公共秩序和旅游安全履行监管职责。

编制景区交通专项规划，对景区内的道路进行评估分类，提出步行街、机动车限时通行、机动车单向行驶及单侧停车等限行路段，并由西城交通支队向市公安交通管理局提出明确划定的建议。

景区内特许经营胡同游三轮车的行车线路设计应当避开环湖道路狭窄、交通拥堵、游客较多的路段。

景区内禁止随意占用道路、空地经营自行车出租业务。西城工商分局负责对景区门店内（坐商）无照经营、异地经营、超范围经营自行车出租行为的查处；区城管执法监察局负责。

对流动无照经营的出租自行车行为进行查处。

经批准在景区内从事经营活动的单位或者个人，应当严格遵守《北京市市容环境卫生条例》的各项规定，在规定的营业地点或者指定的区域内依法文明经营，禁止擅自占用道路或者围湖摆放桌椅、搭棚、设摊、设点、扩面经营，禁止在规定的营业地点或者指定的区域外揽客、兜售商品或者提供服务。景区酒吧的店外经营指定区域和限制时间，由景区管理处商行业管理协会统一做出规定。景区内禁止三轮车摩托车非法运营。区城管执法监察局负责对非法运营的三轮车摩托车进行查处。

什刹海街道办事处应当加强对景区游客及居民的出行需求情况的研究，探索景区内交通形式多元化。

景区内建（构）筑物的外墙、屋顶、平台、阳台等处不得设置、堆放、吊挂破坏景观、构成消防隐患的物品。西城消防支队负责对有消防隐患的单位进行查处，同时建立景区经营场所消防安全情况公示制度，对存在严重消防隐患的经营场所及其负责人在景区明显位置进行公示。

景区内禁止酒吧在室外安排演唱，禁止酒吧和其他商户在经营活动中使用高音广播喇叭、音响或者采用其他发出高噪声的方法招揽顾客。西城公安分局及属地派出所负责对违反上述规定的行为依法进行查处。

区园林市政管理中心负责景区水面安全及公共秩序、滑冰、码头公共秩序、游船经营时间等管理工作。景区管理处应在景区水域周边明显位置统一设立禁止翻越、毁坏水域围栏以及在非指定水域钓鱼、游泳、滑冰、潜水、野驾危险的安全提示，并通过景区应急广播、志愿者文明劝导等方式，加大对景区水域安全的宣传力度。

拟在景区内举办大型活动的有关部门在做出审批决定前，应征求景区管理处的意见。活动期间的安全保卫工作由主办方负责，什刹海街道办事处配合并进行监督。

区有关部门应当加大对景区技防建设的投入，支持景区改进监管手段，提高监管水平。

建立景区商户信用惩戒制度，对违反法律法规和景区相关规定，被行政执法部门多次处罚拒不改正的，由什刹海街道办事处协调房屋业主和市场监管部门依法予以处理。

景区管理相关责任人员应当履行而未履行行政职责、违法履行行政职责或者不当履行行政职责，导致国家利益、公共利益或者公民、法人和其他组织的合法权益受到损害，或者造成不良影响的，按照《北京市行政问责办法》等相关法律法规进行行政问责。

专栏

什刹海地区产业准入机制

为了提升什刹海区域环境和居住品质，保护传承历史文化资源，促进什刹海历史文化保护区的可持续发展，指挥部依据西城区十二五规划、西城区“十二五”时期历史文化保护区保护与发展规划、什刹海文保区十二五规划、什刹海地区业态调整规划（2012–2015）、西城区不宜发展的产业目录等规划文件，明确提出建立什刹海地区产业准入机制，并制定了《北京市西城区什刹海地区业态准入指导目录》。

行业指导目录适用范围、对象

涵盖什刹海街道办事处辖区范围。东以旧鼓楼大街、地安门内大街和外大街、景山东街为界，西以新街口南北大街、西四北大街为界，南以西安门大街、文津街和景山前街为界，北以耳环、德胜门东、西大街为界。重点区域为什刹海历史文化保护区。拟进驻什刹海投资经营的商户，准备办理营业执照及经营范围变更的商户。

以“强化传统、提升品质、培育高端、注重民生”为思路，针对不同区域，鼓励发展的不同业态类型。

前海区域：通过整合和重组前海环湖酒吧娱乐业，以文化产业引领酒吧业态的高品质发展，鼓励发展文化创意产业、创意休闲吧和特色餐饮吧。

后海区域：银锭桥周边区域是什刹海人文生态保护区业态发展的精华，适当减少区域酒吧数量，鼓励发展民俗传统文化展示与体验型业态。宋庆龄故居、广化寺等文物周边，鼓励发展以文化旅游产业和休闲业态为主的产业。

西海区域：属于居民生活区，鼓励发展文博业态、文化创意产业和小规模的特色商务服务业。

其他区域：以弘扬传统业态、鼓励文博业态、培育高端业态、推动民生业态为重点，鼓励发展传统特色文化创意产业、旅游休闲业、居民服务业等业态。

建立业态准入和退出会商机制

成立由什刹海阜景街建设指挥部、什刹海街道办事处、什刹海景区管理处、西城区工商分局及相关职能部门等单位组成业态准入审核小组，建立联席会制度，对拟进入什刹海区域经营的商户、准备办理营业执照及经营范围变更的商户进行审核备案。

拟进驻什刹海区域经营的商户、准备办理营业执照及经营范围变更的商户首先要到什刹海景区管理处提出商业入驻申请，领取申请表填写相关信息，报业态准入审核小组审核。

业态准入审核小组定期召开会议，会商审核相关申请，审核通过后，盖什刹海景区管理处章。

拟进驻什刹海区域经营的商户、准备办理营业执照及经营范围变更的商户持审核表到工商部门按照正常程序办理营业执照。

业态发展鼓励性的政策

引导有利于发挥什刹海地区历史文化的旗舰型企业、创新型企业的准入；重点鼓励发展和提升传统特色文化创意产业、旅游休闲业、居民服务业等业态。

弘扬传统业态：重点发展文化创意产业和文化旅游休闲业，鼓励传统特色小吃、演艺业态、文化创意旅游礼品、四合院住宿、影视制作等业态的发展；

鼓励文博业态：重点发展展示和体验型博物馆业态，开展什刹海历史文化及其保护工作的展示活动，营造浓厚的什刹海传统文化氛围和建设现代化创意创新环境；

培育高端业态：重点以什刹海讲堂、高端商务会所等为核心引领的业态调整；

推动民生业态：重点强化针对老龄化社区的零售、服务和休闲业态发展。

北京北展地区

北京北展地区是中关村科技园西城园的重要组成部分，也是疏解非首都功能的重点区域。北京北展地区建设指挥部成立之初以“转移、撤并、调整和升级”为宗旨，紧紧依靠中关村科技园西城园建设发展政策优势，统筹推进北展地区以“动批”为重点的低端业态和小商品批发市场的疏解、改造、业态调整和升级工作。当前工作重点是配合北京北展地区疏解工作指挥部加快推进非首都功能疏解和产业调整步伐。

区域特点：非首都功能突出

区域范围。北京展览地区位于西城区的西北部，是首都功能核心区连接城市功能发展区的重要节点，具有丰富的旅游、文博资源，是京城地面交通、地下交通和城市轨道交通汇交的重要枢纽，常住居民和流动人口众多，市场密集，集交通、旅游、商务、文化多种功能于一体，面临着疏解非首都功能的艰巨任务，同时也具有巨大的发展潜力。北京展览路地区东至西直门南大街、阜成门南、北大街，与新街口街道、金融街街道接壤；南至月坛北街，与月坛街道毗邻；西至三里河路、动物园西墙，与海淀区甘家口街道相邻；北至南长河、西直门北大街，与海淀区北下关街道相望。辖区面积 5.87 平方公里。

特点一：人口结构复杂。北京展览路街道下设 22 个社区，户籍人口 13.2 万，流动人口 3.4 万，人口密度大、人员结构复杂。老旧楼房多，居住条件差，存在较大的安全隐患。驻区单位 7029 家，其中中央、市、区属单位 1020 余个，行政级别多，涉及行业广，商务楼宇多，管理难度大。

特点二：交通枢纽路网汇聚。北京北展地区拥有动物园、西直门两大交通枢纽，多条地面、地下和城市轨道线路在这里汇集，是城市中心向西北郊扩散的地面、地下和城市轨道交通枢纽，四通八达、为乘客出入京城提供换乘便利。

特点三：优质资源丰富。以北京展览馆为代表，北京动物园、北京海洋馆、北京天文馆、古脊椎动物馆等知名旅游资源群聚集北展街区；北京建筑大学、外交学院和北京市委党校汇聚优质教育资源；新华 1949 文化创意产业园代表着当代文化与金融融合发展的最新趋势，为促进地区产业升级提供重要支撑。

特点四：政策优势明显。北京北展地区是中关村科技园区西城园的一部分，第三产业发展显著，单位效益良好，资产总计增幅明显，影响较为突出。同时依托科技园的优质科技资源和相关政策优势，为推动产业转型、升级，促进科技型、创新型企业成长、壮大，提供充分的发展空间。

特点五：批发和零售业集中。批发和零售业、租赁和商务服务业较为集中。批发市场体量大，总建筑面积 33.2 万平方米，摊位 1.3 万个，年交易额 200 多亿元，从业人员 3 万余人，日均人流量 6 万—7 万人，高峰时达 10 万余人。

发展战略：强化疏解就是发展

发展战略：《西城区“十二五”时期功能街区产业发展规划》明确，位于北京北展地区的德胜科技园西区将以发展科技和商务服务为方向，重点发展商务服务业及会展、旅游、科普等文化创意产业，完善配套服务产业，不断推进高端化发展进程，成为西城区科普和科技会展中心区、商务和商贸高端服务业聚集区。然而在新形势下，这种发展定位已经不适合首都功能布局要求。2013 年 8 月 5 日，依据北京市政府关于中心城区低端业态和小商品批发市场改造和业态升级会议的精神，启动以动物园服装批发市场为试点开展相关工作。2014 年 1 月 14 日正式成立北京北展地区建设指挥部。同年 2 月 26 日，习近平总书记考察北京并明确了北京新的功能定位，提出调整疏解非首都核心功能的工作要求。此后，“动批”市场和天意市场疏解写进了 2015 年北京市政府工作报告。2015 年 4 月 30 日，中央政治局会议审议通过《京津冀协同发展规划纲要》，其核心就是有序疏解北京非首都功能。有序疏解北京非首都功能成为京津冀协同发展的关键环节和重中之重。2015 年 7 月，中共北京市西城区委十一届九次全会召开，提出了“强化疏解就是发展”的理念，要求以最大的决心，坚决打好疏解攻坚战。为加快推动北展地区非首都功能疏解工作，当月，北京市成立了北京北展地区疏解工作指挥部。为此，西城区坚持“市场主导、政府引导、疏堵结合”，坚持“疏解一批、提升一批、引入一批”，坚持加大统筹协调和工作推进力度，引导“动批”、天意等低端零售、批发业态调整疏解，坚决撤销、关闭存在重大安全隐患的经营场所和不符合首都功能要求的产业形态。以京津冀一体化发展为契机，加强与外省市合作，逐步引导批发市场有序外移或改造提升，积极引进高端业态。加大行业监管力度，加快治理“城市病”。通过全面推进产业升级、

表 13：北京北展地区工作机构及职责

工作机构	主要职责	下设机构及其工作职责
北京北展地区指挥部（由西城区委、区政府领导）	一是依据《西城区“十二五”时期功能街区产业发展规划》，统筹组织区域内商品批发市场的管理、引导、疏解、改造等工作，促进业态调整和产业提升。二是协调属地及区相关职能单位，加强对区域市场环境秩序的监管，确保区域内的安全稳定。三是协同市相关部门与产权单位，共同研究制订并组织实施商品批发市场的疏解提升方案和市场规划、重组、整合方案。四是组织协调市区相关单位，共同推进区域内批发市场业态调整和产业提升方案的实施以及相关政策的落实。五是会同中关村科技园区西城园管理委员会，统筹推进区域内各项目的引进、建设、对接等工作。六是承办区委、区政府交办的其他事项。	办公室：负责公文流转、人事、会务、机要、档案、保密、党建、信息化管理、电子政务等日常运转工作；负责信息、文案、信访、建议、议案、提案工作；负责对外联络和接待工作；负责宣传工作，协调各成员单位做好宣传动员；负责资产管理、后勤保障服务工作；负责重要事项的组织和督查工作。 产业发展处：负责统筹区域各种资源，引导批发市场人口有序疏解和产业有效提升。参与研究区域内资源利用、业态调整相关政策，编制中长期发展规划和专项规划；协调重大项目的论证、立项、引进和落地；负责交流合作活动的项目申报和组织；负责各类经济指标的收集整理、统计分析和研究；负责联络区域内商户自治组织、联席会、专家顾问等工作；负责起草重要文稿等工作。 环境秩序处：负责协调推进区域内环境的综合治理和城市形象品质提升相关工作；协调区委、区政府相关委办局、街道、产权单位、市场主办方等，开展对区域市场秩序、交通秩序、治安秩序等进行治理和提升，确保区域内市场的安全稳定；负责协调和推进区域内城市管理和服务，创新体制机制。 维稳信访处：一是在北展区域范围内，行使区维稳办和区信访办的职责。二是加大宣传教育，引导利益各方在平稳的、法律的框架内解决问题。三是代表区信访办接待信访、代表维稳办收集维稳相关信息，对商户信访问题和维稳相关情况进行综合研判。四是构建产权方、市场方和商户之间的沟通平台，引导各方在法律的框架内进行磋商。五是协调各维稳相关部门，对涉及社会稳定的各种情况及时通报，并组织力量提前介入，力争将不稳定因素化解在萌芽状态、化解在市场内。六是调度区级相关部门对信访中反映出来的问题进行处置，并及时将信访信息上报区信访办。

（续表）

工作机构	主要职责	下设机构及其工作职责
北京北展地区疏解工作指挥部（由北京市政府领导）	加快推动北京北展地区非首都功能疏解工作，落实西城区疏解非首都功能领导小组要求	政策保障组：落实首都核心功能，研究制定北京北展地区发展定位；统筹经济、社会、法律、行政措施，支持保障市场疏解；加强与有关部门沟通，协调解决疏解工作中的有关问题。
		市场疏解指导组：负责与产权方以及产权方主管部门之间的沟通协调，推进产权方与市场方、市场方与商户之间的洽谈，及时向上级报告进展情况。
		宣传动员组：负责整个区域疏解的舆论宣传，组织协调突发事件的新闻媒体引导和舆论导向。
		综合执法组：综合协调区级各执法部门以及疏解工作所在街道的执法力量，负责市场外部环境秩序整治、市场内部市场方和商户经营行为及经营合法性的检查。
		维稳信访组：排查疏解过程中产生的不稳定因素，及时发现和掌握影响稳定的问题，协调和督促相关部门采取措施处置化解，把问题解决在萌芽状态，确保疏解工作平稳、有序顺利推进。
		市场对接组：加强外迁对接和入市衔接两个平台建设，与疏解目的市场沟通，助推疏解工作。
		办公室：负责重要会议组织，公文、重要会议领导讲话等文字材料的起草、审核、印发和管理工作；指挥部与市委市政府之间、指挥部内部各组之间、指挥部与区各职能部门之间的沟通协调工作；指挥部决策的督查督办工作，定期向领导报告；指挥部后勤保障及领导交办的其他事项。

持续强化依法整治、搭建平台开展服务、加强政策支持引导、优化地区整体环境、加大宣传力度等措施，实现人口、资源、环境协调发展。

目标任务。按照市委、市政府的统一要求和部署，相关产权单位各自负责疏解自身市场的任务，承担疏解工作的主体责任。西城区承担疏解属地责任。北京北展地区建设指挥部负责疏解工作的统筹协调工作。采用先疏解市属央属产权，后疏解民营产权的工作方式，综合运用经济、行政、法律等手段推进疏解工作，确定了三个时间节点的工作目标。2015年底前，完成市场摊位减少60%以上、腾退20万平方米，东天意市场实现整体疏解，西天意市场部分产权收回；2016年底前，市场基本完成疏解，官园批发市场、西天意市场、万通小商品市场全面启动疏解；2017年底前，完成北京北展地区批发市场疏解任务。

工作成效：非首都功能疏解取得显著进展

功能疏解工作有序推进。一是“一户一册”建立基础资料数据库。坚持产业升级转移不搞“一刀切”或整体搬迁，对于各市场方和有意向入驻的企业一户一册建立数据库，根据具体情况研究个性化疏解和引进方案。2014年成功实现天皓成市场整体撤市，为后续疏解工作起到良好示范作用。截至2015年底，在7座批发市场已完成疏解转型的基础上，“动批”正在疏解的4座批发市场有望完成，剩余的世纪天乐、东鼎两座民营产权单位批发市场也计划于2016年底前完成疏解，到时“动批”商圈的13个批发市场将全部完成疏解。二是重点加强维稳工作。首先是组织开展“动批”市场搬迁风险评估动态分析研究，做到提前预警。其次是加强多方面信息采集，建立《商户来访信息登记表》《各市场商户情况登记表》《指挥部维稳值班登记表》，做到地区疏解维稳工作底数清、情况明。再次是各市场建立维稳信访接待室，讲求“顾大局、讲政治、保稳定”，将维稳工作发现、接待、处置在市场中。最后是建立指挥部三处室“三班”维稳值班制度，各处室轮流值班确保商户们的诉求能及时得到答复和反馈。对于重大情况做到“早发现、早上报、早解决”，一级报一级，层层抓落实，把维稳工作落到实处。三是加强综合治理。首先是统一拆除违法广告牌，统一组织城管、公安、市政市容等部门，对户外违法广告牌匾进行治理，把区域234块各类违法户外广告牌匾全部拆除，对推动疏解升级起到很好的宣传效应。其次是提高“人防、物防、技防”管理水平。消防、交通、公安等部门联手，从安全监管、交通车辆的管理和整治方面加大综合执法力度，基本达到市场区域内道路基本畅通，违法停车、无照商贩、黑物流等现象基本消除，区域环境秩序明显好转。最后是整体推进治理，美化地区环境。积极促进地区市场内、外部环境美化，围绕服装、设计、创意、音乐、文化等主题，摆放大型绿植及雕塑，提升地区文化创意氛围，拟将西外南路打造成设计创意大道和青年创业大道，提升优化地区整体环境。四是综合运用行政、市场和监管多种手段。坚持“以点带面”的推进思路，将重点问题整治与加强日常监管相结合，加大日常工作推进力度，坚持依法监管，对违法违规行为予以坚决打击，针对消防、安全、假冒伪劣等问题逐一进行检查整治；通过有效监管，压缩非法利润空间，引导企业转变经营方式、生产方式和生活方式，确保商户、商家守法经营，努力打造诚信市场，实现市场秩序健康发展；分阶段开展“亮街行动”“秋季行动”“百日行动”等专项行动，有效整顿市场内外秩序。

搭建疏解交流平台。与北京周边津冀市、县、区多方联系，积极推介，共同研究产业疏解、合作发展等事宜。2014年3月27日，与河北石家庄市长安区签订合作框架协议，确定石家庄市长安区成为疏解引导区之一，与石家庄乐城国际商贸城达成初步合作协议。4月3日，与廊坊市签署全面合作框架协议，积极推进现代化物流园区建设项目，为“动批”市场外迁提供更多选择。5月8日，与天津市西青区商务委达成商贸物流业对接协作共识，签署《产业疏解引导区合作协议》，支持承接主体天津卓尔电商城建设高水平的“互联网＋专业市场”模式，

专栏

北京天皓成服装批发市场疏解项目

北京天皓成服装批发市场（以下简称天皓成市场），位于西直门外大街137号，地上3层地下2层，建筑面积约为10000平方米，摊位500余个。天皓成市场作为西直门外大街北侧唯一一家批发市场，与西直门外大街南侧的服装批发零售市场一并被称为“动批”市场。随着北京市产业结构调整和升级，“动批”市场所在区域已被纳入中关村科技园区西城园，加之南邻金融街的区位优势，使得“动批”市场商业业态与该区域的功能定位越来越不相匹配，各类安全隐患十分突出。2013年8月5日，市政府组织召开关于中心城区低端业态和小商品批发市场改造和业态升级会议，把西城区“动批”市场确定为试点项目。随后市委、市政府主要领导先后到天皓成市场调研，对加快推进相关工作做出指示。在区委、区政府领导下，北京北展地区建设指挥部综合施策，多措并举。首先是统一疏解思想，加强区域功能宣传和产业转型引导，呼吁产权方、市场方和商户对地区产业升级给予理解、支持和配合。其次是强化统筹，整合各方力量推动工作深入开展，建立了由区法院、规划、国土、公安、工商、税务、街道等部门协调推动机制，全程跟进、协调解决准备接手企业与天皓成市场合作事宜。同时，强化维稳，密切注意商户动态，保护商户利益，避免和化解大规模群体事件的发生。经多方努力，2014年底天皓成市场全部疏解摘牌撤市，2015年11月正式挂牌宝蓝金融创新中心，转型成为集金融、高新技术、文创等多产业融汇的创新发展中心。天皓成市场的疏解转型成功，在西城区乃至北京市的非首都功能疏解中都起到了示范效应。

帮助商户在转移中实现转型升级。廊坊市永清县、衡水市发展改革委、保定市京津冀协同办公室、天津市西青区商务委等政府部门均与西城区相关部门沟通疏解合作具体事宜。同时整合区域商业、科研等资源，组建“北京北展地区社会经济发展协会”，搭建平台、促进交流，加强北京北展地区个人、企业和政府之间的深度沟通，推进北京北展地区尤其是动物园商圈各个市场的产业外迁和升级。协会成立之初成员单位即达38家，会员单位涵盖商贸、物流、公共服务、旅游、房地产等多个行业领域，代表性和影响力逐渐增大。

谋划未来地区发展。紧紧抓住京津冀一体化发展的大好契机，深入挖掘地区资源优势，把“疏解”与“引进”有机对接，通过疏解“腾笼换鸟”，为业态升级提供充分的发展空间；通过引进“高精尖”的新业态，进一步优化地区产业结构。按照“缩小存量、严控增量”，寻找突破点，调动市场方、产权方力量，积极推动与河北廊坊的合作，为打造“动批”转移承接地创造条件，引入设计、展览等新业态，综合运用经济、行政、市场和监管等手段，大力疏解非首都功能，调整经济结构和空间结构，依法规范和撤销相关市场，重新规划调整原计划做市场的两个楼宇，为未来发展腾出空间。同时组织工商、国税、地税等部门进入商场，逐户走访调查摸底，为下一步加强营业证照核发、税收管控等工作做好充分准备。

工作创新：走出疏解工作新路子

创新思路积极探索疏解模式。一是在疏解责任上，由产权单位承担疏解工作的主体责任。二是采用先疏解市属央属产权，后疏解民营产权的工作方式，指挥部统筹协调，综合用经济、行政、法律手段推进疏解工作。三是充分发挥指挥部和联席会、协会的作用，做好个人、企业和政府三方沟通工作。四是搭建平台，做好疏解和承接工作的对接。

统筹协调全力推动疏解工作。建立健全“综合治理与公共安全联席会”制度，公安、工商、城管、消防等部门定期研究解决重大问题，加大统筹协调力度，强化联合执法，有效发挥部门合力，实现“1+1>2”。与工商、税务、食药等部门建立数据共享机制；与公安、城管等建立协调共管机制；与区发改委、德胜科技园管委会等建立政策共编机制；与区信息办、区城管监督指挥中心建立信息化监控机制；与北京周边的河北省保定市、唐山市、衡水市、廊坊市及廊坊广阳区、永清县、张家口市怀来县、天津市西青区、路北区、北辰区等市、区、县建立沟通机制；与平安银行、金晖公司、光彩投资公司等建立协调工作机制，推动信息共享、工作互帮、双赢发展。

强化监管提供疏解工作保障。按照“政府引导、市场主导”的思路，科学调节市场预期，引导市场自主做出选择。运用行政化手段，依法对市场加强监管，保障合法经营秩序，改善内外环境。注意把握政策尺度，综合考虑维稳要求，做到“锅开而不溢”。采取法制化手段，制定区域产业目录引导新增和现存业态，引导企业通过法律途径解决各类纠纷。坚持严格监管、上限处罚。深入市场调研，摸清底数、建立台账，包括与经营相关的数据以及市场内部电梯、住户情况、非法运营车辆等信息，为推动市场转移、排查安全隐患、综合整治环境等工作提供可靠的数据支撑，促进区域社会经济科学发展。

运用经济手段有效促进疏解工作。加强与市场方的沟通和北京周边市场的密切联系，借助各类媒体，进行广泛宣传以调节“市场预期”实现对“市场供求”和“市场价格”的调节，充分发挥市场要素作用，引导企业准确把握市场发展趋势，按照市场规则规范自身的行为，以确保实现利益最大化。

马连道茶叶特色商业区

马连道建设指挥部立足首都功能定位，加强调查研究，坚持以规划为引领，以文化为核心，提出区域交通优化建议和产业提升策略，编制北京马连道茶文化街区的城市设计方案；提出推动马连道地区市场主体及周边业态转型升级，规划建设马连道茶产业特色街区的战略定位，将马连道功能街区打造成为以茶文化为标志的多元文化创意产业街区。

区域特点：茶文化 茶产业 茶经济

区域概况。马连道位于西城区西南部，从50多年前的仓储货运站成功转型为“京城茶叶第一街”，如今已经发展成为“中国茶叶第一街”。北京马连道功能街区大力加强基础设施建设，积极调整业态结构，主动促进产业升级，注重提升区域品牌影响力和核心竞争力，将北京马连道打造成为以茶为特色多元发展的文化街区。北京马连道功能街区东至莲花河西岸；南至丽源路、茶缘茶城用地南界、万泉寺东路；西至北京西站南路附近的广外街道行政区界；北至广安门外大街，总用地面积 1.8 平方公里。

特点一：历史悠久，区位条件良好。北京马连道所在的广外地区历史悠久，为北京建城和建都的肇始之地，在滨河公园建有北京蓟城纪念柱和建都纪念阙，周边还有如国家级文保单位天宁寺和北京市文保单位金中都太液池遗址、国家话剧院、莲花池、大观园、金中都公园、西二环护城河、莲花河等丰富的文化旅游资源。北京马连道功能街区周边分布有丽泽商务区、广安产业园等重要产业园区，以发展商务办公、金融服务、文化创意、科技研发为主。交通便捷。位于二环路、三环路之间，紧邻北京西站铁路枢纽、地铁 7 号线、六里桥客运站、永定门长途汽车站和公路主干线，与丰台区、海淀区接壤，便于突出自身特色，充分对接融合，借力发展。

特色二：文化底蕴深厚，发展前景广阔。北京马连道的茶文化发展由来已久，具有较高的社会知名度。从 1956 年首家北京茶叶加工厂建立，到 2000 年北京马连道茶业街正式开街，茶文化影响力不断扩大，声名远及俄罗斯、韩国、日本、美国、澳大利亚等国。区域内建有茶业博物馆、茶艺体验等茶文化体验场所，举办茶业论坛、名茶评比、茶艺大赛、茶文化表演活动，着力发展以展示茶文化历史、价值、前景为重点的多元文化创意产业。

特色三：产业特色突出，业态配套齐全。北京马连道功能街区汇集全国六大茶类、上万种名优茶，在坚持茶为特色多元发展的同时不断扩展，包括茶具和包装设计、生产、销售，旅游、休闲以及茶叶的展览、展示等，为北京马连道功能街区的整体发展奠定了良好的基础。

特色四：第三产业占比较大。截止到 2014 年 11 月，北京马连道功能街区共有法人企业 3913 个，其中第三产业法人单位 3855 个，占整个地区法人总数的 98.5%。收入合计超过亿元的 9 家单位，累计实现利润总额 2120.1 万元。第三产业企业实现资产、收入合计和利润三个主要经济指标占北京马连道功能街区合计数的比重分别为 32.1%、75.5% 和 36.3%，为区域经济平稳发展起到显著支撑作用。

特色五：有限责任公司起主导作用。企业登记注册类型显示，有限责任公司是创收主体，国有企业和私营企业创收能力旗鼓相当。截至 2014 年 11 月，有限责任公司资产总计 26.4 亿元，占北京马连道功能街区全部法人企业资产总计的 46.1%；累计实现收入合计 54.9 亿元，占整个街区收入合计的 80%。

发展战略：马连道茶产业特色商业区

发展背景。20 世纪 50 年代，北京马连道地区曾是北京市比较重要的仓储货运区。几十年来，伴随着北京城的发展，北京马连道逐渐成为闻名全国的茶文化街区。2000 年 9 月，北京市商业委员会正式命名北京马连道为“京城茶叶第一街”，同年被北京市评选为“十大特色商业街”。自 2001 年开始举办北京马连道国际茶文化节以来，借助独特的地域茶文化，北京马连道逐步扩大品牌知名度。街区在发展中产生一批著名的茶企业、茶品牌和茶企业家。以茶经济为特色的北京马连道，已经逐步成为华北地区乃至全国著名的茶文化街区。随着首都新定位的提出，以北京马连道为重点的广安门外地区基础设施建设、产业升级等问题进入议事日程，从 2013 年开始，马连道功能街区进入转型提升阶段。2013 年 11 月，北京马连道建设指挥部正式成立（见表 14），主要负责研究制定发展规划，进一步协调促进基础设施建设，多方面、多渠道、多平台推进产业优化，实施规范发展、转型发展、升级发展，把“中国特色商业街区”建设成为以茶为特色、多元发展

表 14：马连道建设指挥部及其内设机构的主要职责

<table>
<tr><td rowspan="4">马连道建设指挥部</td><td>主要职责</td><td>组织、协调、督促、服务以北京马连道为主的广安门外地区的产业升级和重点项目建设。综合协调涉及本区域、跨领域、跨区域的建设发展，组织协调推进区域重点项目。会同相关部门，研究制定并组织实施本区域中长期发展规划、空间规划、土地利用规划等发展战略；制定北京马连道地区产业发展规划，提升“中国茶叶第一街”品牌质量，促进茶文化发展；促进重点产业及相关产业融合发展。</td></tr>
<tr><td rowspan="3">内设机构及其职责</td><td>办公室：负责政务工作；负责文电、会务、档案等本单位日常运转工作；负责重要文稿起草、信息上报和公文管理工作；承担信访、建议、议案、提案、机要、保密、接待联络、电子政务、安全保卫、后勤保障、本单位财务和资产管理等工作；承担重要事项的组织和督查工作；负责工青妇工作。</td></tr>
<tr><td>规划建设处：会同相关部门，研究制定并组织实施本区域中长期发展规划、空间规划和土地利用规划等工作；负责制订本区域年度建设工作计划及实施方案；负责组织本区域规划建设实施重点难点问题的专项研究、协调解决；负责协调相关委办局、街道、实施主体，推进本区域重大基础设施、重点项目的改造和建设等工作。</td></tr>
<tr><td>产业促进处：负责落实促进本区域产业发展、资源利用、空间布局、产业升级等方面的政策要求；负责产业的调整和升级，专项资金的申报、推荐；负责整合区域公共服务资源；协调相关部门开展对外宣传联络工作，协调组织诚信经营、街区文化建设；负责协调本区域企业的知识产权保护、电子商务建设等服务工作；负责本区域各类经济指标信息的收集、加工和研究工作，并提出相关工作的建议；负责联系本区域有关行业协会、商会工作。</td></tr>
</table>

的品牌化、精品化、国际化世界知名街区。

发展战略。马连道建设指挥部成立以后，在深入调研的基础上，组织编制了广外地区“一总三分”规划，即《广外地区规划发展研究总报告》《广外地区交通专题报告》《马连道街区产业转型升级报告》和《马连道街区城市设计》，明确推动马连道地区市场主体及周边业态转型升级，规划建设马连道茶产业特色街区的战略定位，提出该地区的交通优化建议和产业提升策略，编制北京马连道茶叶特色商业区的城市设计方案。马连道茶业街地区建设以茶为特色、多元发展的文化创意街区，主要任务是转型升级，但升级并非把现有茶叶店铺升级为精品店，而是根据市场的功能定位将不适合首都功能定位的批发、仓储功能加以转移，茶的现代精细化交易中心与茶文化的体验展示中心则是未来转型的一个很好的方向。随着马连道茶业街产业结构逐步升级，茶业街打出了“文化马连道，品味慢生活”的口号。同时积极推进北京茶交易中心、马连道茶文化之旅等项目，将马连道茶产业特色街区打造成为以茶文化为标志的多元文化创意产业街区。

发展目标。功能街区发展目标是“和谐宜居、绿色休闲、文化活力”。和谐宜居方面：不断提高城市管理水平，坚持“因地制宜、分类引导、示范先行、全面启动”的要求推进棚户区改造，大力发展社区服务业，不断完善公共服务体系和提升公共服务水平，逐步进行人口疏解，严格控制建设增量。绿色休闲方面：完善街区绿色步行系统，提升莲花河与西护城河周边绿化景观，倡导街区绿色出行；尽量实现控规中未实现的公园绿地，充分利用边角废地建设街角公园，完善标识系统，提升街区商业休闲氛围。文化活力方面：着力打造茶为特色多元发展的文化街区，塑造功能区文化旅游新名片；重点推进实现两处重点文物保护单位的建控要求；国家话剧院周边依托文化、商业、交通枢纽等基础打造体验式文化商业综合体。

建设举措：改善街区环境 加快产业升级

统筹推动基础设施建设。一是以规划先行引导基础设施建设。统筹研究，重点调度区域内的道路建设。以街区总体规划统揽街区发展建设格局，在《北京市西城区综合交通规划（2012—2020）》以及区住房城市建设委员会拟定的全区道路实施计划的基础上，调研编制《广外地区道路实施计划（2014—2020）》，研究制定实施和保障规划的实施主体、实现路径和保证措施，为马连道的科学、有序、健康发展奠定坚实基础。二是以重点项目带动街区产业提升。结合功能街区发展现状，以产权单位自身改造提升项目为抓手，启动鱼藻池项目、中国出版集团出版创意中心项目和手帕口南街简易楼危楼改造项目，有效带动功能街区产业提升。三是以安全舒适为目标促进宜居环境建设。首先是结合广外地区养老服务设施现状，筹备建设西城区综合养老服务中心项目。其次是为提升广外区域就医环境，启动广外医院更新改造项目。再次是推进实验二小广外分校改扩建工作，启动中小学改扩建项目。最后是梳理出广外地区薄弱权属地块，依据用地现状条件、控规用地性质以及开发主体和居民意愿，对用地进行相应调整，实现增加绿地和增加服务设施。

攻坚克难加快道路建设。为进一步发挥首都功能核心区作用，推动重点功能区建设，指挥部成立后，积极推动以道路建设为重点的基础设施建设。一是将南马连道路项目（白纸坊西延项目）列为指挥部2014年重点推进的基础设施项目。从2014年5月白纸坊西延路下穿铁路段的施工重新启动开始，到2014年年底具备通车条件。二是积极推动市级规划主干路——车站西街项目铺装改造，进一步完善市政基础设施，改善道路两侧居民出行需求，给市民出行提供良好的交通环境，于2015年7月底全面完工并投入使用。三是按照广外地区2015年道路实施计划，协同区相关部门和街道办事处有序推进红居北街东段、马连道东三号路、马连道南街道路微循环项目、实验二小广外分校周边道路等道路建设。

专栏

南马连道路项目（白纸坊西延项目）

南马连道路项目（白纸坊西延项目）是市级主干路南马连道路的一部分，自西二环白纸坊桥向西，经京九铁路线、车站西街和莲花河路等多个路口，与红莲南路相接，全长约1.01公里，规划道路宽度40米，实施主体为北京市公联公司。早在2003年，市相关部门就将该路段列入了建设计划。2004年底，项目正式开工，但由于涉及文物保护、货场用地及拆迁补偿等原因，开工不久就进入停工状态，成为"断头路"，对周边居民出行造成很大影响。2013年11月，马连道指挥部成立后，将该项目列为2014年重点推进项目。为了推动项目顺利进行，指挥部及时调度北京铁路局协调推进规划道路下穿铁路线的审批以及铁路降速；协调广外街道办事处、京铁房地产公司完成地上物拆除和用地腾退；协调西城规划分局做好泵站选址、退水管线设计审批等；协调市公联公司按照时间节点完成方案调整及程序报批；协调区市政市容委、区交通支队、区园林市政管理中心，将南马连道路与车站西街的衔接方案由丁字调整为十字相交，并预留了交通接口。在多部门的共同努力下，该项目于2015年1月实现双向通车，有效缓解了广外大街拥堵状况，改善了周边环境品质。

以疏解非首都功能为契机促进业态规范发展。一是建立基础台账。建立区域内人口、经济、基础设施、重要项目、文化创意产业名录、企业商户信息等分类基础台账，对功能街区概况实施动态监测管理。二是制定街区业态发展指导目录。认真落实北京市疏解非首都功能指导意见，深入开展基础调研，制定《北京马连道茶文化街区业态发展指导目录》，规范街区经营秩序，优化调整产业业态，实现街区的健康运转，促进街区和谐有序发展。三是落实疏解非首都功能。以疏解非首都功能、推进京津冀协同发展来指导北京马连道产业升级，积极配合项目主体进行市场升级改造，研究街区仓储、物流等功能外溢，探索区外开发建设空间承接功能转移，以北京茶业交易中心建设为产业体系构建突破点，以国际茶产业园为街区茶批发、仓储功能梯级转移承接载体，通过金融、财政、税收等政策的引导扶持，促进北京马连道街区与国际茶产业园“两地三载体”联动发展，促进街区产业功能转型提升。搭建政府、企业沟通交流平台。深化与金融机构的合作，积极吸引各类资本进入茶产业，为茶产业转型升级和持续发展提供保障。及时召开银企、政企对接会，让街区企业及时了解各类金融政策，搭建金融机构、投资担保机构与茶行业主管部门、产茶区当地政府、茶企之间交换信息的重要平台。

以强化三个功能实现产业不断升级。一是茶文化创意体验功能。以茶文化为载体，大力推动街区内的文化融合、产业融合、文创体验，实现街区的多元化发展。通过跨区域、跨行业合作的方式，通过引进不同类型的文化产业，促进茶产业结构的调整和提升以及茶文化内涵的进一步挖掘。开展拍卖会、文化沙龙等活动，探索将茶文化与金融等行业融合发展。依托新、老媒体平台，增强茶文化传播，制作“一图一表一册”（街区导览图、发展简表、购物指南）、广告牌等宣传产品，引导消费，提供便民服务。推出街区内外互动、文化生态共享的“8+6”茶文化旅游线路，实现茶旅融合。二是茶品牌展示培育功能。要推动茶产业品牌建设，引导茶企业品牌化经营，宣传推介优质茶业品牌。遵循“促新、调旧、淘汰落后”的原则，结合每个茶城自身发展特点分别制订各茶城产业升级指导方案，以区域协同发展为契机，结合茶产业园建设等项目，丰富整体业态，大力发展茶产业特色品牌优势，积极发展出版、商标、设计等产业。利用平面媒体、互联网络、手机通信网络等载体，拓宽受众领域，提升街区知名度和美誉度。与产茶地区食品安全监管部门建立信息反馈机制，扶持产销两地优质企业品牌在北京马连道诚信发展，为北京消费者提供安全放心茶。举办“红茶暖人心，剪纸送祝福”等文化品茗活动，打造北京马连道文化休闲新品牌。三是茶产业综合服务功能。建设和完善满足茶产业发展需求的配套服务设施，为企业提供技术服务、信息服务、金融服务。启动汇集旅游咨询、文化中心、展示中心和创业指导等四个功能的广外综合服务中心项目，打造“1 个中心、1 个平台和 2 个服务站”，即党群活动中心、北京马连道中国茶叶第一街微信平台、湾子路口和北京马连道茶城 2 个服务站点。采用科学客观方法，利用统计数据，按照不同企业规模，分层抽取能够代表北京马连道实际业态发展水平的企业采集数据，进行科学运算与分析，反映北京马连道茶业市场综合发展水平，为企业、政府、投资和消费者了解市场提供依据（见图 16）。

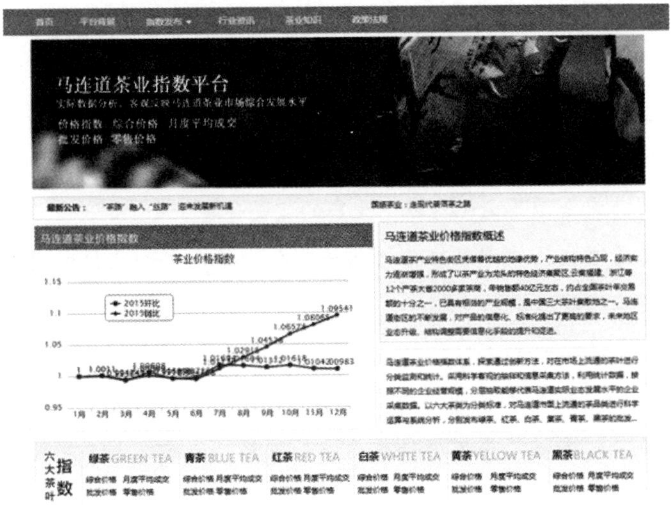

图 16：马连道茶业指数平台

资料来源：http://www.maliandaoti.com/

专栏

"8+6"茶文化旅游线路助推马连道转型升级

2016年6月26日，在马连道茶文化之旅精品体验线路推介会上，北京马连道指挥部和西城区旅游委联手推出街区内外互动、文化生态共享的"8+6"茶文化旅游线路。

"8"是指马连道文化创意街区内的8个文化节点：有突出知识性、重在观赏的北京茶叶博物馆、天月普洱茶博物馆；有突出趣味性、重在互动的满堂香悦茶会、京彩瓷博物馆、黄山猴坑太平猴魁体验店；也有突出融合性、重在体验的更香茶楼、憩园茶体验馆和北京茶业交易中心所在的马正和茶城。

这8个文化节点，串联成一条精品体验线路，集参观、体验、餐饮等多种元素于一体，传承并拓展了茶文化的内涵，给游客们提供了一场视觉、听觉、味觉、感觉、触觉的多重盛宴，使快节奏中的人们在茶文化之旅中"坐下来、静下来、慢下来"，用心体会返璞归真的慢生活。

"6"是指立足街区特色茶企，将茶旅融合辐射到全国著名茶产区，推出了武夷山、婺源、湄潭、桐木关、福鼎、武义等6条茶产区精品旅游线路，这些线路都可以看茶园、住茶山、采茶叶、品茶餐，完全是茶文化与绿色生态的完美体验。

马连道街区将以茶文化之旅为载体，带动整个街区的转型升级，逐步实现三个转变。

一是从单一的茶销售转变为茶文化引领。茶文化之旅主打文化牌，深度挖掘历史悠久的茶文化，使消费者透过单纯的茶叶买卖对茶文化内涵产生浓厚兴趣，以茶带旅，以旅促茶，实现产业结构的优化。

二是从单一的茶品饮转变为丰富多彩的茶体验。茶旅的结合，打破人们对于茶只能品饮的传统观念，以茶为媒又不拘泥于茶存在的形式，可以了解茶的历史、茶的知识，可以亲自拉坯制作一只个性茶具，也可以伴着茶香欣赏一段优雅的古琴曲目、临摹一幅大家的写意山水，体验活动中处处有茶，却比单纯的喝上一杯茶更满足惬意。

三是从单一的茶叶市场转变为多元产业融合。随着茶产业链的不断延伸和拓宽，茶叶早已不再是单一的饮品，以茶入食形成茶餐、茶点，以茶为源衍生出茶道、茶禅，以茶会友扩展到茶旅、商务服务，茶，正在逐渐跨界到各个领域。

资料来源：“马连道中国茶叶第一街”微信公众号

针对目前北方茶叶销售市场存在着沟通协作不畅和产业疏解等问题，2015年6月正式成立北方茶产业促进联盟，确立具体的合作领域和合作机制，建立联络员机制、简报发布机制等规章制度，促进联盟成员信息共享，推进工作规范化和常态化。还与福建省宁德市、南平市、福州市，贵州省遵义市签订茶叶类食品安全备忘录，建立健全产销区当地卫生、食药、工商等部门合作机制，确保茶叶自采摘、加工到销售各个环节全程纳入监管，防止出现监管盲点。

以多元发展为突破口促进产业结构不断优化。一是多轮驱动共促街区发展。巩固传统优势，促进新业态发展，整合多种资源，在街区内大力倡导“大众创业、万众创新”，推动跨行业交流合作，引入、培养茶叶质量审评、市场营销（电子商务）、茶艺、茶文化等专业复合型人才、高端人才，提升产业整体发展水平和竞争力，将文化创意、科技创新、商务服务产业打造成为“多轮驱动”共促街区产业升级。二是多元发展突出融合共生。完善区域内资源配套设施，加快推进空

专栏

北方茶产业促进联盟项目

针对目前北方茶叶销区市场存在的横向交流机制短缺、沟通协作渠道不畅等问题，结合国家京津冀协同发展战略和落实首都核心功能要求，马连道指挥部在多次论证和实地调研的基础上，积极联系北方各主要销区市场，于2014年6月推动成立了北方茶产业促进联盟，建立了各主要销区市场之间互动交流的工作机制。在中国茶叶流通协会的大力支持下，确立了联盟的具体合作领域和合作机制，逐步完善联盟整体架构，建立联盟规章制度，促进联盟成员信息共享，推进了工作规范化和常态化。联盟成立后，多次召开联盟会议，组织相关活动，并结合经济发展形势和茶业市场运行现状展开深入讨论，切实发挥了联盟的带动和纽带作用。经过一年多的发展，联盟成员单位已经由最初的11家增至27家，涵盖了北京、山东、河北、山西四个省市的重点茶业协会和企业。下一步，北方茶产业联盟将继续扩大联盟范围，加强联盟成员之间协同合作，完善联络机制，准确把握国家发展的新形势，促进茶产业转型升级。

间融通、资源融汇和产业融合，促进茶产业与文化创意、信息、科技、商务、金融等多种产业融合发展，推动总部经济与中小微企业互动发展，促进产业结构优化升级，提升产业服务和辐射带动能力。三是深入研究街区发展现状。借力高校外脑合作，运用第三次全国经济普查数据资料，结合区街经济学、产业经济学等相关理论，对北京马连道功能街区的发展现状、外部环境、存在的主要问题进行系统梳理和分析，并借鉴国内外特色商业街区发展的经验，深入挖掘适用于北京马连道茶业街的各项政策，以文创、商务、旅游等方面的政策为抓手，为北京马连道功能街区的业态调整和结构调整提供理论依据和数据支撑，以实现北京马连道功能街区的持续提升和发展。

工作创新：规划引领 平台支撑

内外联动、合力推动、统筹协调。建立健全专项调度会制度，围绕重点工作目标，通过现场调研、定期联席调度、函电、专人督促、编制重点项目等多种方式，加强工作调度。对外加强日常联系，对内充分发挥平台作用，强化部门联动机制。重点项目实行定期上报施工进展，指挥部确定专人定期走访现场，区内各相关单位指定专人负责，及时沟通和协调解决项目施工进展问题。

“全过程管理”促进项目衔接。深入分析问题的内在矛盾，按照“发现—分析—解决”的思路，充分考虑与区域外部交通衔接、道路实施与街区重点建设项目衔接，区分轻重缓急，突破市政道路建设瓶颈，切实解决民生问题。

超前谋划、合理规划、科学实施。在道路建设中坚持分类指导，增强措施制定的针对性。对已建道路突出“通”，通过先进科学的技术手段保障建成通车的道路减少拥堵；对拟建道路突出“促”，对已经纳入规划建设目标的项目，通过协调努力争取尽快开工建设；对未建道路突出“统”，全面摸排需要推进实施的道路情况，梳理主干路、次干路、支路、微循环。会同区住房城市建设委、区市政市容委等单位，共同研究提出近、远期道路实施目标。梳理地区未实现规划道路，明确疏解地区内主要堵点，完善道路微循环的主要目标。

搭建五大发展平台。一是产业升级引导平台。根据街区内部的实际情况和商户的现实需要，制定培训计划，提高自身服务水平，助力企业健康发展。以协会、商会为抓手，为茶企提供产业政策、经营管理、市场营销、电子商务知识、食品安全培训等方面培训，推动企业跨领域、跨区域的交流合作。二是商标服务平台。与区科信委加强联系，及时为街区企业举办知识产权等相关讲座，加强商标专业知识培训、商标注册手续便捷化等方面的合作，强化商户商标意识，协助企业合法维权，培育名优品牌。三是展会宣传平台。积极利用“两展一会”、厦洽会、茶博会等载体，深入挖掘文商旅综合展示平台的内在价值，与社会各界加强合作。四是电子商务平台。与京东公司签署战略合作协议，推动街区十余家优质茶企上线，“北京马连道茶业街”以整体形象入驻京东商城。与拍拍网合作，提高街区茶企电子商务运营知识的储备和经验的积累，培育北京马连道企业创新销售模式。五是金融服务平台。在北京马连道地区建立北京茶业交易中心，利用北京马连道在茶产业领域的影响力，集成北京乃至整个北方地区的茶产业电子交易、电商平台交易、展示推广、检测评审、信息咨询、培训认证、企业融资等业务，完成茶产业的跨越式发展，对北京马连道茶文化街区具有重要的现实意义。

西单现代商业区

西单现代商业区是北京三大传统商业区之一。由于与金融街相邻，近年来两个功能街区发展出现相互渗透局面，西单现代商业区对金融街的商业配套作用日益增强。为此，《西城区“十二五”时期功能街区产业发展规划》将西单现代商业区产业定位为在与北京金融街融合发展的基础上，大力发展现代商业、休闲服务业、金融服务业、旅游业和其他综合服务业。

区域特点：北京老牌商业街

资源状况。西单商业区形成于20世纪50年代末期，是北京市延续至今具有悠久历史和深厚文化底蕴的商贾云集之地，与王府井大街、前门大栅栏并称三大传统商业区。在广大消费者心目中是商业经营的黄金地段，更是首都经济繁荣的象征。西单商业区南起宣武门大街，北至西四大街，南北长约2700米，东起横二条，西至太平桥大街，东西宽约1100米，占地面积约3平方公里。西单北大街是商业区中商业设施最为完善的区域，南北长850米（灵境胡同—长安街），东西宽450米（横二条—华远街），区域面积约为0.38公顷。商业区内有老佛爷百货、西单商场、西单购物中心、汉光百货、君太百货、图书大厦等亿元商场，以及大悦城大型综合商业设施。2015年，西单商业区共有法人单位1007家，商业区实现利润总额166.4亿元。

发展状况。西城区十五届人大一次会议提出加快打造木樨地至永定门滨河道景观（水道）、地安门至永定门文化轴景观（文道）和新街口至开阳桥商业街景观（商道）建设。加快商道建设是西城区新的发展形势对商业发展提出的新要求。按照商道沿线关键节点与功能定位的不同，商道规划提出“一道两中心三发展带”的发展思路。“两中心”是指西单城市标志性商业中心、广安功能性商业中心。“三发展带”是指从西四至西单的零售商业发展带，从西单至开阳桥为金融商务发展带，从西四至积水潭桥为商旅文发展带。作为“商道”建设的重要节点之一，西单商业区在西城区经济建设中发挥着重要作用。目前，西单商业区的城市建设将从以主街两侧开发为重点，逐步转变为以主街两侧之纵深开发和与周边地区协调融合性开发为重点；环境及景观建设从以主街为重点，逐步转变为以胡同支路为重点；目标顾客从单纯追求客流量的增加，逐步转变为更加注重消费力的提高；空间利用从以地面空间开发利用为重点，逐步转变为以探索地下空间开发利用为重点。西单商业区以时尚、国际、潮流、品位为主题，主要功能为零售、餐饮、娱乐、文化推广、旅游服务，建成为国家级、世界级消费旅游目的地、城市标志性商业中心。

发展问题。西单是北京三大商业中心当中唯一不是步行街的商业区，而且西单大街是西城区南北主要交通干道之一，公共交通密集，人流量大，其优点是交通便利，其缺点是过境交通和购物消费者混杂，这势必造成巨大的承载压力，比较步行街来说，商业环境混乱拥挤，停车资源不足，制约了商业发展。另外，西单是北京市的传统商业中心，伴随着国内商业整体转型升级的压力，以及大型超级市场、新兴商业综合体、电子商务等的冲击，传统商业竞争优势持续减弱，再加上建设空间相对饱和，商业改造升级难度大，商业持续发展后劲不足。从商业街内部业态来看，既有传统商业中心，也有现代商业综合体和国际品牌商厦，还有小商品市场，产业结构复杂，发展水平参差不齐，商业品质和层次差别较大，外在形象混乱，总体水平不高。这也影响到商业的发展。

发展战略：与北京金融街融合发展

战略定位。由于与金融街相邻，近年来两个功能街区发展出现相互渗透局面，西单商业区对金融街的商业配套作用日益增强。为此，《西城区“十二五”时期功能街区产业发展规划》提出，西单商业区要在与北京金融街融合发展的基础上，大力发展现代商业、休闲服务业、金融服务业、旅游业和其他综合服务业，从而建成国内外知名的商业中心区。

发展目标。按照北京金融街和西单商业街一体化发展的方向，完善西单综合服务业布局，引进具有国际水准的现代商业和服务业，加速西单商业街的现代化、国际化发展进程，使之成为具有时尚特色的现代商业和服务业聚集区。

智慧西单。2015年，西单商业区在北京电子商务协会支持下启动了西单智慧商圈的建设，目标是以免费WiFi为平台，将西单商圈建设成为集购物、美食、休闲娱乐等为一体的综合商业圈，打造商圈3.0的智慧生活。商圈3.0的智慧体验与商圈1.0时代和2.0时代有着明显不同。在商圈1.0时代，只为满足消费者的生活需求；在2.0时代，购物中心一站式满足消费者吃、喝、玩、乐、逛；而在3.0时代，则会让消费者漫步在商业大街上，就仿佛游历在互联网的海洋中。

工作成效：产业结构逐渐向高端发展

现代时尚消费品牌影响力不断提升。西单商业区是西城区十大功能街区之一，也是广大消费者心目中商业经营的黄金地段，更是首都经济繁荣的象征。“十二五”期间，汉光、君太、大悦城等百货商场和商业综合体持续集聚人气，另有定位高端的老佛爷百货入驻街区。受其带动，批发和零售业、住宿和餐饮业的单位数量也保持了平稳的增长态势，从2010年的223个增长到2015年的370个，占商业区法人单位总数的比重为36.7%。目前，西单商业区的产业结构由原来的中、低端向高端发展，交通环境更加优化，市政设施更加完善，城市景观更加亮丽，业态形式更加丰富，商业特色更加鲜明，已经形成集购物、旅游、商务、娱乐、休闲、住宿为一体的现代商业区。

金融业收入、利润实现快速增长。在与北京金融街融合发展的背景下，“十二五”期间，西单商业区金融业实现收入合计和利润总额均呈现增长态势，其中，实现利润总额表现尤为明显。2015年，商业区内金融业以仅占商业区0.9%的单位量创造了商业区11.3%的收入和67.2%的利润，共实现收入合计11.7亿元，与2010年相比增长了57.5倍，年均增速为1.3倍。实现利润总额111.9亿元，与2010年相比增长了1242.3倍，年均增速为3.2倍。

文商旅实现融合发展。2014年12月，西城区出台了《西城区人民政府关于促进旅游与文化、商业融合发展的意见》（以下简称《意见》），提出着力打造一批具有国内外影响力和吸引力的旅游文化活动和商业文化活动品牌项目，突出时代特点，体现西城特色。其中，

《意见》明确指出，要挖掘西单时尚年会等商务文化活动的旅游价值，丰富西城文化旅游市场。西单时尚年会已经成功举办了6届，是西城区每年的重点活动之一，时尚节的时间跨度也从往年的一个星期、一个月，延长至2016年的3个月。2015年年会围绕“时尚、文化、品质、生活”核心主题，举办了时尚讯息发布、时尚文化展示、时尚美食推广、文化之旅体验、文化惠民进社区等八大板块，20多项主题系列活动把西城区“必吃”“必住”“必赏”“必购”“必玩”的“五必”旅游精品资源引入西单。

工作创新：开启西单商圈的智慧生活新模式

构建管理新格局。由于西单商业区是按照市场规律发展起来的，因此形成了政府引导、市场主导、街道提供属地保障的管理格局。区功能街区产业发展促进局是负责西单商业区产业发展工作的区政府工作部门，除此之外西长安街街道还设立了西单商业区管理办公室，主要承担西单地区城市管理、社会治安、交通安全、安全生产、环境综合整治、整顿经营秩序、监管文化活动等方面日常管理工作的监督、协调工作，调度商业区内公安、交通、工商、城管、环保等专业部门开展专项、日常工作。办公室坚持“以人为本，科学管理，高效服务”的工作理念，强化“西单无小事意识”、红墙意识、责任意识和服务意识，以维护区域和谐稳定为重点，以体制机制创新为抓手，以提升驻地各执法作业队伍能力为支撑，发挥统筹协调职能，逐步形成了政府牵头、职能部门配合、作业队伍保障、地区商家支持的综合管理服务模式。

建设西单人群聚集风险预警系统。为了进一步提升西单商业区管理服务的精细化程度，充分利用现代信息和大数据技术，对人员密集场所客流量、客流密度的科学准确预警，有效预防和避免安全事故发生，西城区于2009年在西单商业区建成了全国首个客流预警系统，一期和二期共建成39个人群聚集风险监测点和13个高速球机，并建设了全新的中心控制机房，开发了远程移动PAD发布系统，实现10分钟、小时、日、周的客流预测。系统积累的数据不仅可提前10分钟实现重点区域人群聚集风险预警，更可预测未来1天甚至1周的人群总量和峰值时段，辅助管理者提前制定值班和执勤计划，实现了人群现场、预警中心、远程决策的互联互通，为精细化管理创造了条件。项目建成以后，随着西单地区服务管理信息化、智能化水平的不断提高，西单地区应急指挥平台和"智慧西单"项目逐步实施，西单人群预警系统发挥着越来越重要的技术支撑作用。

实现国内首个商圈资源整合。在互联网+商业的趋势下，越来越多的实体商业企业认识到，融合线上线下的全渠道经营模式未来将成为北京商业实现增长的主要方式。严酷的商业环境要求应以商圈为基础，发挥合力，实现商业、酒店公寓、联通银行等多平台的组合，实现客流共享，强化平台价值。2015年11月11日，西城区商业联合会、西单商会主办了2015北京西城电子商务节暨西单智慧商圈启动仪式，全程围绕"e时代 i西城"的主题，积极推广和传播智慧商圈理念，在整合商圈资源基础上，建设"大平台构建+多平台积累+全平台整合"的智慧商圈3.0线上平台。这是西单商圈直面挑战、聚势出击的一次大动作，是国内首个商圈资源整合行动，这个行动将开通智慧一卡通实体平台，并在此基础上融合城市交通体系，通过"微信综合服务号+全商圈wifi+智慧Beacon"等渠道，推出国内首个商圈级的金融服务产品。当全平台整合植入金融产品概念，智慧商圈才将真正完美构成。2015年12月12日，为积极推广"智慧商圈"的理念，西城区又推出了"时尚西城手机APP平台"，为广大消费者搭建了一个信息集成化、服务一体化、体验便利化的移动服务平台，共同开启智慧生活新模式。

第 4 章

思路篇

新形势下西城区功能街区发展面临的新变化

首都城市功能新定位、京津冀协同发展新战略、建设国际一流的和谐宜居之都新目标、五大发展新理念、城市工作新政策，使功能街区发展的外部环境和内在要求发生了巨大变化，现有的发展理念、发展导向、功能定位、空间结构、产业布局、发展动力、发展路径、规划建设、管理体制已经不适应这些新变化，功能街区转型发展势在必行。

首都城市功能新定位带来的新变化

对功能街区功能定位的影响。全国政治中心、文化中心、国际交往中心、科技创新中心，是北京市的新定位和核心功能。作为首都功能核心区，西城区是政治中心、文化中心的核心承载区，是历史文化名城保护的重点地区，是体现国家形象和国际交往的重要窗口地区。功能街区作为承载城市功能的最基础的单元，必须以坚持和强化核心功能为中心对现有的街区功能进行调整优化，紧紧围绕全国政治中心承载区、国家金融管理核心区、首都文化名城精华区、城市和谐宜居示范区的区域定位对各功能街区进行布局调整、功能优化。

对功能街区空间布局的影响。从全国各地的主要做法来看，功能街区的空间布局，主要依据是本地的优势资源和产业基础，其空间布局在很大程度上是产业布局的延伸，突出强调的是区域的经济功能。在“四个中心”的功能定位下，这种以经济功能为导向确定区域发展空间布局的思路，显然不符合中央对首都北京未来发展的要求。按照中央要求，北京把强化首都核心功能、疏解非首都功能提高到前所未有的战略高度，以保障首都核心功能、更加强化服务功能来调整功能街区空间布局成为当务之急。而保持一定的经济规模，也是有力地支撑和保障首都功能的基础条件。

对功能街区在建项目的影响。“四个中心”的城市功能定位，意味着北京必须转变以经济功能为导向、以拓展空间为引领的功能街区发展思路，即立足功能定位和资源优势，以空间战略引领区域发展，依托城市建设改造，推动重点功能区建设，拓展发展空间和产业承载，同步配套服务设施和改善环境面貌，进而带动产业结构优化、城市品质提升，这是功能街区发展的基本思路。然而随着优势资源的集聚和开发空间的紧缺，以拓展空间、招商引资来推动经济发展、扩充城市功能的老路子已经难以为继，人口资源环境矛盾日益突出，“城市病”问题日益严重，因此，必须停止与首都核心功能不符合的在建项目，而是通过完善规划，把空间布局的重心转移到服务和保障首都核心功能上来。

京津冀协同发展新战略带来的新变化

对功能街区空间结构的影响。疏解北京非首都功能是京津冀协同发展的关键环节和重中之重，对推动京津冀协同发展具有重要先导作用。疏解非首都功能，遵循严格控制总量、有序疏解存量的要求，最直接的影响就是空间结构的变化。作为城市功能的地域载体，城市的空间结构反映城市功能在城市内部不同地区的分布，直接影响着功能街区的功能定位。根据中央和北京市推进京津冀协同发展的有关精神，西城区制订了疏解非首都功能工作方案，启动了“动批”等重点批发市场、职业教育、拆违撤市、“七小”业态整顿等疏解工作，结合正在推进的棚户区改造、城市修补、文物腾退和修缮等工作，西城区特别是各功能街区的空间结构将发生一定的变化，而腾退空间的用途直接决定着街区的功能结构。同时可以预见，随着老城重组的推动，东城区、西城区行政区划的调整，功能街区的空间结构将受到较大影响。

对功能街区经济发展的影响。当前中国发展进入新常态，经济发展动力正由过去的要素投入驱动转向创新驱动。协同创新是京津冀协同发展的核心所在，协同创新就是要在京津冀整个区域内实施创新驱动发展战略，推动京津冀区域以科技创新为核心的全面创新，在京津冀范围内实现城市功能与产业布局的优化，发挥市场在资源配置中的决定性作用，增强新的增长动力源泉，推进京津冀经济一体化发展。全面落实京津冀协同发展战略，不仅有利于发挥西城区创新资源密集的比较优势，加快经济发展方式转变，完善“高精尖”经济结构，实现功能街区更高质量更高水平的发展，而且有利于提高西城区创新引领能力，促进经济发展动力转换，探索产业协同发展的新模式，在津冀地区培育新的共同的经济增长点。

对功能街区产业布局的影响。西城区产业发展呈现二元特征，在以金融、科技等产业为主、整体高端化的产业结构之下，仍然不乏传统商业等相对低端的产业。产业升级转移是有序疏解非首都功能，推动京津冀协同发展的重要基础和重点任务，是京津冀集中力量先行启动、率先突破的重点领域。伴随京津冀产业指导目录的制定和落实，产业对接协作平台的建立，以及产业有序转移的需求发现和对接服务机制的建立，功能街区将加快转出一般制造业及高端制造业的生产环节、区域性批发市场和物流基地。而严格控制产业用地规模、严格缩减产业功能区规模、严格控制功能区以外新增产业规模也将对功能街区的产业结构和产业布局产生较大的影响。

建设国际一流的和谐宜居之都新目标带来的新变化

对功能街区发展目标的影响。建设国际一流的和谐宜居之都是中央对北京的发展建设目标提出的要求，西城区作为首都核心区，提出要在国际一流的和谐宜居之都建设中走在前列，在更高水平上共同创造城市美好生活。作为城市发展的基础单元，功能街区就是要继续实施“服务立区、金融强区、文化兴区”发展战略，加快疏功能、转方式、治环境、补短板、促协同，在实现新目标、构建新机制、探索新路子方面发挥示范带动作用，带动整个西城区的发展转型和管理转型。

对功能街区发展导向的影响。功能街区是空间相对独立和功能较为完整的城市系统，既具有优势相对突出的主导产业和配套产业，也具有较好的服务设施和公共配套设施，适宜的居住建筑、公共建筑和绿地空间。但在功能街区建设发展过程中，传统的思维和做法是以经济功能为导向进行空间开发和产业布局，对于承载古都历史文化的老城区而言，更是会将有限的空间资源优先用于经济发展，而忽视了社会功能、生态功能等其他城市功能。新目标强调建设国际一流的和谐宜居城区，就是要确立以城市功能为导向的功能街区建设模式，统筹空间、规模和产业结构，实现以人为本、宜居宜业、集约高效、富有活力。

对功能街区发展标准的影响。功能街区建设要坚持首都意识、首善标准、首创精神，坚持首都工作的高标准，按照北京市委对西城区提出的环境要优美、人口要控制、服务要优质、发展要持续的新要求，在非首都功能疏解、棚户区改造、人口规模控制、基础设施建设、基本公共服务保障、环境整治、历史文化保护等各领域、各环节用国际一流的标准，和谐宜居两把尺子来衡量。建设环境优美、社会安全、生活舒适、文化繁荣、经济富裕的功能街区，在服务上进一步完善服务体系，提高服务保障能力；在管理上运用法治思维和法治方式，提高法治效率和规范性，全面提升城市服务品质和管理品质。

五大发展新理念带来的新变化

对功能街区发展理念的影响。党的十八届五中全会提出的创新、协调、绿色、开放、共享的发展理念，是顺应时代潮流、把握发展机遇、厚植发展优势的战略抉择，是我国经济社会发展必须长期坚持的重要遵循。这就要求功能街区必须发挥其在整个区域转型发展中的核心载体作用和示范引领作用，切实把新理念作为街区规划、建设、发展、管理、运行的指挥棒，切实把新理念贯穿到决策、执行、检查各项工作中，切实把新理念落实到区域经济社会发展各领域，营造崇尚创新、注重协调、倡导绿色、厚植开放、推进共享的发展环境，推动新发展理念在功能街区落地生根、生动实践。

对功能街区发展动力的影响。当前西城区功能街区的发展动力正处于从投资驱动、要素驱动向创新驱动转换的时期。创新发展、协调发展、绿色发展、开放发展、共享发展都有利于增强发展动力，但核心在创新，抓住了创新，就抓住了牵动经济社会发展全局的“牛鼻子”。

对西城区来说，最有潜力的资源就是创新，对功能街区来说，最成功的要素也是创新，要立足优势，抢抓新科技革命和产业变革的机遇，让创新贯穿一切工作、作为发展的基点。深入推进以科技创新为重点的全面创新，加快完善“高精尖”经济结构，率先形成以创新为主要引领和支撑的经济体系和发展模式。

对功能街区发展路径的影响。五大发展理念蕴含着尊重规律、按规律办事的实践逻辑，贯穿着鲜明的问题导向，彰显着人民至上的价值取向。新发展理念直指我国发展中的突出矛盾和问题，是推动全面深化改革和城市发展转型的行动指南。对于功能街区来说，就是要以创新发展解决发展动力和发展模式、体制机制和制度体系的问题；以协调发展解决经济和社会、物质文明和精神文明等发展不平衡的问题；以绿色发展解决人与自然和谐、发展方式和生活方式绿色低碳的问题；以开放发展解决金融、科技、文化相互支撑融合发展和区域间政策不统一、体制障碍等问题；以共享发展解决增进人民福祉、促进社会公平正义的问题，着力探索落实新理念的实践路径。

城市工作新政策带来的新变化

对功能街区规划实施的影响。北京市委十一届十次全会审议通过的《关于全面深化改革提升城市规划建设管理水平的意见》（以下简称《意见》）鲜明提出，要推动实现总体规划层面和控制性详细规划层面两个“多规合一”，通过加快推动城市规划管理和国土资源管理部门合一，2016 年实现城市总体规划与土地利用总体规划两图合一，与国民经济和社会发展规划相协调，并逐步实现生态环境、基础设施、公共服务、公共空间等专项规划与控制性详细规划相融合，在街区层面要求衔接、内容统一、管理协调。要求基本实现街区控制性详细规划全覆盖，未编制控制性详细规划的区域不得进行建设。《意见》提出，一方面要强化市级对规划的刚性控制和实施监督作用，市政府作为规划管控主体，强化街区发展方向、总量规模、开发强度和空间布局等方面要求，增强街区控制性详细规划的指导性。另一方面要合理配置区级规划实施的自主权，区政府作为规划实施主体，在严格落实街区控制性详细规划的基础上，负责将街区科学划分为若干实施单元，推行同一主体跨实施单元、跨街区平衡的组织实施模式，由区级规划部门确定建设项目规划条件，充分发挥区政府的主动性和积极性。这对功能街区的规划和实施提出了新的要求，将对功能街区既定规划项目的实施产生实质性影响。

对功能街区基础设施建设的影响。在智慧城市基础设施建设方面，《意见》强调，要建成国际一流的新一代信息基础设施。全面建成城乡一体的光网城市，政企用户宽带接入能力达到千兆，逐步普及家庭百兆宽带，到 2020 年网络接入能力达到世界先进水平。加快建设无线城市，推进 4G 网络有效面积全覆盖，在全国率先开展 5G 建设示范，重点公共场所实现无线宽带免费上网。加快推进下一代互联网发展，完善物联网、云计算、大数据基础设施建设，打造物联感知、高速泛在、融合智能的信息基础环境；在海绵城市基础设施建设方面，《意见》明确，要提高城市雨水就地消纳水平。大力减少城市硬覆盖地面，严格控制各类新建项目硬质铺装比重，非机动车道、人行道、停车场、广场等加大透水建材铺装力度。结合老旧小区和公共绿地改造，建设一批雨水花园和下沉式绿地。通过道路和绿地的协同设计，加强超标准降雨的疏导和滞蓄。到 2020 年城市建成区 20% 以上的面积实现 70% 的降雨就地消纳和利用；在城市地下综合管廊设施建设方面，《意见》提出，要编制中心城区地下综合管廊骨干网络规划实施方案，逐步构建中心城区地下综合管廊骨干网络。对于城市核心区的管线改造，要因地制宜稳妥推进，着重开展缆线型管廊建设试点。即采用结构尺寸小，且埋深小，其投资和施工难度也相应较小，主要用于容纳电力电缆和通信线缆的浅埋廊道方式建设。作为首都功能核心区，基础设施建设应着眼于保障首都核心功能和民生，着眼于国际一流的标准和绿色循环低碳的理念，智慧城市、海绵城市和地下综合管廊是基础设施建设最前沿的领域，功能街区作为城市运行的基层载体和创新发展的前沿阵地，理应在这方面先行先试。

对功能街区管理体制的影响。《意见》指出，要强化城市管理统筹，将首都城市环境建设委员会调整为首都城市环境建设管理委员会，将供热、供水、排水、燃气、环卫、绿化、道路等领域市属国有企业纳入成员单位，办公室设在市城市管理主管部门。同时，整合市政市容、煤电油气等能源日常运行、再生资源回收、城市建成区市管道路两侧绿化带的环境卫生、城市河湖管理范围内（不含水域）的环境卫生，以及地下综合管廊等管理职责，组建市城市管理委员会，作为北京市城市管理主管部门，列入市政府组成部门，负责对城市管理工作的业务指导、组织协调、指挥调度、专项整治和检查评价等工作。《意见》指出，区政府在城市管理中负主体责任，参照市级城市管理协调机制和机构职能设置，结合各自的功能定位和工作实际，建立城市综合管理体制。上述城市管理体制改革，为调整优化完善功能街区管理体制提供了遵循。

功能街区重要产业发展形势判断

在继续坚持“服务立区、金融强区、文化兴区”发展战略的新时期，金融、科技、文化已然成为西城区产业功能的主体骨架。面对产业跨界融合的新趋势，面对服务品质提升的新目标，金融服务的地位将在落实首都“四个中心”功能定位中得到进一步巩固。科技创新成为西城区实施创新驱动战略的首要动力，而推动科技与金融、科技与文化的融合发展将成为一个重要方向。同时文化产业最有基础成为继金融服务业之后北京的战略性、支柱性产业。西城区完全有条件在全市率先形成文商旅融合发展的新格局，但生活性服务业是提升城市品质必须补齐的短板。

金融服务功能基础地位更加巩固

金融是现代城市的核心功能，在国际大都市的地位和作用不容置疑。国家金融管理中心是新型开放大国的首都核心功能，体现了首都“四个中心”建设的必然要求：既是北京特大型现代城市发展演化的自然结果，也是北京经济转型升级、社会和谐包容、环境宜居的必不可少的推动力。对北京而言，金融是政治中心的重要内容，是文化中心的重要支撑，是国际交往中心的重要纽带，是科技创新中心的重要保障。建设以首都为核心的世界级城市群，关键是建设以首都为核心的国际金融体系。从经济的角度看，金融是现代经济的核心，首都经济金融的改革与发展，直接体现和代表了十八届三中全会的精神要求。同时，丰富深厚传统历史文化的弘扬和发展，也需要与现代商业和金融文化兼容互动；高端国际交往交流中，国际金融与国际经济日益成为核心话题；而科技资源和创新资源的开发与转化，更加需要相应的金融体系、金融机构和金融市场更高层次的全方位支持。

金融业是现代服务业的核心，对传统生产性服务业和传统商业性服务业的整体升级有带动作用。金融业是西城区和北京市的支柱产业，其地理和地标性代表就是金融街。随着京津冀协同发展战略的实施和首都功能的优化，作为金融集聚区的金融街，必将在金融业的产业内升级、产业链条延伸、平台建设等方面，引领北京乃至京津冀地区的金融发展。与此同时，北京在发展战略性新兴产业、高端装备业、先进制造业的同时，大力发展现代服务业成为必然选择，而这也是西城区转型发展、产业升级的重要任务。金融业是现代服务业的核心，作为高端服务业，它既需要其他相应服务业的支持辅助，也会带动西城区传统生产性服务业和传统商业性服务业的整体升级，将更好地提升高新技术、文化创意等重点产业的跨越发展能力，促进科技创新中心建设，推动西城区产业结构转型升级。

金融服务业的主导地位日益巩固，金融产业向纵深、多元化、长链条发展的空间较大。以总部经济为特色，以国家金融管理中心为核心优势的金融业保持稳定的发展态势。西城区金融产业化发展具有良好的资源条件和品牌优势，金融街空间拓展和辐射带动作用将逐步显现出发展优势，新兴金融业务将使得区域内的金融产业内部结构逐步合理化，金融服务能力将不断提高，金融业与其他高端产业的互动性将实现相互激发的内在活力，内涵式增长模式将持续推动西城区金融业持续、健康发展。今后一段时期，西城区新兴金融业务，包括“三板市场”、要素市场、金融服务、金融衍生业务等将成为增长主流，金融产业向纵深、多元化、长链条发展的空间较大，以银行业务独大为特色的西城区金融产业将有望发生较大的变化。

空间制约是目前西城区金融服务业发展的主要障碍。目前，金融街的建设已经基本饱和，金融街拓展空间十分有限，单纯依靠空间扩张实现产业规模增长的路径已经逐渐狭窄。未来西城区金融业需要在内在产业体系结构、空间利用效率、产业品质效益等方面寻找新的突破口，通过盘活存量和内部挖潜，调整金融街及其拓展区、辐射区的产业结构，引进更多高附加值的新兴金融服务企业和金融市场，增加金融服务的种类和品质，提高金融服务能力和效率，提高金融流动性和资产规模。同时，进一步改善基础设施承载能力，尤其是动静态交通，保证公共资源供给和品质不断提升；进一步调整金融区周边地区的业态，减少高密度、大流量的产业和公共服务设施；进一步引进和培育高素质的金融人才队伍，提高金融业持续发展的能力。

科技创新加速产业跨界融合

科技创新促进产业发展模式产生根本性变革。随着以新一代信息技术、新能源技术、空间技术、生物技术为代表的新技术广泛应用于各产业领域，产业发展模式发生了根本性变革。一是在新技术引领下，促使服务业与制造业加速融合创新，并催生出了更多样、更灵活的商业模式，使得产业边界日益模糊，跨界融合成为产业发展新趋势，大大缩短产业生命周期。二是产业组织方式面临深刻变革，呈现分布式、开放化、生态化、平台化、虚拟化等新特点，以创客、众包、云工厂、桌面制造为代表的分布式、个性化定制生产方式不断涌现，要素、商品和资源可以自由在地域、产业间流动，虚拟化云工厂开始出现，产业布局偏好由原来的集中式布局向多元化布局方式演进；消费者—企业—合作伙伴等形成的生态系统成为产业成长与竞争的关键，各类平台型组织在产业资源和要素配置方面发挥越来越重要的作用。三是互联网在生产要素配置中的优化和集成作用不断增强，“互联网 +”理念全面渗透到各个产业发展过程中，成为提升实体经济创新力和生产力的重要途径。同时，互联网对传统产业的改造升级具有重要的意义，有效地提升了传统产业的劳动生产率和利润率，对各国经济社会发展产生了战略性和全局性的影响。产业发展模式的变革对产业发展方向、方式、布局等造成了巨大的影响，模式创新成为产业在全球取得产业竞争力的重要依托。

代表未来产业发展方向的新业态不断涌现。随着新技术革命加速兴起，产业链分解、融合、跨界等产业运动加快，大量新业态层出不穷，尤其在高技术服务业、制造业高端化、服务业高端化等领域出现了社交网络、大数据应用、3D 打印、在线教育、互联网金融等一批新兴业态。这些新兴业态具有绿色低碳、高技术含量、高附加值、高度融合、个性化消费等特征，代表着产业发展最先进的方向，迎合了社会的新需求，是目前各类人才、资金等产业发展资源集聚的热点领域。新业态最终将发展成为成熟产业并对社会其他领域发挥强大的带动作用，是区域经济发展的新兴增长点的重要来源。其中，大数据应用、研发众包、3D 打印等新业态将成为高技术产业发展的增长引擎，促使高端生产要素以全新方式应用到不同产业领域，推动服务模式革新和产业升级。智慧医疗、智慧教育、互联网金融等服务高端化的新业态，将成为现代服务业未来发展方向的重要引领，促进产业附加值提升并对上下游产业发展产生强大的带动效应。

产业发展与区域承载的城市功能密切结合。随着产业更迭的不断加快和新兴产业的高速成长，产业发展的模式、路径、重点，都体现出了鲜明的区域特色。首先，新兴产业和新业态与所在地的产业基础和该区域所承载的城市功能密切结合，如北京作为全国的文化中心，文化创意产业发展全国领先，围绕文化相关领域，产生了数字出版、在线教育等一批新兴业态；其次，新兴产业和业态的产生与所在区域的市场需求高度相关，如科技服务业领域一系列新兴业态，多产生于北京等科技服务需求高度集中的区域；再次，在新业态发展的路径和模式上，不同区域也体现出了明显的不同，如北京的科技产业发展，就体现出大院大所大型企业科技成果外溢明显、市场化程度高等特色。

科技与金融协同发展成为西城创新驱动战略的重点。创新驱动战略是引领经济新常态的战略重点之一，是实现经济发展方式转型的关键战略。当前，作为西城区创新驱动战略的主战场，中关村科技园区西城园，融合了德胜科技园、北展地区和广安产业园，园区规模更大，资源更为丰富。其中，德胜科技园已经具有一定的科技创新优势，尤其在科技、出版、设计、文创等领域具备一定的实力。从空间布局来看，科技园区位于西城区的北部、西部和南部，呈“品”字形布局，与位于中部的北京金融街三面呼应，与中东部的历史文化名城保护区保持一定距离，是西城区新经济发展的主要承载空间。为此，西城园应优先考虑发展科技金融。德胜科技园和广安产业园曾经作为北京市金融后台区，意图通过提高金融对科技的支持促进科技产业创新能力和发展水平。在新的历史条件下，根据西城园空间布局和与金融街的空间关系，西城园科技产业应当与金融街新兴金融产业发展的潮流相吻合，相互借力，共同发展。科技金融就是科技与金融协同发展的桥梁和纽带。

科技金融是西城最重要的产业方向。科技金融不同于一般意义上向科技产业的金融支持，而是实现金融业内部体系的重新构造，产生出一系列适应科技产业周期和特定需求的制度、产品和工具，科技产业也通过内部体系重构，建立科技金融一体化的发展模式。我国目前的科技金融领域包括创业风险投资、科技银行、多层次资本市场、科技保险和科技金融服务平台。当前西城区科技金融发展相对比较初级，这与西城区作为国家金融管理中心的地位不相符合。创新驱动发展离不开金融的支持，无论科技创新还是文化创新，都需要巨大的研发投入，而创新是具有高风险的活动，科技企业自身实力和属性不可能对抗这一风险。金融自诞生之始就是以高风险取得高回报的行业，具有对抗高风险的技术优势和制度专长。只有通过科技金融的创新设计，才能实现科技和文化创新具有强大的生命力和竞争力，才能在实现共赢中实现金融与科技、文化产业的共同繁荣。

文化引领打造城市发展新引擎

加强老城整体保护，保护好历史文化金名片。历史文化保护区是保存文物古迹丰富，具有某一历史时期的传统风貌、民族地方特色的街区、建筑群、村镇等，是历史文化名城的重要组成部分。东、西城是北京旧城历史文化保护区，包括东、西城行政区划和北京旧城历史文化保护区重合的相关区域。总体来看，北京旧城历史文化保护区具有规划保护较好、文化资源丰富、配套要素完备三大优势。东、西城地区是首都功能核心区，是体现北京作为我国政治中心、文化中心和国际交往中心功能的区域，也是首都功能及“四个服务”的最主要载体。把东、西城作为一个整体来推进历史文化保护工作，是“十三五”期间城市规划建设管理工作的重要任务。北京市推进城市规划建设管理的实施意见明确，要恢复“一轴一线”魅力景观，加强老城整体保护。要推动文物和保护院落腾退、修缮与合理利用，加快基础设施建设和环境改造提升，保护好历史文化街区特色、四合院及胡同肌理。

文化产业将成为城市发展的新引擎。在首都的“四个中心”的定位中，只有科技创新中心和文化中心可以创造巨大的经济效益，为首都的发展带来财政税收收入。科技创新在首都已经形成了比较完整的产业体系，产业链也比较成熟。而对于文化来说，由于其自身发展的特殊性，一方面其他地区不具备发展文化的基础和条件，另一方面北京丰富的文化资源得天独厚，所以将来北京唯有文化中心这一功能可以保留下比较完整的产业体系，也只有文化创意产业可能成为继金融之后北京的战略性、支柱性产业。因此，在大力实施文化兴区战略的背景下，依托金融发展水平和科技创新能力都比较高的优势，核心区最有基础、最有条件推动文化与科技的融合、文化与金融的融合，最有利于文化的进一步创新发展，释放地区文化产业发展活力，率先构建分工明确、结构合理的文化产业体系，成为推进核心区乃至北京市发展转型的新引擎。

文化创意产业向高附加值方向发展。西城区是北京市的文化资源大区，但与文化资源优势相比较，西城区的文化创意产业发展还存在相当大的差距，资源优势并没有完全转化为文化产业的发展优势。其中的主要原因，是文化产业总体比较传统和落后，新兴创意产业规模有限，西城区作为中心城区的高地价和高成本，阻碍了新兴文化创意产业的自我生成和发展。作为创新驱动战略的组成部分，文化创意产业发展也是西城区未来发展的主流。按照打造“高精尖”经济结构的要求，文化创意产业要向高附加值发展。一方面是选择行业领先的专业企业集群，重点包括设计、出版、拍卖、影视后期制作、演艺等，提高专业集群的特色化服务水平，推动文化创意与设计服务及相关产业的融合发展，创立和打造文化创意园区品牌。另一方面是密切关注国内外文化创意产业发展动向，选择具有领先水平和巨大潜力的种子企业落户西城区，不断打造文化创意产业发展新高地。但在产业选择上，要注意摆脱资源密集型和劳动密集型，向资本密集型和知识密集型方向发展，如大力发展演出经济及其高附加值行业：票务和结算中心、国际演出经纪、剧本创作及版权交易与拍卖、影视剧演艺融资中心、数字后期制作中心等。

文商旅融合发展将进一步加强

文商旅融合发展是区域产业发展新路径。在城市发展中，文化是灵魂，商业是基础，旅游是载体，文化、商业、旅游的整体优势直接决定区域发展环境和现代服务业发展水平。在“互联网＋”背景下，文化、商业、旅游产业发展边界逐渐模糊、彼此依赖性明显增强，融合发展成为拓展发展空间、促进结构调整、提升区域竞争力的有效路径。文商旅产业不仅在业务对象上具有较强的一致性，而且在内在结构中具有紧密的联系性和相似性。文商旅都具有流量经济和服务经济的属性特征，在资源上彼此交叉，旅游景区离不开文化吸引物和文化产品，也离不开商业服务，而文化活动又需要旅游客源的支持和商业的支撑，尤其对于都市旅游来说，文化和商业本身就是都市旅游文化深度体验、城市购物消费等的重要内容。文商旅融合发展不仅符合市场经济规律，而且通过政府的主动作为和有效促进，在大型活动、公共管理保障、市场诚信体系建设、服务体系建设和整体品牌塑造中，有利于提升文商旅产业向高附加值方向升级改造。

西城区在文商旅融合发展上走在前面。作为首都功能核心区，商业、文化产业、旅游产业都曾经是西城区的重要支柱产业，在西城区乃至北京市发展的历史进程中扮演着十分重要的角色，做出过巨大的贡献。目前，西城区文商旅产业依然企业数量众多，资源特色鲜明，具有一定的比较优势。然而，面对跨界融合的产业发展新趋势、“互联网＋”的产业发展新模式，传统的文商旅产业正面临严峻的形势和挑战。在这样的大背景下，文商旅融合发展、抱团升级，有利于实现资源共享、优势互补、扩大体量、提升结构、增强产能。与此同时，西城区文商旅资源在空间上相对集中，在产业链上融合度高，为西城区探索文商旅融合发展模式创造了条件。2013 年底，西城区出台《关于促进旅游与文化、商业融合发展的意见》，提出通过旅游业“吃、住、行、游、购、娱”六大要素，对文化、商业进行全产业链开发，进一步激发西城区文化、商业发展的活力，增添西城区旅游的魅力，为建设品牌突出、品质优良、品位高雅的历史文化名城风貌展示区、国际商贸中心示范区和国际一流旅游城市核心区注入新的动力。2014 年，西城区制定实施《旅游与文化、商业融合发展三年行动计划》，对实施细则和体制机制创新进行了详细的规定。同年，国务院发布关于推进文化创意和设计服务与相关产业融合发展的若干意见和关于促进旅游业改革发展的若干意见，提出要加强政府引导，着力破除体制机制制约，整合文化和旅游资源，鼓励社会力量参与文化旅游产业发展。

在全市率先形成文商旅融合发展的新格局。按照“文化引领、商业支撑、旅游带动、产业融合”原则，走融合创新发展之路，推进西城区旅游与文化、商业融合发展，增强区域服务业的整体实力和竞争力，发挥文化资本效力，全面提升旅游、商业发展的文化品质，把西城区旅游业和商业培育成为具有丰富文化内涵和强烈文化吸引力的现代服务业，提升西城文化软实力，基本建成西城文化特色鲜明的开放式旅游景区。加快推进什刹海历史文化保护区、大栅栏传统商业区、琉璃厂艺术品交易中心区和天桥演艺区建设，挖掘历史文化资源，加强文化元素植入，完善旅游业、商业配套，打造文商旅融合的综合功能区。显著提升文商旅融合发展的公共服务。有效提升现有文化、商业、旅游公共服务设施和接待能力，盘活存量，合理布局，提高西城区商业、旅游的文化性和便捷性。大力开发一批文商旅融合发展的综合产品。积极引导企业挖掘区域文化内涵，研发文化创意旅游商品、打造特色旅游文化演出、开发文化旅游线路。努力培育一批文商旅融合发展的品牌活动。充分发挥旅游对文化的传播力和对商业的带动力，着力打造一批具有国内外影响力和吸引力的旅游文化活动和商业文化活动品牌项目，突出时代特点，体现西城特色。加快标准化、信息化建设，整合利用文商旅融合发展的要素资源。积极推进文化、旅游公共服务设施和商业配套的标准、信息化建设，提高现有设施的接待和服务水平；全面融入“智慧西城”，加快“智慧旅游”建设，整合有利于文商旅融合发展的要素资源，全面优化功能区导视系统和标识系统；大力推介和塑造具有影响力的演出场所和旅游驻场演出，打造文化艺术品国际交流和交易平台。完善融合发展共促机制，建立资源信息共享平台。研究制定和落实鼓励旅游与文化、商业融合发展的引导措施，建立融合发展共促机制。充分利用互联网新兴媒体优势，建立文商旅资源信息库，建立数据信息互联互通共享机制，推动文商旅融合发展。

生活性服务业品质将全面提升

生活性服务消费蕴含巨大潜力。发展生活性服务业，是推动经济增长动力转换的重要途径，实现经济提质增效升级的重要举措，保障和改善民生的重要手段。生活性服务业领域宽、范围广，主要包括居民和家庭服务、健康服务、养老服务、旅游服务、体育服务、文化服务、法律服务、批发零售服务、住宿餐饮服务、教育培训服务十大重点领域，涉及人民群众生活的方方面面，与经济社会发展密切相关。但总体看，我国生活性服务业发展仍然相对滞后，有效供给不足、质量水平不高、消费环境有待改善等问题突出，迫切需要加快发展。进入“十三五”时期，我国经济社会发展呈现出更多依靠消费引领、服务驱动的新特征。国民收入水平提升扩大了生活性服务消费新需求，信息网络技术不断突破拓展了生活性服务消费新渠道，新型城镇化等国家重大战略实施扩展了生活性服务消费新空间，人民群众对生活性服务的需要日益增长、对服务品质的要求不断提高，生活性服务消费蕴含巨大潜力。为此，2015 年 11 月，国务院办公厅出台加快发展生活性服务业、促进消费结构升级的指导意见。

西城区创新推动生活性服务业发展。一是突出顶层设计。制规划，编制了《西城区生活性服务业空间布局规划》，业态配置和规划布局更加明确。定标准，制定了《西城区生活性服务业基本业态建设规范》，产业目标和建设要求更加清晰。重治理，编制了《生活性服务业三年行动计划》《生活性服务业社区评估评价体系》，结合社区参与协商治理模式创新，提高以群众需求为导向的生活性服务业监管与治理能力。出政策，将生活性服务业规范提升纳入预算管理，出台了《生活性服务管理办法》，加大资金支持；研究出台系列配套措施，建设绿色通道，解决项目建设当中的疑难问题。二是探索发展百姓生活服务中心服务模式。坚持以试点带动，逐步探索出了集聚式百姓生活服务中心、片区式商业街提升改造、社区商场超市服务功能延伸、连锁化网点定向对接等四种主要发展模式。截至 2015 年 11 月底，西城区已建成广内北线阁百姓生活服务中心、西长安街西皇城根百姓生活服务中心等 10 个项目。百姓生活服务中心涵盖了早餐、便利店、生鲜、家政、修理、主食厨房、便民理发等多种便民服务业态，同时还具备预约服务、上门配送等拓展服务功能。三是不断促进便民服务业态升级。截至2015年11月底，西城区已建成便民菜店80家，国家商务部早餐示范工程示范门店92家，北京市早餐示范店120家，西城区早餐规范店119家，规范化网点比率不断提升；培育和促进了庆丰包子、护国寺小吃、丰大农业、好邻居便利店等知名连锁企业发展，品牌化网点覆盖率不断提高。四是注重创新商业模式提升服务功能。西城区支持长安商场、华联生活超市等大型商业企业进行社区商业转型升级；引导品牌便利店集成早餐、日常修理、代收快递、家政服务等服务功能，满足居民多元化生活需求；规范再生资源回收网点，试点车载仓储转运模式，提升城市环境综合治理水平。

大力提升生活性服务业品质。提高生活性服务业品质是北京市加快建设国际一流和谐宜居之都的重要举措。北京市要求西城区要在建设国际一流的和谐宜居之都进程中走在前列，这就需要西城区牢牢树立以增进人民福祉、满足人民群众日益增长的生活性服务需要为主线，大力倡导崇尚绿色环保、讲求质量品质、注重文化内涵的生活消费理念，紧紧抓住疏解非首都功能、加强棚户区改造、功能街区规划建设的机遇，完善生活性服务业公共服务设施空间布局，借助“互联网+”、云计算、大数据、物联网等新一代信息技术，加快构建生活性服务业产业体系和基本公共服务体系。创新政策支持，积极培育生活性服务业新业态新模式，全面提升生活性服务业质量和效益，补齐生活性服务业这个短板，为经济发展新常态下扩大消费需求、拉动经济增长、转变发展方式、促进社会和谐提供有力支撑和持续动力。当然，生活性服务业的发展要以区情和居民的实际需要为根本指针，要注重区域发展的阶段性，要注重产业优化布局和调整，要注重生产性服务业与生活性服务业统筹协调，要注重生活性服务业自身组织能力和服务水平的提高。

西城区功能街区转型发展的六个着力点

全面实施区域发展和管理转型是西城区落实中央、北京市关于城市发展、城市管理的新指示、新精神的重大战略决策。“十三五”期间是全面深入地推进区域发展转型和管理转型，提升城市管理和服务品质的关键阶段，要按照国际一流的标准、和谐宜居两把尺子衡量转型成效，重点在六个方面发力。

优化提升首都核心功能

落实首都战略定位，优化提升首都核心功能是西城区当前面临的首要任务，其根本在于实现发展方式的转型，即从聚集功能求发展向疏解功能、调控人口、瘦身健体求发展转型。

有序疏解非首都功能。加强顶层设计，细化疏解工作方案，用好用足现有政策，统筹利用腾退空间，依法推动区域性市场主体及周边业态转型升级。坚决按照“四少两高”的标准，强化产业政策调控。严格执行、不断完善新增产业的禁止和限制目录。有序退出各类批发市场，积极推动职业教育疏解工作。全力配合做好市属高校、行政性事业性单位疏解工作。继续开展拆违撤市、市场规范提升工作。全力开展“七小”业态整治工作的督查、抽查，实现全区无证无照“七小”业态清零，严防反弹，巩固整治成果。

全力推进人口调控工作。加强人口调控的顶层设计，注重人口调控与其他重大目标间的平衡。综合运用各种有效措施强化人口管理，努力实现常住人口规模控制目标。严格控制户籍人口机械迁入，协调建立市、区联动机制，对央属、市属、区属直管公房、地下空间情况进行摸底，建立台账，清理整治，定期监测。持续开展普通地下室和群租房综合整治工作。出台人口调控腾退空间利用方案，防止新的人口无序聚集。然而，随着“两孩”政策效应正在逐步显现，以及央属、市属单位批准进京的户口不断涌入，再加一些单位办公地点虽已经搬离西城区，但是单位集体户却长期滞留，这些因素导致西城区户籍人口始终处于刚性增长态势。因此，控制人口规模必须从源头抓起，自上而下共同发力，堵上体制的漏洞。

积极参与区域协同发展。健全完善与津冀地区合作发展协调机制。发挥金融街国家金融管理中心功能的资源辐射和创新引导作用，加强与天津金融创新示范中心、河北金融后台服务中心的协同配合；积极参与唐山、永清、固安等产业园区的产业规划，引导企业入驻西城区开发建设的京外园区。探索在唐山、保定等地设立分园。先给予，再共赢，支持鼓励区属企业稳步实施走出去战略。

完善“高精尖”经济结构

立足金融业核心优势，发展高品质服务经济，不断增强服务经济内生增长动力和创新发展能力，实现从关注量的扩张向重视质的提升转型。

推动金融创新发展。紧紧抓住国家深化金融改革机遇，积极为具有行业领导力的国际金融组织入驻提供服务，进一步提高金融街的国际影响力。完善金融产业链条，为律师事务所、会计师事务所等高端中介机构做好服务工作，努力提升公共服务和配套设施品质，搭建金融交流交往平台，推进世界高端金融人才聚集区建设。加快金融创新步伐，持续支持“新三板”等要素市场发展，培育和发展科技金融、文化金融、民生金融，提升金融与重点产业融合发展能力。充分发挥金融街资本运营的能力，支持国有企业改革创新。

强化科技创新驱动力。加快落实重大创新项目，加快推进智慧城市建设和智慧产业布局。优化创新环境，推进科技项目管理改革，加快国家知识产权试点城区建设，围绕推进知识产权信息化、知识产权优势企业培育等主要任务，提升知识产权创造、运用、保护和管理的综合实力。以国家可持续发展先进示范区建设为平台，加大科技成果应用，提升科技惠民水平。

优化服务消费环境。稳妥推进以创新创造为动力的特色商业产业链条，开展“商业＋互联网”行动，探索商业新模式，促进传统商业转型升级。利用“京交会”“京澳洽谈会”等活动，优化商业环境，搭建工作服务平台，进一步促进对外贸易稳步增长。着力推进生活性商业服务业品质提升，研究制定专项《生活性商业服务网点空间布局规划》，以实施品牌战略为抓手，通过研究建立品牌库、加大品牌引进、扶持品牌发展等措施，使新改扩建网点实现品牌化、连锁化和规范化。加快解决居民的生活服务问题，“十三五”时期，西城区内规范化、连锁化、品牌化生活性服务网点占全部网点的比例将由“十二五”末的26%提高到70%以上，建成30个以上百姓生活服务中心、256个社区实现商业便民服务基本功能全覆盖，完成“15分钟生活圈”的建设，形成具有一定竞争优势和良好发展能力的15个区域级商业中心。

让城市生活更加和谐宜居

牢固树立五大发展理念，坚持以人民为中心，把服务民生作为发展的出发点和落脚点，推动经济社会全面发展，从更多关注经济增长向更加注重经济、社会、文化、生态各方面整体协调发展转型。

加快市民休闲文化空间建设。在现有公园及绿地基础上，挖掘生态文化内涵，探索构建立体化、多类型、功能复合的公园系统，改善人居环境，打造和谐宜居的绿色家园。以建设“记忆西城、书香西城、艺术西城、时尚西城”的文化发展目标为指导，加快城市市民休闲空间建设步伐，打造富有文化内涵的市民休闲场所。注重绿色和人文相融合，增强居民的环境生态意识，提升现有市民休闲场所的品质，为群众提供更多更美的休闲空间。

建立健全环境保护长效机制。积极推进《北京市西城区2013—2017年清洁空气行动计划》的落实，细化污染减排倒逼转型发展的机制和措施。以控制可吸入颗粒物（PM10）、细颗粒物（PM2.5）等污染为重点，加强监测，强化源头治理。加强河湖水系治理，完成2座水处理站建设。巩固无煤化建设成果，强化工业污染、扬尘污染、机动车污染的管控，加强其他固体废物、危险废物监管以及噪声污染防治工作。

打造高品质城市公共空间。加强规划布局和设计引导，丰富古都文化元素，全面提升公共空间的人性化水平和艺术特性。依法逐步打开有条件的住宅小区和单位大院。充分挖掘城市边角地、畸零地及闲置空间，不断提高公共空间覆盖度。通过衔接大型设施、建设城市绿道、优化滨水空间、打通步行道、“拆墙见绿”等多种有效手段，构建便捷可达、多层级、成网络的公共空间体系。进一步扩大绿地面积，通过沿路布绿、街巷添绿、社区增绿、空间扩绿等手段，着力打造绿色西城品牌。推动疏解腾退见绿、拆违还绿、见缝插绿，加强立体绿化，新建小微绿地，推进屋顶绿化、垂直绿化，提高社区的绿化质量。

保护好历史文化名城金名片。继续完善“名城、名业、名人、名景”四位一体的名城保护工作体系，推进文物保护与利用，加快构建传统文化传承体系，做好非物质文化遗产保护传承，稳步推进德胜门对景、“大栅栏北京坊”等重点项目建设，实施一批重点地区的文物腾退、修缮和避雷工程。组织第五批区级非物质文化遗产代表性项目申报和“四节一日”的非遗传承活动，加大对民族民俗文化的支持保护力度，努力打造一批“百年工程”和“传世精品”。

全力推进棚户区改造。落实中央及北京市关于加快棚户区改造和环境整治工作的有关要求，到2017年底，北京市基本完成四环路以内棚户区改造和环境整治任务。其中，西城区棚户区改造在城六区中指标任务繁重。目前西城区已确定棚改项目共52项，涉及用地面积约299.7公顷，在册项目计划总投资约1500亿元，完成棚改任务的压力巨大。按照实施模式，西城区棚改项目可以分为原有危改项目、平房修缮项目、新增棚改项目、老旧小区项目（抗震加固、简易楼解危排险和节能改造项目）以及城中村、边角地项目等6种类型。随着北京棚户区改造项目认定和配套基础设施建设等政策的推行，将极大地推进城市修补和有机更新。一是要结合人口调控、历史名城保护要求以及征收方式手续多、周期长的问题，将把腾退方式作为文保区、老危改、简易楼、城中村边角地的主要实施模式，并向登记式疏解逐渐倾斜。加大外迁房源的建设和保障力度，提升安置区整体环境，加大配套设施建设的投入力度，提升安置房源的品质和吸引力，到2020年，全面完成简易楼腾退。二是要加快申请将平房区、边角地以及抗震节能综合改造、简易楼改造、节能综合改造等符合条件的项目纳入棚户区改造范围。三是要做好后续项目储备、前期手续办理、融资房源保障等各项工作，加强与市属国企的合作，加大对中央国家机关老旧小区棚改项目的服务保障力度。

大力推动教育优质均衡发展。深化教育生态建设，持续推进教育体制改革，推进“1+1+N+X”管理运行机制，探索学段贯通式培养模式。完善学区制，统筹教育行政和教务业务相关联的资源。优化调整不同学段教育资源，提升学前教育供给能力，新增500个幼儿园学位。依法保障义务教育阶段适龄儿童少年免试就近入学，继续实施“城宫计划”和“校圆工程”，扩大教育集团办学，重视家校协同，力争在优质教育布局、评价导向机制、人才激励机制和职教调整改革等方面取得新突破。

积极应对人口老龄化。构建以居家为基础、社区为依托、机构为补充、社会保障制度为支撑的西城特色养老服务体系，建设完善区养老服务管理中心、街道养老照料中心、社区养老服务驿站的三级管理服务网络，形成共建共享的老龄社会管理体系，创建基本完备的老龄政策法规体系。增强康复护理服务能力，鼓励将医疗卫生服务延伸至养老机构和居民家庭，推动医养结合发展。

继续完善就业和社会保障体系。进一步完善公共就业服务体系，鼓励创新创业带动就业，多渠道、多形式开发就业岗位，加大重点人群就业扶持力度。进一步完善社会保障制度建设，不断提高社会保障水平。全面实施人力资源和社会保障公共服务标准体系，提升社会保障服务精细化水平。强化社会保险基金监管，坚决打击欺诈冒领社会保险基金的行为，确保基金安全运行。继续加强社会救助法制化、规范化、体制化建设和防灾减灾体系化建设。

不断提升健康服务水平。持续推进整合型医疗卫生服务体系建设，完成区域卫生信息化平台建设，逐步实现医疗机构之间互联互通、资源共享和业务协同，构建科学合理的分级诊疗体系。完善综合医院医联体建设，并启动专科医联体建设。加强中医药的传承和创新。积极开展全科医生执业方式和服务模式改革试点，完善社区卫生运行机制和激励机制，进一步扩大全科医生签约服务覆盖面。全面落实“普遍二孩”政策，加强妇幼保健服务能力建设。推进卫生计生综合监督执法体制建设。实施“区属医疗卫生机构安全三年行动计划”和“社区卫生服务机构标准化建设三年行动计划”，改善基础设施条件，确保医疗卫生机构安全运行环境。广泛开展全民健身活动，做强“一区两品”群众体育品牌赛事，完成首批体育生活化社区的提档升级工作。

提升公共服务和社会治理能力

坚持以人民为中心的发展思想，从偏重政府管理管制向政府、市场、社会、公众多元参与、共建共享转型。坚持民需导向，加大财政倾斜力度和政策支撑，精准回应百姓需求，全面推进各项公共事业建设，让人民群众共享改革发展成果。

激发社会活力。完善社会组织工作体系，充分发挥“枢纽型”社会组织作用，实现社会组织服务管理全覆盖。完善社会组织分级分类管理，积极稳妥推进社会组织登记制度改革。健全社会组织培育发展机制，完善培育支持政策，搭建公益服务平台，为其发展和发挥作用创造良好条件。加强社会动员机制建设，不断提高社会协同能力和水平，通过推动“参与型”社区协商、“三社联动”、驻区单位资源开放共享，完善多元共治、积极协同的基层社会治理机制。加强社会工作人才队伍建设，不断完善社会工作者培养、使用、管理、激励机制，大力扶持专业社工机构发展，加快推进社会工作者专业化、职业化。推进志愿服务工作体制机制改革，完善志愿服务长效机制，进一步形成多元治理、共建共享工作格局。

凝聚发展合力。发挥社会主义民主政治制度的优势，实行广泛多层制度化的协商民主。坚持和完善人民代表大会制度和中国共产党领导的多党合作和政治协商制度，巩固和发展最广泛的爱国统一战线，促进民族团结、宗教和谐，形成围绕中心、服务大局、共谋发展的良好局面。注重发挥工会、共青团、妇联等群团组织作用，创新群众工作体制机制和方式方法，提高宣传和组织群众的能力，激发全区人民建设西城的主人翁意识，更加广泛地凝聚发展的合力。

提高城市服务社会化水平。加强与驻区单位、市民的协调互动，尊重市民对城市发展决策的知情权、参与权、监督权，鼓励企业和市民通过各种方式参与城市建设与管理，形成多元参与的治理体系。大力推进政府购买服务，逐步提高绿化养护、河道保洁、道路清扫、市政设施维护等领域服务的社会化水平。

创新提升公共文化服务水平。采取多元构建、社会协同的方式，推动公共文化服务提质增效，让群众共享文化发展成果。加大政府购买公共文化服务力度，支持民非组织、小微企业参与提供公共文化服务。推进公共文化单位法人治理结构改革，积极引导培育各类公共文化服务共建主体，探索公共文化设施运营管理的社会化。提升文化馆、图书馆、博物馆等文化设施的服务水平，继续推进社会单位的文化设施向社会开放。制定实施全民阅读推广规划和实体书店、特色阅读空间等的扶持政策。借助社会空间资源，搭载公共文化服务，积极引导网吧等文化娱乐场所转型升级，鼓励提供准公共文化服务。

提高城市管理水平

标本兼治、疏堵结合，以更大的力度、创新的措施，加快城市管理体制改革并形成长效机制，从粗放式管理向精细管理、精准服务、智慧运行转型，建立符合首都核心功能的城市治理模式，推动城市管理走向城市治理。

加大城市基础设施建设和出行便利。落实道路建设规划，加强地下管网、河道整治、应急储备工作，加强道路、轨道交通建设和组织征收工作，实施道路修建、疏堵工程，以国际一流的标准提升市政基础设施建设水平、城市综合承载能力、城市监控预警能力和发展质量。加大对危旧电梯改造的力度，大力推进燃气管道等隐患整治。确保菜市口 220 万千伏变电站投入使用。“十三五”期间，西城区规划建设城市道路 37 条，共计 22.76 公里，城市规划道路通行率要达到 100%。推进主干道系统建设，完成北新华街北段、受壁街等次干路、支路建设，打通“断头路”，消除“瓶颈路”，实现微循环道路全部建成。实现地铁 19 号线 2020 年贯通运营。组织实施自行车、步行交通路权整治，依法严惩占用非机动车道的行为，倡导自行车回归城市，提升慢行系统的连续性、安全性、舒适度和便利化水平。开展优化提升林荫道、重点商业街区空中和地下连廊、文保区慢行胡同建设，使慢行系统与公共交通无缝对接。实现区域微循环、实行胡同单停单行，解决胡同行车难、停车难问题。

深入开展城市环境整治。为了改善环境空气质量，西城区将以防治 PM2.5 为重点，到 2020 年，细颗粒物浓度降低达到市级要求。在全区“无煤化”的基础上完成全区燃油锅炉的燃气改造，实现全区锅炉“无油化”。加大老旧机动车淘汰力度，力争淘汰老旧车 8 万辆，降低小汽车使用强度。同时，西城区还将加强北护城河旧鼓楼大街断面、陶然亭湖、广安门北滨河路等重点水体治理工作力度，到2020年跨区界水体断面水质达标率≥70%。着力打好“拆违、灭脏、清障、治污、治乱、撤市、缓堵”七大战役，严厉打击各类违法行为。实施一批市区级道路达标工程，深入推进道路环境景观达标工作，开展多个区域环境综合提升工程，继续实施架空线入地改造工程，逐步推进精品化街巷和社区建设，努力实现常态化100%区域管控。新建小区的垃圾分类达标体系，完成旱厕改造任务。“十三五”期间，西城区将打造20个环境综合提升区域，覆盖近23平方公里，超过全区面积的三分之一。会同300余条胡同、3000余个环境脏乱点治理，推进“三金海”示范区建设、80余条市区达标大街和其他景观提升，到2020年实现景观亮丽宜人、公共空间友好、市容整洁优美、风貌独具特色的城市空间。强化“门前三包”责任制，完善城市管理领域志愿者组织体系。

提升城市精细化管理水平。加强市场监管，做好事中事后监督，狠抓食品安全、生产安全、消防安全、校园安全、交通安全管理不放松。整合全区各方资源，完善西城公安特色大数据库，推动建设全区综合应用平台。突出“建管并重”，继续推进国家级城市环境分类分级标准的落实。继续贯彻落实商事制度改革，探索“接办分离”和为民服务事项的同区通办新模式，持续优化公共服务，促进行政服务大厅一体化建设，丰富“12341”热线的服务渠道，增强民意调查调研能力，促进服务高效化、规范化、标准化和便捷化。

加强“平安西城”建设。围绕全面深化公安改革，进一步加强和改进公安工作及公安队伍建设，针对影响社会和谐稳定的源头性问题和影响群众安全感的突出问题，以群众需求为导向、以改革创新为动力、以科技信息为支撑、以法治手段为保障，创新完善立体化社会治安防控体系，健全反恐怖工作“六大体系”，坚持源头治理、系统治理、综合治理、依法治理，深入推进政治稳定维护、社会治安防控、矛盾预防化解、人口服务管理、社会治理创新、基层基础建设六项工程，在更高起点上全面深化平安西城建设，努力为全区经济社会发展创造安全稳定的社会环境、公平正义的法治环境和优质高效的服务环境。

推进智慧城市建设。推动“智慧西城”建设，构建光网城区、移动互联网无线城区。超前规划支撑智慧城市运行的光纤网络、无线网络、云计算中心、智能电网、智慧管线等智慧基础设施建设。完成“光进铜退”改造，解决“最后一公里”瓶颈问题，网络接入能力达到“百兆到户，千兆到楼”。优化网络和 Wi-Fi 布局，分类推进重点公共场所免费 Wi-Fi 覆盖。加快全区综合应用平台建设和功能整合，推进社会服务、城市管理、社会治安三网融合，实现资源整合、合力推进、共建共享的治理格局。推进“互联网 +”在公共安全、生态环境、城市交通等行业的广泛应用，提高城市运行管理智能化水平。建设各类大数据公共服务平台，优化公共服务供给和资源配置，加大信息惠民力度，为民众提供便捷、优质、高效的公共服务。推进智慧政务建设，以应急指挥平台建设为重点，提升政务网络信息安全。

增强政府服务效能

坚持稳中求进工作总基调，加快供给侧改革措施落地，从单纯满足需求向注重供给侧管理和需求侧管理并重转型，着力补齐短板，提高供给体系质量和效率，提高投资有效性，加快培育新的发展动能，增强持续增长动力。

进一步转变政府职能。推进简政放权，深化行政审批制度改革，加大政务公开力度，深化权力公开透明运行。建立便捷商事服务机制，全面实施“三证合一”“一照一码”登记制度，推进全程电子化登记与审核服务。实施标准化战略，充分发挥标准化引领作用。加强区行政服务中心建设，建设优质高效的政务服务平台体系，打造国内一流的行政服务标准化示范基地。加强市场监管力度，做好事中事后监督，不断完善企业征信体系。落实结构性税收减免、降低社保缴费水平等优惠政策，加大符合首都城市战略定位企业的支持和服务力度；深入实施知识产权战略，加大对知识产权保护的宣传与执法力度，营造良好的投资发展环境。

提高政府投资有效性。更好地发挥政府投资的引领、撬动和催化作用，精准补齐区域发展短板，提高基本公共服务均等化水平。加强适应新消费和新产业、新业态、新模式发展需要的基础设施和公共平台建设。加大政府对教育、医疗、养老、生态保护和环境治理等领域的投资力度。推动健全政府和社会资本合作（PPP）体制机制，创新政府投资与市场投资的合作方式，鼓励和吸引社会资本参与相关基础设施和公共服务领域投资。

提高人才要素供给质量。提高人力资本质量，优化人力资本结构。加大对人力资本的可持续投入和开发使用。完善人才培养机制，提高人力资源素质，培育满足首都核心功能要求的新技术、新业态和新产业人才。建立适应供给侧改革的人才管理制度，优化人才选拔机制，完善灵活多样的人才流动与聘用方式。强化激励，用好人才，落实人才评价和激励机制改革。发挥好北京海外学人中心金融街分中心的平台作用，积极引进国际高端金融和管理人才，为各类高端人才提供全方位的支持和服务。

西城区功能街区发展中自身存在的问题

尽管西城区围绕区域发展空间布局做了大量工作，取得了较大成效，功能街区区划几经调整，区域空间资源几经整合，但是对照功能街区内涵的本质要求，对照党中央对北京市功能定位提出的新要求，对照城市规划建设管理的政策新导向，当前的街区规划、建设、管理、发展仍然存在不少问题，有待深入研究解决。

功能街区在规划方面存在的问题

缺少对功能街区发展的顶层设计。西城区功能街区的发展始终坚持产业发展这条主线，经历了几个不同发展的阶段。2009 年，成立了西城区功能街区产业发展促进局；2012 年，制定了《西城区“十二五”时期功能街区产业发展规划》，此后进一步明确了“组团规划、统筹联动、示范引领、协调发展”的建设思路，将 10 个功能街区整合为 5 大组团，组建了西城区重大项目建设领导小组办公室、西城区环境建设委员会办公室，出台了《西城区关于促进产业发展的若干意见》；到 2013 年底，新成立了北展地区建设指挥部和马连道建设指挥部，这标志着“7+2”功能街区建设管理体制和重大项目统筹推进机制进一步完善。“十二五”期间，各功能街区只是依据上述产业规划的要求，另行制订更为详细的规划、项目方案和行动计划。一直缺少能够统筹功能街区全面发展的顶层设计规划。在功能街区总体发展上，出现了重建设、轻规划，重经济、轻社会，重管控、轻服务，重政策、轻法治，重硬件、轻软件的现象。

功能街区规划仅限于产业层面。街区是城市功能的最基础单元，承载城市生活的功能，有稳定的人居活动和产业活动。街区涉及城市规划、建设、管理和经济、社会、文化、生态以及城市治理等方方面面。街区应具备系统的空间规划布局，具有较好的服务设施和公共配套设施。西城区当前的功能街区发展格局是在传统发展理念的指导下形成的，主要局限在产业功能层面。西城区“十二五”功能街区产业发展规划重点对“一核一带多园区”的空间布局进行明确和深化，对功能街区范围、功能定位、发展目标和任务、产业布局和产业发展促进政策进行了指导性和纲领性设计。但对于支撑街区发展生活服务功能的配套基础设施和公共服务设施并没有纳入街区规划。这也是功能街区出现城市原居民和流动人口、“城中村”与城市社区新二元分野的主要原因，造成了功能街区范围内生产空间、资金支持、基础设施建设、公共服务和就业创业机会、发展空间、市场环境等方面差距明显，分化失衡。不仅带来经济上的不平衡，还会造成社会割裂，引发社会政治问题。

生活性服务业成为产业规划空白点。生活性服务业是国民经济的基础性产业，也是直接服务人民群众生活的民生产业。推动生活性服务业发展是服务民生之要、是发展经济之策、是优化产业之举、是城市建设之需。生活性服务业是功能街区最基础的、不可或缺的产业，是带动区域经济协调发展、提质增效升级的重要举措，也是保障和改善民生的基础支撑，是衡量功能街区发展水平和百姓获得感的最重要的指标。在新常态下，对推动经济增长动力转换意义重大。在“十二五”功能街区产业规划中，无论是在空间布局上，还是在特色产业的配套上，都未做详细规划。2012 年，西城区启动了生活性服务业的调查研究工作，此后编制了《西城区生活性服务业空间布局规划》，并出台了《西城区生活性服务业三年行动计划（2014.7—2017.7）》，这在一定程度上弥补了街区产业规划的不足，但是这里的生活性服务业主要局限在社区层面，主要包括住宿、餐饮、家政、洗染、理发及美容保健、沐浴、摄影扩印等七个行业，离生活性服务业的十大领域相距甚远。目前，各街区生活性服务业处于自然生长状态，而“七小”现象就是一个很典型的例子。

功能街区在建设方面存在的问题

基础设施建设尚有较大提升空间。西城区各功能街区基础设施建设水平有较大差异，相比较原西城区，原宣武区基础设施建设相对落后；相比较新建区，平房区和老旧小区的市政基础设施相对要落后。按照国际一流的标准、和谐宜居的尺子来衡量，各街区在道路交通、无线通信、市政基础设施、公共服务设施、生活服务设施等方面都有较大的上升空间。比如，在交通基础设施建设方面，换乘枢纽及充电桩、充电站、公共停车场等配套服务设施不足；城市道路网络的连通性和可达性有待提高；城市步行道路林荫绿化、照明等设施，自行车停车设施等绿色交通基础设施亟待加强。在市政基础设施方面，地下管网建设改造力度有待加强；雨污分流管网改造与排水防涝设施建设也亟须推进。在生活垃圾治理方面，需进一步加大垃圾处理设施建设力度，提高城市生活垃圾处理减量化、资源化和无害化水平。因此，要把基础设施和配套服务设施改善作为先导工程，为提高区域基础设施承载能力和服务保障能力打好坚实的基础。

城市建设空间资源存在严重不足。当前，西城的人口密度和开发强度已经顶到了天花板，人口资源环境的压力日益加大。西城区人口密度高居全市之首，达到每平方公里 2.57 万人。与此同时，西城区就业机会多、优质公共服务集中，致使人口净流入量仍在不断增加。过高的人口密度给市政、交通、服务乃至区域安全稳定带来较大压力。人口疏解的任务很重，难度也很大。区域土地资源特别是有效发展空间相对不足，西城区 50.7 平方公里面积中，以建成区、保护区为主，可开发空间有限、拆迁难度大，区域开发建设综合成本不断攀升，加大了区域发展压力。随着近些年的建设和发展，可供开发和改造的土地基本已经利用殆尽，空间紧张的局面日益严重。同时，西城区众多的传统文化和风貌保护区有严格的空间限制，出于对传统风貌保护和中央办公区安全因素的考虑，西城区立体空间发展受到建筑高度的限制。区域资源环境约束趋紧，大气污染、交通拥堵治理需要付出长期艰苦的努力。现在北京各个产业的就业岗位 71.8% 集中在城六区，但大部分居住在城区外围，每天人流“潮涨潮落”，给区域交通造成较大压力。

功能街区在管理方面存在的问题

管理体制不统一。目前，西城区形成了涵盖 9 个功能街区的 1 个管委会加 6 个指挥部管理体制，其中，中关村科技园西城园管委会为常设机构，但除德胜科技园外，由于种种原因，北展地区和广安产业园并未纳入管委会统一管理。其余指挥部均为常设临时性机构，由区政府直接管理。另外，还设有西城区功能街区产业发展投资促进局以负责产业发展工作。此外，还存在功能街区和街道职能分工、责任划分交叉重叠，区功能街区产业发展投资促进局的职能发挥不够等问题。

管理机制不健全。功能街区指挥部管理机构职能定位、机构设置、人事安排、考核评价机制还不健全，工作任务目标还比较模糊，工作流程还不顺畅。在围绕首都功能定位，完善管理机构，加快疏解非首都功能，有效疏解核心区人口，解决中心城区人口和功能过密问题方面还需加大体制机制创新力度。在社会利益多元化趋势下，协调各方利益，做好群众工作，主动有所作为的能力还有待提高。在破解制约区域发展的瓶颈性问题上，体制机制还不健全，考核评价难度大，推进力度还不够大，工作合力还需要强化。

管理制度不完善。在名城保护方面，历史文化名城保护和发展缺乏统一的政策法规和规划，必须将所有的历史文化资源纳入统一管理和发展的框架内。在人口疏解项目中，由于没有相关税费优惠，造成实施单位和居民过重的负担，很大程度上影响了居民腾退的积极性。在直管公房管理方面，疏解腾出的房屋缺少转化为经营性资产的路径，直管公房的属性难于转化为企业固定资产和参与市场融资。

功能街区在发展方面存在的问题

与强化首都功能的要求还有较大差距。区域空间布局不适应“四个中心”功能定位，离政治中心、文化中心、国际交往中心、科技创新中心等首都功能的要求还有较大差距。产生这一差距的主要原因在于，一是对首都功能概念内涵的认识不够清晰，缺少对强化首都功能、对功能街区定位和转型的系统性研究。特别是基于强化首都功能的新要求，对区域发展中一些深层次问题，包括保护与发展的关系、人口资源环境的关系、城市建设与城市管理的关系、城市形象与投资环境的关系等，缺少更加系统、更加细致的研究，存在“不会”的问题。二是当前的非首都功能疏解工作是个系统工程，既触动多元主体，多方产权和利益等深层次问题，又涉及疏解到哪里、谁来疏解、疏解后的发展问题，还涉及政策、法治、维稳等一系列问题，疏解任务重，难度大，不利于空间布局调整，存在“不能”的问题。这些问题都将深刻影响区域发展空间布局的调整。

各功能街区空间形态和发展差距较大。纵观各功能街区，有的呈区块发展，有的呈街块发展，而且资源品质不同，产业发展能力和水平也相差很大，存在的问题也涉及方方面面。有的功能街区配套产业不足，有的功能街区环境问题突出，有的功能街区主导产业和功能定位不够明晰，有的功能街区则是环境问题突出。总的来说，目前功能街区之间发展差距较大，大多数功能街区内部发展差距也较大，优势产业蓬勃发展，传统产业提升缓慢，生产性服务业占据绝对优势，生活性服务业组织化水平较低，发展相对迟缓。另外，西城区作为建成区和老城区，经过几十年的发展，尤其是最近十几年的功能街区建设发展，空间已经接近饱和，产业规模已经接近上限。

生活服务功能与产业功能极不协调。街区在功能定位、空间布局上主要以产业发展为导向，过分强调金融、科技、文化创意、总部经济等特色资源和产业功能，而忽视了作为城市基础社会功能的生活性服务业的布局。西城区生活性服务业总体上落后于主导产业的发展，十大领域地域分布、发展水平差距较大，整体发展品质有待提升。一些街区过度追求产业集聚的规模效应和产业空间的连片发展，没有预留足够的配套产业和公共服务空间，而现有的空间和设施不足以服务产业发展形势要求。在金融街、德胜科技园等发展较好的街区，虽然生活服务相关配套相对完善，但依然存在很大的缺口，与高端人才的健康需求、教育需求、旅游需求、文化需求和体育需求等还有一定差距。而在文保区、北展地区、马连道地区等街区，许多区域的生活服务功能主要服务于原居民和工作人口中的流动人口，存在首都限制发展的业态以及非首都功能的低端业态。因此，优化生活性服务业十大重点领域空间布局，推进生活性服务业转型升级，提升生活性服务业发展品质，迫在眉睫。

产业发展与产业融合有待进一步深化。强化金融和科技优势、推进产业结构优化升级、提升产业发展整体水平和综合竞争力的任务还很艰巨。一是作为主导产业的金融和科技发展面临挑战，金融街空间资源不足，交通、餐饮等配套设施仍不完善，硬件仍需改进，同时金融业发展还面临其他省市和区县的竞争压力。二是文化创意产业发展还处于起步阶段，文化资源大多处于散落、闲置或低层次开发利用的状态，文化产业化和规模化程度还较低。文化产业的聚集能力较弱、核心竞争力不够强，缺乏能有效引领拓展市场、具有较强行业整合能力的龙头企业，急需文化创意产业高端策划人才。三是存在一批不适应首都功能核心区发展的产业形态，为城市带来了流动人口多、城市环境秩序乱、安全生产隐患多等一系列问题，严重影响城市形象和居民生活，迫切需要产业改造提升。另外，区域引导产业融合发展的力度还不够，产业之间的渗透融合还不足，通过融合发展提升产业竞争力的力度还要加大。四是文保区产业发展还存在不少问题亟待解决。统筹推动文保区历史文化保护、旧城改造、产业发展、民生改善的难度还很大。

各功能街区在发展中存在的问题

北京金融街。受空间规模局限，配套政策和服务不够完善，开放度仍需加强等因素的制约，北京金融街建设进程与建设具有国际影响力的金融管理中心要求相比，还存在一些差距。主要表现在：金融市场配置资源的功能有待进一步增强、金融发展环境中的硬件建设以及管理水平还需进一步提高、国际化多元化的服务配套设施不足、区域交通状况有待改进，这些问题必须通过加快金融街的建设与发展加以解决。

中关村科技园西城园。虽然具备了良好的产业发展基础，但产业发展仍存在一些问题和制约因素：一是内生性产业形成机制尚不完善。依赖行政资源形成的总部企业集聚，与园区内生企业的产业关联不明显，使园区内产业和业态出现较大悬殊。二是部分产业发展要素较为低级，组织化水平不高。如北展地区动物园商圈业态的低端发展给周边安全、环境和交通带来一定压力，给园区整合资源、引入和培育高新技术产业形成了较大的消极影响。三是有限的产业承载能力限制了园区对主导产业优势资源的选择，产业组织体系难于完善，产业发展的空间成本较高。

北京天桥演艺区。天桥演艺区演出加配套服务的商业模式依然是传统和初级的，在演艺产业高端化和多样化发展的今天，天桥的现有产业大多处于演艺产业价值链的最底层，附加值不高，产出水平较低，依然属弱势产业。从以演出为主要经营手段的业态来看，不仅依托大的人流量，而且剧场自身有空间边界，演出收益水平有限，对基础设施造成较高承载压力，这些与中心城区发展模式不相符合。从长远来看，天桥演艺区需要更高水平的规划和产业整体调整提升，才能实现其作为国内知名演艺中心区的目标定位。

文保区。包括北京什刹海—阜景街功能区、大栅栏—琉璃厂历史文化街区在内，文保区内以微循环模式实施的人口疏解项目，目前缺乏有针对性的审批程序，仍需套用基本建设审批程序。而基本建设审批程序是基于项目整体实施设立的。文保区今后的保护更新将不可能是“大拆大建”的模式，而是尊重房屋土地原有历史的有机改造更新，并不能完全符合基本建设程序的审批要件，使得整个审批工作无法推进。与此同时，文保区历史文化资源权属关系复杂，一些中央和市属单位西城区难于协调，而文保项目涉及市、区政府、国有企业等实施主体，也涉及当地居民商户以及其他社会化主体，利益诉求多样，协调难度大。

马连道茶叶特色商业区。马连道自身基础设施条件较为落后，道路疏散能力不足，大规模的茶叶批发市场聚集是自发形成的，城市规划和管理相对滞后。尽管近些年来进行了较大规模的基础设施改造和升级，但调整空间有限，新建建筑刚性约束较大。可以说，目前马连道地区的商业活动已经超过地区承载力边界，依靠扩大商业规模实现发展的道路已经行不通。此外，茶叶贸易作为传统商业，全国市场已经接近稳定和饱和，增长空间有限，马连道茶产业同样面临商业总体下滑的影响。因此，在互联网 + 流通的背景下，马连道茶产业向高端化发展，调整目前的传统商业模式，走新型商业发展道路迫在眉睫。

功能街区发展的国内外经验借鉴

解决西城区功能街区发展中存在的问题，可以借鉴国内外著名功能街区发展的经验，从比较中得出一些有利于西城区功能街区发展的建议和对策。巴黎马莱保护区与西城历史文化保护区一样处于首都的核心区域，并面临着人口、住房等相似问题，通过以街区保护与小规模整治的模式，马莱保护区实现了社会经济的平衡和文化生活的发展。与此类似，巴黎香榭丽舍大道、成都宽窄巷子、美国硅谷也分别对西单商业区、大栅栏琉璃厂历史文化街区、中关村科技园区西城园具有一定的借鉴意义。

巴黎马莱保护区的保护与复兴

马莱保护区的发展历程。马莱区位于塞纳河右岸的历史街区，地处巴黎城市的核心区域，曾经是宗教人士、王室贵族的聚居区。18 世纪末，伴随着法国大革命和工业革命的影响，马莱区成为巴黎主要的生产作坊区，人口也变得高度密集，街区逐渐衰败。到了 19 世纪末，马莱区已经成为巴黎最破旧、最不卫生的地区之一。20 世纪 60 年代，在“城市更新”背景下，马莱区也面临两个城市更新计划，即道路拓宽计划和不卫生街坊消除计划，但这两个计划最后均以失败而告终。1961 年拆除维尼府邸时，人们发现了非常精美的天顶画，从而掀起了保护街区的大讨论，并引起了对于马莱街区艺术价值的关注。1964 年，巴黎市议会建立了马莱保护区，并且在 1965 年将保护区范围扩大到现在的 126 公顷。从此，马莱区的大部分建筑得到了保护和修缮。

马莱区遗产保护的规划与政策。马莱保护区成立以后，马莱区就开始编制马莱区《保护与价值重现规划》。该规划是一个控制性的规划，自 1964 年开始编制，经过三次修订，直至 1980 年才获得巴黎市议会的批准，1992 年完成公示，1996 年获得国家批准。目前，又开始进行新一轮的规划编修工作。每次编修都是基于对马莱区遗产价值的重新认识和对现实问题的慎重考量，目标是在保护遗产的同时，避免保护区成为一个博物馆式的街区。

马莱区社会经济平衡控制和干预。一是从社会经济平衡角度对《保护与价值重现规划》进行调整。马莱保护区的建筑密度非常高，居住环境非常恶劣。为了使街坊内部能得到疏解，规划首次提出了“剔除”的方法，就是把那些“寄生虫”似的建筑以及从大革命以后快速增长出来的东西剔除，恢复原来的庭院和花园，并逐步形成公共空间体系。但是这样的规定在实际操作过程中十分复杂，而且不利于保持街区内人、经济和社会的平衡。于是在规划的第二稿，剔除了“有条件剔除”的原则，也就是只有在街区特有的手工业和商业等经济活动消失以后，才可以剔除原有建筑，填补新的绿化空间。二是对人口和住房问题进行干预。马莱区的建筑密度和人口密度远高于巴黎市的平均水平，疏解人口是其必然选择。但是，巴黎市政府并没有仅仅满足于人口的疏解，而是非常重视对居民结构的变化进行干预，通过“住房改善计划”缓和马莱区的贵族化趋势，使城市中的中下收入阶层能继续生活在受

表 15：《保护与价值重现规划》的主要内容

序号	主要内容	具体规定
1	对既有建筑的保护、价值重现和修复的规定	其一，以文物建筑名义受到法律保护的建筑；其二，因为建筑价值、景观价值或建筑特征而需要保护的建筑；其三，没有特殊价值的建筑，它们可以被改善或被替换。
2	对新建筑的规定	一是高度限制：整个街区的建筑限高为 25 米；二是垂直高度：沿街建筑立面的垂直高度根据相邻建筑的檐口高度进行变化，从 12 米—20 米不等；三是建筑的外包轮廓线：外轮廓线是一条直线，在顶部是一条半圆弧线，屋顶外轮廓线只要在这个外包线里面就可以；四是建筑功能：通过容积率保持了居住和产业（手工业、商业、仓储等）之间的协调关系。
3	街区整体整治控制	由于马莱保护区的复杂性，保护与整治不可能有统一模式。每个街坊都需要根据其本身的区位、特征、价值等选择合适的模式和方法。在《保护与价值重现规划》中针对不同的街坊有两种不同规定：一是强制性规定，规划总图上非常清晰地标注出需要拆除的建筑、需要开设的公共通道等强制性内容；二是引导性规定，通常在规划说明书中阐述对新建筑和公共空间的设计导引。
4	绿化空间控制	规划规定了三种实施方法。一是扩大：一般是在公共设施用地附近，如塞纳河边上、市政厅广场等；二是新建：在毕加索美术馆周围，巴黎市政府周边，新建大约 2500 平方米花园；三是保护：对马莱保护区内部原有花园进行严格保护。此外，保护规划规定在进行整治、剔除后，街坊内部最好恢复为花园，或者说是有种植的庭院。还规定将现有的内部绿化空间向公众开放，或将来通过开设小通道让人们能够到达这些绿化空间。
5	对步行环境的控制	在马莱区，要非常快地形成步行道路系统是有一定难度的。但为了改善当时的状况，规划明确了哪些街道可进行有利于步行的整治（比如拓宽人行道、铺地的处理等）。

资料来源：邵甬，《大城市中心历史街区的保护与价值重现——以巴黎马莱保护区为例》［J］．北京规划建设，2013（3）．

到保护并已经改善了的巴黎城市中心。三是经济活动的保护与发展。马莱区曾经是巴黎的手工业中心，但随着经济条件的改善，店主和专业手工艺人搬到了更加现代化的郊区居住，甚至连工作室也想搬离马莱区。由于《保护与价值重现规划》中充分认识到了这个经济活动特性，因此通过容积率控制和补助等形式，鼓励传统的产业活动能够继续在这个区域生存。虽然原来和居住混合的作坊和仓储功能逐步外迁了，很多传统产业还是在这里得到了很好的保留。四是文化生活的保护与发展。街区的经济、活力和意象随着文化生活的复苏而改变着。街区内大量国有的文物建筑纷纷被再利用为重要的文化场所。街区邻近的蓬皮杜国家文化和艺术中心等其他文化艺术设施使整个区域构成了巴黎文化活动非常丰富活跃的空间。而“马莱节”更是很好地利用了各种空间，成为巴黎夏季非常重要的一个文化活动。

特色商业街区的可持续发展

特色商业街区概述。特色商业街区由一般的商业街区发展而来，是一般商业街区专业化、内涵化、层次化的产物，集多元功能业态及空间形态于一体，同时追求大众体验效果，满足了人们更高层次“体验消费”的需求。特色商业街与一般商业街相比，往往具备以下特定属性：一是特定的业态；二是特殊的文化内涵；三是丰富的体验性；四是较强的比较优势。特色商业街区是城市商业氛围的集聚点、旅游休闲的目的地和本土化特色传播的展示地，是城市竞争力的集中体现，已经成为城市商业网络体系的重要组成部分。近些年，世界各地都掀起建设商业街区的热潮，比如知识大街——英国牛津街区、时尚大街——意大利米兰街区、品牌大街——法国香榭丽舍大街、经济大

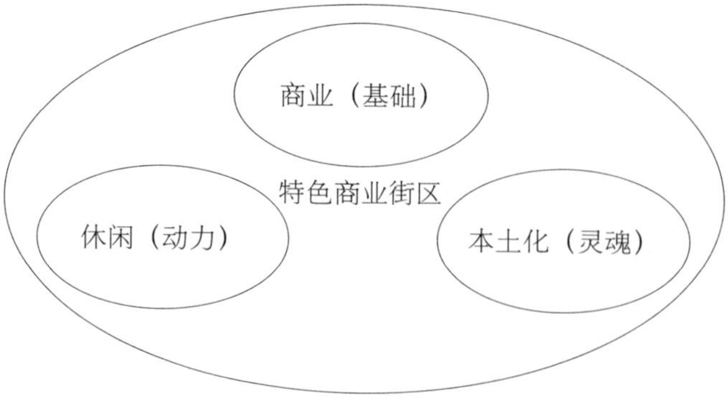

图 17：特色商业街区构成三要素

资料来源：彭健 . 特色商业街区空间形态演变与多元价值建构 [J] . 合肥工业大学学报（社会科学版），2016（2）.

街——美国华尔街等。

巴黎香榭丽舍大道。香榭丽舍大道是巴黎闻名世界的一条著名大街，全长 1800 米，最宽处约 120 米。东段以自然景观为主，两侧是静谧、安宁的草坪；西段是高级商业区，世界顶级的品牌都集中在这里。20 世纪 60 年代以前，香榭丽舍大道一直是法国高贵、典雅的象征，高档的时装店、化妆品店、轿车行、夜总会等纷纷进驻。但随着城市化进程的加快，大道的容貌受到损毁，停车无序、交通堵塞，街景混乱、艺术形式杂陈，商业街变得嘈杂，一间间小型餐饮零售店逐渐取代了世界名店。1980 年，由“路易 · 威登”发起成立的“捍卫香榭丽舍委员会”更名为“香榭丽舍委员会”，其宗旨是“捍卫世界上最美丽的散步大道的声誉”。委员会由大道两侧商家和居民代表组成，大约 400 人，全是志愿者。他们缴纳会费以维持委员会的正常运转，从公益的角度推动香榭丽舍的发展，以使其重塑大道的辉煌历史。1989 年，委员会提出“拯救香榭丽舍计划”，并推动巴黎市政府于 1992 年启动整修工程，在保持大道典雅庄重风格的基础上，恢复其散步大道的传统形象。1994 年 9 月，香榭丽舍大道工程竣工，再度成为法国最具景观效应和人文内涵的大道，被称为“世界上最美丽的散步大道”。

成都宽窄巷子。宽窄巷子由宽巷子、窄巷子和井巷子三条平行排列的老式街道及其之间的四合院群落组成，是成都市较成规模的清朝古街道，属于成都市三大历史文化保护区之一。2003 年为再现老成都的历史文化风貌，启动了宽窄巷子主体改造工程。改造的目标是在保护老成都建筑的基础上，形成以旅游休闲为主、具有鲜明地域特色和浓郁巴蜀文化氛围的复合型文化商业街，并最终打造成具有“老成都底片，新都市客厅”内涵的“天府少城”。经过改造，宽窄巷子形成了以“闲”为特征的宽巷子、以“慢”为特征的窄巷子、以“新”为特征的井巷子三条主题商业街（见表 16）。宽窄巷子所有权、管理权和经营权分属不同的利益主体，是典型的“三权分立”式商业化运作模式：隶属于成都市国资委的成都文化旅游发展集团有限责任公司（文

表 16：宽窄巷子三条主题商业街

街道	宽巷子	窄巷子	井巷子
功能定位	“老生活”区以旅游休闲为主题	“慢生活”区以品牌商业为主题	“新生活”区以时尚年轻为主题
业态业种	餐饮、茶馆为主：以精品酒店、私房餐饮、特色民俗餐饮、特色休闲茶馆、特色客站、特色企业会所、SPA 为主题的情景消费游憩区	西餐、咖啡为主：以各国西餐、各地品牌餐饮、轻便餐饮、精品饰品、艺术休闲、特色文化主题店为主的精致生活品位区	酒吧、夜店为主：以酒吧、夜店、甜品店、婚庆、小型特色零售、轻便餐饮、创意时尚为主题的时尚动感娱乐区
目标客群	怀旧休闲客群	主题精品消费的目的性消费客群	针对都市年轻人客群

资料来源：特色商业街主题定位及业态规划［EB/OL］. 赢商网，2014-08-29.

旅集团）拥有街域的所有权，负责开发整个宽窄巷子以及旅游产业的商业化运作；文旅集团成立资产运营管理公司，负责宽窄巷子的经营与管理；青羊区政府牵头设立的“宽窄巷子历史文化保护区管理委员会”对街区进行综合执法和公共管理。这种运作模式有利于调动各方改造和经营的积极性，可以有效推进宽窄巷子项目的发展能级，既解决了规划、投资、产权、管理等问题对宽窄巷子经营运作的制约，又能够利用现代企业制度保证商业街未来的可持续发展。

美国硅谷的产学研融合模式

斯坦福大学是硅谷诞生的摇篮。美国硅谷是全球最为亮眼的科技创新中心，而它科技创新的动力之源则是斯坦福大学。1891 年斯坦福大学建立后，当时任教的特曼教授为了学校的长远发展，在学校内划出一部分土地成立了第一个高校工业园区——斯坦福工业园，并帮助他的两个研究生成立了惠普公司，开创了大学科研人员创办公司的先河。1951 年，斯坦福大学根据特曼教授提出的“技术专家社区”的设想，在校园内创办了第一个高新技术开发区——斯坦福研究园，即硅谷的前身。此后，斯坦福大学雄厚的基础研究成了硅谷技术创新的后盾，并源源不断地将科研成果转化为社会生产力，为硅谷在基础研究方面做出了重要的贡献。

硅谷模式是产学研合作发展的典型代表。硅谷非常注重产学研结合，它认为大学不应该游离于企业之外独立地进行技术研发和人才培养，而应该紧密结合产业发展和企业需求进行技术创新和人才培养。硅谷以大学或科研机构为中心，将科研与企业生产相结合，使科研成果能够迅速转化为生产力或商品，形成高技术综合体。从微观方面来看，硅谷产学研的主要特点是：员工融合，权责分明。所谓员工融合是指教授可以在学校和企业互聘，硅谷的很多企业家都来自斯坦福、伯克利等著名高校，他们中有很多人至今仍在大学任教，这也使他们可以为学生们呈现最直观、最成功的案例。同时，硅谷企业也为众多高校的在校生提供实习的机会。所谓权责分明是指这些为企业提供良好师资力量的大学不会直接参与公司的运作，也不会去指导经营公司。所以说，在运行公司这方面，权责分明，学校和企业公司是相对独立的两个体系。

硅谷的管理是以市场力量为主导。硅谷是完全依靠市场进行资源配置，这种管理方式的运行依赖于发育比较完善的市场，而美国在这方面具有明显的优势。20 世纪五六十年代，美国的风险投资市场已经基本发展成熟，具有比较稳定充实的资金来源，以及鉴定科研成果是否具有实现产业化的能力，这就为硅谷及高校的科研人员开展创业提供了一个比较健全的资金市场。同时，美国的证券市场也为风险投资的退出提供了有效渠道，解决了风险投资商的后顾之忧。此外，美国法律法规体系比较健全，这是市场能够健康发展的重要保障。所以，硅谷这种以市场为导向的管理模式不仅符合创业者自由创新的天性，而且满足了市场的发展需求。但是这并不代表美国政府是完全袖手旁观、置身事外的，美国政府也会为企业提供资金帮助、政策优惠等措施，因此政府主要起到的是一个推进发展的作用。

专栏

中关村产学研合作的三种典型模式

（一）项目纽带合作模式

项目纽带合作模式是较为松散的合作模式，其主要特点是企业、大学、科研院所以具体项目为纽带，签订技术合同，建立合作关系，在项目期限内进行合作创新，项目一旦结束，双方的合作关系解除。结合中关村的实际情况，按照合作方式的不同，将中关村项目纽带合作模式细分为技术转让、项目委托、联合研发三种表现形式。

（二）建设平台合作模式

建设平台合作模式是产学研合作创新中合作关系比较紧密的一种模式，其特点是企业、大学、科研院所共同投入资源组建平台，以平台创新主体进行产学研合作。在中关村产学研合作中，建设平台合作模式主要有两类表现形式：一是共建科研技术合作模式；二是衍生企业合作形式。

（三）产业技术联盟合作模式

中关村创新示范区打造产业技术联盟，让产学研形成研发创新链条，已经取得可喜的成果。目前，核心区已经成立22个产业联盟，分布在IT、新材料、环保等多个产业领域，由企业和科研机构围绕技术标准创制、共性技术攻关组建相应的产业技术联盟，集中优势力量实现技术联合创新，共担风险，共享利益。较有影响力的联盟包括：TD-SCDMA产业联盟、龙芯产业化联盟、闪联、SCDMA产业联盟、下一代互联网产业联盟等。总体来看，中关村产业技术联盟有两种表现形式：一是契约型产业技术联盟；二是实体型产业技术联盟。

资料来源：王晓明．中关村产学研合作的三种典型模式［J］．中国发展观察，2015（4）．

功能街区转型发展路径和建议思考

功能街区是西城区城市创新的成功实践，在不同阶段发挥了重要的火车头和试验田作用，推动了西城区经济社会发展。进入新时期，必须适应新形势、遵循新理念、创新新路径、迈向新目标，以更广的视野在更大范围内和更高的起点上全面规划功能街区发展，进一步创新功能街区发展模式，探索具有西城特色的特大城市核心区发展模式和治理模式。

功能街区发展目标与原则

功能街区产业发展总体目标。积极落实中央和北京市的重大战略部署，以强化首都核心功能定位和建设国际一流和谐宜居之都为总目标，贯彻西城区发展战略和功能定位，落实“一核一带多园区”的空间布局，坚持功能街区发展模式，促进功能街区整合发展，优化功能街区产业空间布局，调整优化功能街区发展体制机制，促进功能街区产业高精尖发展，促进功能街区经济社会协调发展。

基本原则一：功能发展原则。西城区功能街区要根据自身的资源条件和特色，结合北京市和西城区功能定位，来确定功能街区自身发展的功能定位。在此基础上，坚持功能街区发展模式，以功能化发展为导向，不断强化自身功能，并不断培育功能完善的环境和机制。作为首都功能核心区，根据西城区全国政治中心承载区、国家金融管理核心区、首都文化名城精华区、城市和谐宜居示范区的新的功能定位，各个功能街区结合自身的资源条件和发展程度，又有不同的侧重。功能街区作为城市的基础单位，应具有城市所应具有的包括生产功能、服务功能、管理功能、生态功能、生活功能等基本功能。

基本原则二：高端发展原则。西城区作为中心城区，是首都经济的代表区域之一，具有良好的发展基础和资源条件，通过十几年功能街区发展，为产业高端化发展闯出了新路。因此，在完善“高精尖”经济结构的背景下，在目前的产业空间范围内，通过产业调整和升级，追求空间承载效率和经济效益，实现产业高端化发展是必然选择。具体来讲，产业高端化发展的方向在两个方面，一是中关村科技园区西城园作为创新驱动战略的主战场，持续加强产业的高端化发展水平，要成为具有创新能力和发展潜力的优秀企业的主要首选地，成为科技和文化企业总部和行业领先企业的落户地，成为区外孵化器成熟企业的迁入地。园区内的自有孵化器要从过去的企业孵化和培育向外部孵化器成熟企业的引进方向转型。园区要创造更加良好的环境、设施和条件，为高端企业落户提供保障。二是功能街区内生活性服务业的高端化发展。就是要提高生活性服务业的组织化程度和服务能力，以高标准配套功能街区发展，打造良好的功能街区发展环境，提高区域服务品质。要通过政策扶持和市场选择的双向机制，让有实力的企业加速发展，逐渐淘汰落后的企业，实现服务业的全面提升。

基本原则三：特色发展原则。功能街区要坚持功能化导向的特色化发展，选准自身的发展方向，有主题有重点地发展优势产业和核心产业。每个功能街区要形成产业发展的梯度，并完善产业链条，建立产业的提升机制。原则上每个功能街区有一个主导产业和核心优势，并与核心功能相一致，逐渐强化主导产业的实力和规模。其他配套产业和辅助产业要服务于主导产业，形成良好的产业生态。对于经济特色为主的功能街区尤其如此。对于非经济区和文化资源大区，即什刹海、阜景、大栅栏、琉璃厂等历史文化名城保护区，要坚持以文化功能和特色为主，要限制产业集聚规模，优化服务业布局和提升。这些地区的产业发展不服从集聚规模效益和报酬递增，不能按照经济区的办法来发展，也不能按照经济区的指标来考核。但这些地区要着力发展服务业，尤其是针对居民和游客的生活性服务业，要坚持优化布局的思想，以满足居民和游客需求为导向，提高服务业的组织化水平和服务能力，要提高这些区域的环境品质和服务品质。对于文保区来说，还要注重历史文化资源的保护和开发，要让历史文化资源与现代文明思想和时尚理念相联系，增强传统文化的认同度、感召力和美誉度，要把发展中心从经济发展转向文化发展，并按照文化发展的规律来考核和测度。要在文化发掘、整理、展示、传播方面下功夫，打造精品工程，提高品牌质量，要在每个功能街区形成多个精品工程和知名品牌，从而以精品群的形象提高文化发展效果。同时，任何精品工程和品牌都是建立在文化传承和保护的原真性基础上的，要保证原生态化，这样才能维护原有的特色，不能机械套用外地的成功经验和开发模式，要注重本地文化原生态的特质和内在价值，并创新与之相协调的开发模式，在保护的基础上传承，在传承的基础上开发，在开发的基础上精品化，在精品群的基础上品牌化。

基本原则四：空间整合原则。要注重功能街区之间的分工协作和协调配合，要在功能侧重的基础上，形成全区一盘棋的整合发展模式。要消除各个功能街区各自为战、独立发展的模式，通过各个功能街区指挥部或管委会的沟通与协作，加强功能街区之间的联系。对于经济区来说，金融街的金融功能和优势是其他经济区的支撑。在金融街发展中，要着重利用现有的金融管理中心和金融总部集聚的条件，广泛发展多元化金融业务，支持西城园在科技、文化创意产业等科技金融的发展，让金融优势成为西城园产业高端化发展和实现创新驱动战略的有力引擎。马连道茶叶市场网络化、数字化交易平台，也要借助金融街的优势发展商贸结算和金融短期信贷支持，从而形成具有国际影响力的国内最大的茶叶交易平台，在提升商贸水平的基础上，向高科技、金融化方向发展。西城园中的广安产业园要为马连道茶叶市场提供更多的科技支撑和金融支持。天桥演艺区也要借助金融街和西城园的金融和科技优势，逐渐从演出经济转向高科技、金融化的产权交易、国际经纪、票务结算、影视剧投融资等方面，提高演艺产业的附加值和经济活力，争取成为国际演艺信息中心、服务中心和金融中心。西单商业区作为金融街的商业重要配套，与金融街关系最为密切，应当协同发展，相互依存。西单商业区向北辐射新街口商圈，并成为德胜科技园的商业配套；向南辐射菜市口商圈，为广安产业园提供商业配套。经济区之间的主业特色化发展与空间联系，将大大增加区域自身的优势，并在业务的推广和促进中实现产业升级。

文保区要从经济协作中走出来，以功能协作构筑西城区完整的功能布局。文保区要着力提升自身的文化品牌和服务能力，增加全区的文化品质和知名度，从而为经济区发展提供辅助的影响力。同时，经济区的发展成就要转化为对文保区的持续大力度投入，从而为文保区自身的发展提供资金保障。西城区在功能街区的整合发展中，形成错落有致、功能有序、协调发展的局面。各功能区依照自身的特色，发扬自身的优点，补足自身的缺点，提高西城区整体的价值，保证各个功能定位都能有效落实。

基本原则五：优化布局原则。功能街区发展要坚持集聚化与优化布局的产业发展辩证思想。产业集聚化发展并不是在功能街区内的所有产业门类同步进行，也不是所有产业门类都能够实现集聚。产业集聚主要发生在主导产业，每个经济功能街区有一个主导产业形成集聚效应，并带动辐射其他相关产业建立产业体系，形成规模报酬递增效应，从而实现区域发展。因此，经济功能区要保持适当的空间距离，以便产业集聚有足够的空间。当产业集聚空间不足的时候，产业交叉将导致产业体系混乱，影响产业品牌效应和体系完整，容易在双中心交织中削弱彼此的对外竞争力。从目前来看，金融街、西城园、天桥、马连道几个产业园区分布较为分散，彼此之间有足够的腹地，能够保证自身独立的发展空间。经济区与文保区之间也有明显的界限，保持相对独立的空间。这表明，西城区功能街区的布局基本是合理的。

在功能街区内部，主导产业与配套产业之间也要保持一定的布局关系，各配套产业之间也要形成良好的布局。在主导产业形成产业空间集聚的同时，配套产业穿插其中，往往主导产业空间越密集，配套产业也相对在这一小区域密集分布，从而导致功能街区内部的不均衡局面。因此，要通过合理规划，保证主导产业聚集的疏密有致，并为配套产业留有足够的空间。这就是优化布局。主导产业要形成在全区空间范围内的功能街区大聚集和在功能街区内部的小分散相结合，避免空间拥挤导致的资源争夺和城市病的发生。在功能街区内部小分散的间隙，合理布局公共服务资源和配套产业。这些公共服务和配套产业要根据功能街区实际情况，尽量保持相互之间固定和一致的服务半径，这也是需要规划来实现合理布局的。

基本原则六：品质效率原则。功能街区按照其资源特点和禀赋，实现功能化独立发展和相互协作，但从总体上，各个功能街区都必须保持共性的要求，那就是不断提升自身的品质和运行效率。由于西城区目前城市拥挤状况较为严重，基础设施建设分布不均衡，承载能力差别较大，城市环境也不尽相同，因此，保持较为一致的区域品质要求和不断缩小差距，是功能街区发展的关键。提升区域品质有两个方向的路径：

一是以政府规划和投入为导向，重点弥补一些功能街区的基础设施和环境欠账，保持功能街区较为统一的承载能力和环境品质。这对于那些较为落后的地区十分重要。例如，重点加强文保区的基础设施建设和配套公共服务，显著提升这些旧城区的品质，政府在这些地区要加大投入力度，并不与这些地区的经济效益和产出相挂钩，而是以这些地区的文化发展要求为标准。对于经济区要重点整治“边角地”，保持空间品质的一致化。西城区应当面向功能街区投入倾斜，以保证功能街区的功能化建设，打造西城区的发展高地。功能街区之间的腹地要安排在其次，形成投资梯度，并最终全面提升西城区的空间品质。

二是发挥市场机制，在产业提升中改善环境和空间品质。对于人流和物流较大的经济区来说，政府投入见效比较慢，其釜底抽薪的策略就是调整这些地区的产业，从而改变拥挤状况。比较典型的是动物园北展地区和马连道地区。这些地区由于批发市场的特性，必然导致拥挤和环境问题，根本策略是逐渐调整和消除批发市场。而批发市场是经济活动的结果，行政的办法往往会带来更多的问题。因此，要发挥市场的机制，即通过搬迁、改造和产业提升的办法，保证市场参与人的合法利益，同时引入新的经济运行模式，在提升产业收入水平的基础上，实现产业转型升级，从而彻底解决人流物流拥挤的局面。

功能街区发展策略与重点

功能街区空间布局调整：一带、两核、四园、多街。构建西城发展空间布局，应紧紧围绕西城区作为首都功能核心区的功能定位，充分把握西城区传统与现代高度融合的区域特点，深刻认识优化空间布局与完善首都功能的辩证关系，坚持保护与发展并重，以功能区建设为龙头，合理配置区域功能结构，强化首都功能，突出项目带动作用，扎实推进功能区建设，打破以往主要以经济功能为导向划分功能区的传统思维，着力构建以首都“四个中心”定位为核心、以城市功能为导向划分功能区的“一带、两核、四园、多街”发展空间布局，带动风貌保护、城市建设、社会治理、人居环境的全面提升。

构筑“一带”，即以北京城中轴线西侧为重点，坚持“保护为主，市政先行，风貌留存，产业适度”，突出强化风貌保护、文化融合功能，努力建设传统文化保护完好、传统与现代完美融合、传统商业和文化旅游产业发达的文化融合展示带。

强化“两核”，即以中南海周边、月坛南街周边为核心，坚持“强化服务、规范治理、环境先行、产业适度”，突出强化针对中央和国家党政机关的高质量政府服务功能，努力培育服务一流、治理有序、环境优美、人文典雅的政府服务核心区。

打造“四园”，即以金融街和德胜、北展、广安三个园区为中心，坚持“市政先行，环境提升，功能完善，产业高端”，突出强化金融、科技创新等支柱产业的经济服务功能，努力建设市政配套设施完善、企业总部汇集、具有强劲辐射力和带动力的现代化、高端化、集约化、国际化的金融街和德胜、北展、广安四个高端产业园区。

建设“多街”，即以新街口、广内、牛街、白纸坊、广外、陶然亭等街道和区域为重点，坚持“强化治理，展现特色，提升品质，结构升级”，突出强化公共服务、社会治理、环境保护、特色经济等功能，努力打造社会治理有序、公共服务完善、城市生活便利、基础设施完备、特色经济活跃的多个都市生活宜居区。

促进金融街与西单融合发展。根据优化布局原则，西城区经济区当中，金融街和西单地区彼此邻近，近些年来两个功能街区发展相互出现渗透局面，并在今后的改造和建设中不断突出，这违背了优化布局的原则。其实，早在10年前“十一五”规划初期，金融街与西单融合发展的思路已经被提出，曾经作为提案交由西城区人代会讨论，北京市也做过这方面的调研。但是，由于比较浓烈的西单情节和无视城市发展的规律，许多人大代表认为这将会导致西单品牌的消失从而激烈反对，金融街与西单融合发展的方案搁浅。随着北京市三十五中学的搬迁和金融街东扩，西单商业区向西发展并与金融街融合的形势再次显现出来。由于中南海和周边配套区域在西单东部地区的阻隔，西单未来发展的方向只能是向西。而由于西二环的自然阻隔，金融街东扩的趋势明显。这种相向运动的规律，必然导致金融街与西单商业区的空间融合。从产业发展来看，金融街建设一直缺乏有效的商业配套支撑。尽管在二期建设中建成了金融街购物中心，但其商业作用由于孤岛效应而远未发挥出来。金融街缺乏商业设施，导致这一地区成为单纯的办公地，配套服务不足，影响了这一地区的品质。而西单作为传统商业区，面临商业下滑的危机，综合服务设施不足，西单交通干道与购物人流混杂，拥挤状况严重。如果在金融街与西单之间修建大体量的商业综合体，并修建新的金融楼宇，将极大缓解金融街空间紧张局面，并提高金融街综合服务品质，同时实现西单新的发展，在这一地区可以建设新的西单步行街，从而结束西单没有步行街的历史。

历史文化名城保护区连片发展。西城区历史文化名城保护区范围内有什刹海、阜景、大栅栏、琉璃厂四个功能街区，位于北京市旧城中轴线的西部，以长安街为界，北部主要是六海水系形成的传统文化群落，包括皇家文化、王府文化、宗教文化、故居文化、滨水文化等，长安街到前门西大街主要是人民大会堂和国家大剧院，前门西大街以南主要是大栅栏、琉璃厂等民间文化、会馆文化、古玩文化、老字号文化等。这些传统文化资源基本上囊括了老北京传统文化的元素，历史遗存经历了城市变迁的沧桑岁月大多保存完好，体现出老北京古都风貌和多种多样的文化形态。北京历史文化名城是北京的灵魂和根，有着重要的历史价值、文化价值和社会价值，在世界城市历史文化当中也占据重要地位。保护历史文化名城资源，传承中华悠久文明，有着深远的战略意义。由于过去南北两部分历史文化资源分属西城区和宣武区，再加上这些历史文化遗存内在的差异性，以及人民大会堂、国家大剧院等现代建筑的阻断，南北两部分传统文化资源呈现独立发展的形态。南北各有一区一街，分割成为四个功能街区和两个建设指挥部。历史文化名城是一个完整的整体，不仅仅是西城区部分，而且东城区和西城区都应该视为一个整体进行保护，共同实施保护、管理和开发。只有历史文化名城连片发展和统一管理，才能形成一体化的传统风貌。

中关村科技园区西城园一体化发展。新成立的中关村科技园区西城园是在原有的中关村德胜科技园基础上，合并了德胜科技园西区和广安产业园，形成了北、西、南分割区域的园区。德胜科技园科技资源丰富，建设和发展的比较早，目前建设任务基本完成，经过中关村科技园区批准设立德胜科技园管委会，已经形成了科技、图书出版、工业设计、文化创意等产业集群，具有一定的创新实力和资源。西部原德胜科技园西区即北展地区、南部广安产业园是最近几年发展创新产业，基础比较落后，问题比较多，大部分正在建设或计划建设中，分别设立有建设指挥部。目前一个管委会和两个指挥部独立发展，并面对着完全不同的发展阶段、现实问题和发展任务。西城园成立后，同时成立了西城园管委会，目前西城园管委会与两个建设指挥部的协调关系还比较复杂。从“十二五”规划来看，广安产业园与金融街一体规划和发展，意图承接金融街的产业溢出，建设南部新的金融区。但由于城市面貌、环境、基础设施、产业基础、品牌形象等差异很大，广安产业园短时间内难于成为新的金融区，承接金融街产业溢出的任务十分艰巨。而广安产业园的主要建筑用地大多是以金融用地规划的，未来如果短时间不能成为金融区，这一地区的发展仍然悬而未决。北展地区面临的问题更为复杂，这一地区除了旅游和会展资源外，大部分空间是服装批发市场和小商品市场，业态传统而落后，带来比较严重的城市问题，是北京市委、市政府明确要求调整和搬迁的重点工程之一。但由于复杂的历史原因、产权关系和参与人利益，调整搬迁工作并不能短时间完成，搬迁之后的新用途规划还在制定中，今后发展方向也是悬而未决。

因此，西城区虽然已经批准并成立了管委会，但组成区域“貌合神离”，并没有真正走到一起。这对于西城园长久发展是不利的。西城园作为中关村科技园区的成员，具有统一的品牌，是代表西城区的科技园区，应当是一个完整的整体。尽管历史存在分割的状况，目前由于发展阶段性差异较大，难于形成一体化。但从长远角度来看，西城园组建伊始，恰是进行一体化规划的大好时机。如果能够实现一体化发展规划，则尽管区域差别较大，但通过彼此借力、相向而行，则差距会越来越小，最终实现全面发展。如果初始时期保持独立发展，则彼此差距越来越大，经济联系越来越难，最终形成正反机制而无法弥合。所以，西城园一体化发展当务之急是要进行一体化规划，并统一管委会与指挥部的融合关系，加强经济联系与协作。总的来说，西城园组成区域只有成为“一家人”，才有利于西城园的长久发展，才能树立西城园的良好品牌。

天桥演艺区和马连道茶叶特色商业区强化功能与特色。天桥演艺区和马连道茶叶特色商业区是位于西城区南部东西两端的两个独立的经济性质的功能区，而且都具有文化内涵，发展规模也比较小，产业实力比较金融街、西城园和西单商业区来说较小，是西城区的两个弱产业区。但它们的产业具有鲜明的地域特色，资源独到而雄厚，具有长远的发展潜力。这两个区域与金融街和西城园相比，是第二梯次的发展空间，通过未来几年的努力，争取未来成为西城区的增长极。两个区域都需要紧紧抓住资源特色优势，实现传统产业的调整和升级，大量引入具有高附加值企业和新经济发展模式，走跨越式发展的道路。需要强调的是，要注重不同区域发展的阶段性，在制定发展战略时，要安排好发展梯次，每一个阶段都要有发展重点地区和项目。要优先安排那些准备比较充分的、较为成熟的地区，不具有条件的地区要继续准备，尤其在基础设施建设、公共服务设施建设、城市环境建设等方面向不成熟的地区加大投入，培育良好的市场环境，密切观察产业发展动向和资源成长状况。天桥和马连道距离应当具有的产业聚集能力还相差太远，规划布局也需要相当长的时间，但特色化、高端化发展的基本方向是可以确定的。

完善功能街区发展体制机制

实现集中决策体制。功能街区整合发展原则要求功能街区发展要在全区一盘棋的统一部署下，分工协作、优势共享、协同发展。要保证区域整合发展的整体性和关联性，实现西城区发展利益的最大化，就必须完善功能街区整体的统一领导和集中决策的体制。功能街区成立之初，处于重大项目建设的考虑，以金融街为主，联同六大功能街区，实行统一指挥和集中决策，决策首脑是区委班子。原宣武区和西城区两区合并后，成立了区委常委分工负责的指挥部体制，统一指挥和集中决策的体制发生了一些改变，尽管重大决策仍体现区委集中决策，但各指挥部各自为战，分别背靠背制定规划，并在划界方面相互交叉，产业布局缺乏相互沟通与联系，造成一定程度的协调问题。因此，研究建议继续实行集中决策体制，统筹各功能街区发展。

指挥部和管委会体制调整。指挥部体制是为了加快重点区域和工程建设设立的临时机构，形成多部门协同的现场办公，建设完成后指挥部工作终止，并过渡移交给功能街区管委会。目前指挥部逐渐成为常设机构，而且人员配置上也比较固定化，多部门协同办公的局面没有形成，指挥部成为功能街区发展的主责部门。这也不利于功能街区的整合发展和区域一体化进程。2015 年，中央明令取消各地的指挥部。虽然西城区功能街区建设指挥部有特殊的历史原因，但目前的体制设计的确不是建设指挥部应有的体制。研究建议对于正在建设和改造的功能街区，继续实行过去的指挥部体制，转变为临时机构，并抽调各部门人员协同现场办公，加速推进建设工程，主要涉及天桥演艺区、马连道茶叶商业区。另外，对于已经建成的区域或基本建设完成的区域，设立管委会。建议金融街申报北京市成立管委会，统筹考虑金融街西单融合发展，将金融街发展纳入正轨。历史文化名城保护区申请成立一体化的管委会，集中进行开放式景区管理，重点做好传统文化的保护和发掘工作。西城园已经设立管委会，但北展地区和广安产业园建设还没有完成，建议由管委会牵头，统筹两个建设指挥部，并按照指挥部应有的要求进行转变和调整。西城区功能街区建管结合的模式还要持续很长一段时期。

加强联席联动机制。在区委集中决策的统一领导下，加强各功能街区建设和管理部门的协调与沟通，密切产业组织和经济联系，加强资源共享和优势互补。建议成立重大项目和常规议事的联动、联席会议机制。建议由区委班子成员参与和主持，由功促局召集和组织，定期议事沟通情况，不定期会商重大项目和问题。参与该机制的单位主要有建设指挥部的主要领导和管委会的主要领导，其中建设指挥部根据情况可扩大到相关委办局参与。通报内容包括基本工作会报、区域协作对接、工作经验交流、工作问题讨论和其他重大事项。建议周期为半年。

完善统筹协调机制。在区委集中决策的统一领导下，建议加强功促局的统筹协调功能。研究认为，统筹和协调将长期成为功能街区建设管理必不可少的重要任务。我们建议：一方面要继续发挥集中优势打“攻坚战”的经验，统筹协调各部门和人员参与；另一方面也需要统筹协调各类政策、上级机构和外部单位，从而为功能街区自身减负，专心谋发展。建议功促局进一步发挥好统筹协调的作用，向上对区委、区政府负责，服务和通报有关主管领导，对部门统筹协调因事而动，对功能街区来说集中承担各项复杂的内协外联工作，努力成为功能街区发展的联络站、参谋部和缓冲区。

完善统计监测机制。在区委集中决策的统一领导下，由功促局组织实施功能街区整体发展规划，划定功能街区的边界，分清热点功能区和功能复地，建议建立功能街区发展地理信息平台（GIS 系统），与有关部门一道，摸清功能街区资源底数和发展状况，运用空间分析管理和数据库技术，准确把握功能街区发展状况，并借此完善功能街区的统计监测。建议重新研究功能街区监测指标体系，制定新的标准。功能街区统计指标继续原有的功能街区统计项目和规则，适当进行数据采集调整，进一步实现规范化和标准化。积极探索文保区非经济数据的统计方法和监测手段，以适应功能街区特色化发展的要求。

推进功能街区转型的三点建议

谋划西城区行政区划调整。西城区“十一五”规划前期，为了推进功能街区科学化、规范化发展，理顺行政管理职能，西城区进行了行政区划调整，并按照功能街区的范围，将原有的10个街道合并调整为7个，从而极大地促进了功能街区的发展。京津冀协同发展规划纲要提出，要加快老城重组，预示新的行政区划调整即将到来。应该说，推动东、西城区行政区划调整，强化中央政务服务功能，弱化中心城区的经济功能符合中央要求，将得到中央的大力支持。特别是随着北京市城市副中心建设和行政功能的逐步疏解，东、西城功能高度重合，分设两区面临重复建设、重复投入、重复消耗问题，再单独设区已经意义不大。在这一背景下，西城区要提前研究两区的功能街区发展范围边界和实际经济社会活动空间，提前谋划原宣武区行政区划调整。建议调整合并大栅栏街道与椿树街道、天桥街道与陶然亭街道、牛街街道与广安门内街道，从而分别增加大栅栏琉璃厂功能街区、天桥功能街区和广安产业园发展空间，扩大功能街区辐射范围。在行政区划调整的同时，建议功能街区进行适当合并。先期将什刹海和阜景功能街区合并，大栅栏和琉璃厂功能街区合并，待时机成熟，实现历史文化名城保护区完全合并，以利于统一政策和管理，形成完整的历史文化风貌地带。

完善功能街区投融资管理。功能街区的建设和发展需要大量的资金投入，以确保其高端化发展的成效。建议在西城区委集中决策的统一领导下，对功能街区的资金筹集和使用实施决策，有关决定和全部资金使用流程接受人大和纪检监察部门的监督。建议西城区功促局负责具体工作的落实。主要任务应当是拓宽政府投融资渠道，采用多种方式为功能街区发展提供资金保障；根据区委的决策，配合财政部门落实资金的投放和使用；按照相关政策落实各类政策资金的使用；鼓励社会参与，合理安排社会资金的投入和回报等。西城区功能街区建设资金投放的关键是要最大限度地保持产权区属，并保障投资主体的利益，这样有利于掌握功能街区发展的主动权，保持功能街区发展的连续性和持久性，也有利于发展战略的实施。

推进功能街区顶层设计和全面规划工作。研究认为，西城区功能街区发展已经到了战略调整的关键时期，经过“十二五”时期的过渡，功能街区科学化、规范化、整合化、特色化、功能化、高端化发展的机遇已经成熟，应当以明确功能定位、调整范围边界、完善功能布局、推动产业升级为重点，对功能街区整体进行研究和规划，在总结既往经验和面向时代要求的基础上，确定功能街区发展的主要任务和方向，特别是强化十大领域生活性服务业的布局，设计功能街区发展的各项促进政策和实施办法。为此，建议统筹西城区产业发展规划，把街区作为城市基础运行单元来加紧研究制定西城区功能街区发展规划，同时把生活性服务业作为贯穿街区发展的一条主线。

对西城转型提升品质的三点思考

以文化引领为主导推动城市品质提升。在未来，衡量西城区在首都的地位和作用，非常重要的一点就是看文化引领，核心是文化软实力。这是首都发展的内在要求，也是文化兴区的必然趋势。西城区有基础、有条件、有优势建设成为首都文化名城精华区，这也是北京市委七次全会对东城区、西城区发展提出的要求。把文化引领上升为城市发展战略，最重要的有五个标志：

一是把古都风貌整体保护提升到推动城市品质的战略地位。北京的古都文化在世界上具有唯一性，是稀缺资源，对古都风貌整体保护要有战略性认识。文化是历史的传承，文化的消失就意味着历史的断裂，对于西城区来说，这是一个历史的责任。二是把文化创意产业作为提升城市品质的战略性产业。这些年，西城区文化创意产业发展很快，但还没有完全形成体系，对优化首都城市功能、提升城市品质的贡献也还有限，文化资源的优势没有完全发挥出来，距离重大国际影响力、战略性、支柱性还有一定差距。三是把国际文化交流作为提升城市品质的战略核心。西城区是政治中心、文化中心的核心承载区，是历史文化名城保护的重点地区，是体现国家形象和国际交往的重要窗口，应该在更高层次上推进文化“走出去”和“请进来”，不仅要满足本地居民的需要，更要适应和引导更广阔区域人群的需要，建立一种多元融合、开放包容的文化体系。四是把世界级文化地标作为提升城市品质的战略制高点。作为文化地标，西城已经占据了制高点，比如什刹海、大栅栏等，但从影响力来说，由于体制、管理等多方面原因，西城还没有占据制高点。如果这个问题不解决，建设具有重大国际影响力的文化中心只能是一句空话。五是把街区文化作为提升城市品质的战略突破口。古都风貌的整体保护、文化创意产业的发展、国际文化交流、世界级文化地标最后都要落到街区。更为重要的是，文化的核心是人，人是文化的载体。提升城市品质，以街区文化为突破口，本质上解决的是人的问题。

以服务为核心优化首都核心功能。首都核心功能的核心是服务功能。功能的优化关键是结构的优化，结构决定功能。结构优化的重中之重是产业结构优化。强化和优化服务功能，关键是强化和优化三大产业：一是高端的生产性服务业。所谓高端就是用“四少一高”，即用水少、用电少、用人少、用地少、附加值高这个标准衡量生产性服务业。二是高效的社会性服务业。高效就是看社会服务产业的技术含量、人才聚集程度和创新成果。比如教育、医疗、文化、养老等，不以规模论高低，不以产值论高低，不以人口数量论高低。三是高品质的生活性服务业。高品质就是高品位的生活质量，核心是获得感。

运用大数据思维和大数据技术推动城市管理和社会治理再创新。大数据思维和大数据技术就是更加强调运用数据技术，而不是人的思维去分析人的行为，对不确定的事物做出更加全面、更加精准、更加有效的研判。对大数据的应用创新，一是要运用大数据推动供给侧改革。马凯副总理强调，推动大数据发展，是供给侧改革和需求侧管理"两侧"发力的重要举措。比如可以运用大数据手段进行社会资源和公共资源的定向调控，一旦资源被数据化，资源就可以再配置、再分配，从而提高使用效率，进而改变资源配置方式和社会组织管理方式。二是运用大数据强化人口调控和功能疏解。疏功能的关键是控人口。人口疏解和调控必须运用大数据分析方法倒逼人口调控方式再创新。特别是运用智能化大数据，比如用手机、交通出行、水、电、气、热、房产等数据，来检验人口调控的效果，进而形成倒逼功能疏解的机制。

特别说明

本书所涉及的文献、资料、数据和结论，源自北京市社会发展研究中心西城发展研究课题组，不代表国家、政府及其附属组织的观点。本课题在研究过程中汲取和借鉴了《北京西城功能区发展报告》《西城区功能街区中长期产业发展战略研究》《“十三五”时期西城区发展空间布局战略重点研究》提出的相关观点，这些观点对最终形成本书的核心观点起到了重要作用。在此我们对上述机构及有关专家致以衷心感谢！